学术汉语研究丛书
Academic Chinese Studies Series

汉语学术语篇
及教学研究

高增霞　代文君　王立平　王诗琦　杨美丽　杨蕊玉◎著

暨南大学出版社
JINAN UNIVERSITY PRESS

中国·广州

图书在版编目（CIP）数据

汉语学术语篇及教学研究/高增霞等著．—广州：暨南大学出版社，2024.6
（学术汉语研究丛书）
ISBN 978-7-5668-3735-6

Ⅰ.①汉…　Ⅱ.①高…　Ⅲ.①汉语—语言学—教学研究　Ⅳ.①H19

中国国家版本馆 CIP 数据核字（2023）第 107182 号

汉语学术语篇及教学研究
HANYU XUESHU YUPIAN JI JIAOXUE YANJIU
著　者：高增霞　代文君　王立平　王诗琦　杨美丽　杨蕊玉

出 版 人：阳　翼
策划编辑：姚晓莉
责任编辑：姚晓莉　许碧雅　王熳丽
责任校对：刘舜怡
责任印制：周一丹　郑玉婷

出版发行：暨南大学出版社（511434）
电　　话：总编室（8620）31105261
　　　　　营销部（8620）37331682　37331689
传　　真：（8620）31105289（办公室）　37331684（营销部）
网　　址：http：//www.jnupress.com
排　　版：广州市广知园教育科技有限公司
印　　刷：广东信源文化科技有限公司
开　　本：787mm×960mm　1/16
印　　张：16.25
字　　数：280 千
版　　次：2024 年 6 月第 1 版
印　　次：2024 年 6 月第 1 次
定　　价：69.80 元

序

　　21世纪以来的20多年，世界范围内基础汉语教学的规模不断扩大，中高级汉语学习者的占比也水涨船高。与此同时，来华学习各类专业的学历生数量快速增长，已占到在华国际生的半壁江山，且增势不减。高端汉语教学课程设置与教材编写研究已成为新时代对外汉语教学学科建设的重点，大力加强包括学术汉语在内的高端汉语教学理论与实践的研究，既是学科发展的需要，更是满足来华国际生汉语学习和应用的需要。在此背景下，近年来，业界一些学者在学术汉语教学与研究中做出了可喜的贡献，高增霞副教授就是其中的代表。

　　高老师多年从事留学生汉语言专业本科生和相关专业硕博研究生"文献阅读与写作""高级写作"等课程教学，积累了丰富的教学经验，近年来发表《论学术汉语在对外汉语教学中的重要性》（2016）、《学术汉语写作教材建设刍议》（2018）、《留学生研究生汉语学术论文写作需求及能力调查》（2020）等多篇学术汉语研究成果，出版《高级汉语写作：论文写作》（2019）教材。其中，《论学术汉语在对外汉语教学中的重要性》因具有前沿性和前瞻性、针对性和导向性价值，而被选入赵金铭先生总主编的"商务馆对外汉语教学专题研究书系"第二辑，即《汉语作为第二语言教学的学科理论研究》第四章"学科理论问题研究：新视角与新进展"中（商务印书馆，2019）。可以说，高老师在学术汉语教学与研究方面已然走在了前面。然而，高老师并没有止步于现有的研究成果，她本人或合作或指导研究生对学术汉语进行了更加广泛和深入的研究。《学术汉语写作及教材研究》《汉语学术语篇及教学研究》两部专著，就是近年来高老师和她的研究生团队在学术汉语研究方面的最新成果。

《学术汉语写作及教材研究》一书，重在探讨学术汉语写作教材"怎么编"的问题。书中对学术汉语的概念进行了界定和阐释，并论述了学术汉语在专门用途汉语教学体系中的重要地位，强调了加强学术汉语写作教学研究的重要性，为学术汉语的进一步研究奠定了基础、展示了空间。书中重点对来华国际生学术汉语学习需求和写作能力进行了广泛的调查和研究，如论文写作中遇到的困难和出现的问题、论证语篇中的偏误等，相关考察分析及得出的结论和提出的观点，不仅多方面加深了对学术汉语教学与学习者应用现状的了解，而且拓展和深化了学术汉语研究的广深程度。在此基础上，对学术汉语写作教材进行了创新设计，并据此编写了汉语论文写作教材，进一步应用、验证和深化了学术汉语考察分析及理论研究的成果。教材编写实践的总结表明，学术汉语写作教材编写包括写作技能、论文规范、科研程序和表达手段四个维度，并以科研过程为顺序，论文各部分写作为主体，辅以写作技能、表达手段和写作规范的训练。这种学术汉语写作教材编写模式，源于教学实践经验，酝酿于相关的学术研究，形成于对教材编写实践的理论反思，因而具有较高的原创性和应用价值。

《汉语学术语篇及教学研究》一书，着重对汉语学术语篇进行文本分析，归纳其中的微观结构特征，探讨学术汉语教学的相关问题。书中对学术语篇和学术语篇教学的定义、研究现状进行了系统性梳理。学术语篇自20世纪70年代兴起便与第二语言教学密不可分，其研究直接服务于二语教学。国内英语教学界在2013年前后开始讨论以学术英语为导向的教学改革，并产生了新的英语教学大纲，相关讨论和研究成果可以为学术汉语教学研究提供启发和借鉴。事实上，不仅与对外汉语教学密切相关的汉语言专业需要加强学术汉语的教学和研究，在华高校学习人文社会科学和理工农林医等专业的学历生，亦应加强专门用途学术汉语的教学与研究，以提升其专业学术论文写作能力。本书的主要章节分别对汉语言等人文社会科学专业学术语篇中，通用学术语块、外壳名词、动词性据素、模糊限制语、摘要写作等进行了个案研究，考察和分析相关的结构特征及使用规则，探讨汉语学术写作教学"教什么"和"怎么教"的问题。显然，其中的绝大多数章节都是业界的"首次探讨""率先开垦"，其整体创新价值和导向意义显而易见，其具体分析及相关结论与观点的学术和应用价值不言而喻。

这两部专著主旨和内容不同，但相互映衬、相互关联，有"1+1＞2"之功效。其共同特点和贡献是：立论基础坚实，理论分析与教学实践紧密结合，母语者与二语者相关对比相结合，考察分析与创新设计相结合；学术视野开阔，虽着眼于汉语二语的学术汉语，但充分吸收和借鉴汉语本体及国际二语界和国内英语界的相关研究成果；创新价值明显，不仅拓展了专门用途汉语研究的领域，弥补了学术汉语研究相对滞后的不足，而且后来居上，将学术汉语的研究集成性地推向了新的高度；深化学科研究，不仅拓展和深化了专门用途汉语教学研究的领域，也成为对外汉语教学乃至整个国际中文教育向高端汉语教学研究"转型"的代表性成果。当然，这些特点和贡献不意味着两部专著十全十美，其可商与可完善之处在所难免，但对学术汉语所进行的探索性和系统性、创新性和导向性的研究，无疑更是其价值所在。

由衷祝贺高老师主持和指导完成的这两部学术专著的出版，更为高老师在汉语本体和对外汉语教学研究中所取得的更多的学术成就而感到与有荣焉。高老师谦虚低调、不善交际，但学术视野宽阔、学术功底深厚、学术眼光敏锐。她在《中国语文》《世界汉语教学》《语文研究》《汉语学习》等专业期刊及学报中发表了数十篇学术论文，出版多部学术专著和教材。她在现代汉语连动式研究中发表了多篇论文，出版了《现代汉语连动式的语法化视角》(2006)和《类型学视野下的汉语连动式研究》(2020)两部专著，代表了国内连动式研究的学术水平。

我与高老师有20年同行同事之谊。她嘱我写序，实属抬举我，我虽不能不识抬举，但对学术汉语完全没有研究，说不到点子上亦实属自然。恳请高老师和各位作者及读者谅解。

李泉

2023年8月16日于中国人民大学人文楼工作室

目　录
Contents

第 1 章　绪论

1.1　学术语篇及教学研究

1.1.1　学术语篇及相关概念

学术语篇（academic discourse）指的是在学术活动中思考和使用语言的方式（Hyland，2011：188），又称为科学语篇（scientific discourse），本书特指以论文为代表的学术类书面文章。

"语篇"并不是一个既有的、被收录于词典中的汉语词汇。胡壮麟创造性地使用"语篇"来指称"任何不完全受句子语法约束的在一定语境下表示完整语义的自然语言"（胡壮麟，1994：1）。这个系统功能语言学术语包含"话语"（discourse）和"篇章"（text）。廖秋忠（1987b）使用"篇章"来翻译"discourse"和"text"，因为"它们基本是大于句子的语言结构体"。根据《现代汉语词典（第 7 版）》，"篇章"指的是"篇和章，泛指文章"。汉语传统的文章学、写作学有词、句、段、篇大小单位的区分，所以"篇章"更容易被理解为书面语篇。廖秋忠（1987b）也指出，"discourse"翻译成"语言运用""言语""话语"可能更准确。Hyland（2009、2011）同时使用"academic discourse"和"academic text"两个术语，不过倾向于使用前者作为研究领域的称谓，而后者作为行为结果（文本）的称谓，例如认为"Academic texts are structured for persuasive effect." （学术语篇是为说服而建构起来的）。

"语篇"也常常和"体裁""语体""风格""修辞"等相重叠交叉。Hyland（2009、2011）多次替换使用"academic genre"与"academic discourse"。胡壮麟（1994）把"genre"翻译为"语体"，后来更广泛使用的翻译是"体裁"，"学术语篇"也常常对应"academic genre"，该术语也有"科技语体"的说法。根据《现代汉语词典（第7版）》："【体裁】文学作品的表现形式。可以用各种标准来分类，如根据有韵无韵可分为韵文和散文；根据结构可分为诗歌、小说、散文、戏剧等。""【语体】语言为适应不同的交际需要（内容、目的、对象、场合、方式等）而形成的具有不同风格特点的表达形式。通常分为口语语体和书面语体。"可见，"学术语篇"或"科技语体"侧重于语篇结构特征。我国修辞学、文体学历史悠久，被称为"篇章语言学的先驱"（钱敏汝，2001：5）。20世纪80年代曾经展开过篇章结构是否应该作为修辞学研究范围的争论（周虹，1992），"文体""风格""体裁"在实际使用中也常常替换使用。

本研究对"学术语篇"的使用限于狭义的理解，即等同于学术文本、学术篇章或科技论文，只着眼于文本的分析。

1.1.2　学术语篇研究简况

不论名称如何，可以肯定的是，"学术语篇"是语篇的体裁分析研究阶段的结果。在此之前，学术语篇研究主要存在于语言学领域以外的学科中，被称为"科学修辞学"（rhetoric of science）、"研究修辞学"（rhetoric of inquiry）、"学科写作研究"（writing in the disciplines）（姜亚军、赵刚，2006）。学术语篇在语言研究中受到关注，是科研发展、高等教育学科发展和语言教学发展共同作用的结果（Hyland，2009）。

根据廖秋忠（1987b）的研究可知，"discourse"这个术语最早出现在Z. Harris于1952年发表的 *Discourse Analysis* 一文，指的是大于句子的语言连续体。从20世纪70年代以来，语篇分析大致经历了语域（register）分析、语法修辞（grammatical rhetorical）分析、交际（inter-actional）分析和体裁分析四个阶段（李永宁，2006），形成系统功能语法、体裁分析法、多维分析法等不同的方法流派（姜亚军、赵刚，2006）。

语域分析是系统功能语言学的研究方法，最早研究的是学术语篇中的主位推进模式（Hutchins，1977），以发现科学语篇在"微观结构"上的共性，不过 20 世纪 90 年代对主位推进模式的研究转为对不同领域科学语篇"微观结构"差异的研究（如 Nwogu，1990）及跨语言对比（如 Ventola & Mauranen，1991）。系统功能语法对科学语篇的微观语言特征也做了很多有益的探索，如对报道动词（reporting verbs）的研究，Thomas 和 Hawes（1994）将医学语篇中的报道动词分为真实世界动作动词、认知动词、语篇动词等。语域和体裁关系很密切，在人们心目中，语域通常包含两层含义：一般说的语体，以及某特定职业或兴趣群体所使用的特殊语言变体（王宗炎，1988：321）。

体裁分析是学术语篇研究最有影响力的研究方法，由 Swales 开创。体裁（genre）是文学和修辞学中常用的术语，是由人种学家引入语言学领域的（Swales，1990：34），以观察某社团是如何对其成员的言语行为进行分类，如何最好地理解和运用从中推导出的用来分析言语事件的元语言（metalanguage）（秦秀白，1997）。Swales 区分语域和体裁，认为语域在词汇和句法层面具有约束力，体裁则在语篇结构层面有约束力。Swales（1981）将体裁界定为内部结构特征鲜明、高度约定俗成的交际事件，通过对 48 篇多领域英文论文引言的分析，提出了包括多个步骤（step）的"四语步模式"（4-move），其后 Swales（1990、2004）将其修改完善，称为 CARS（Create a Research Space，创建研究空间）模式。该模式对专门用途英语（ESP）的体裁分析，对 L2 学生和 L1 学生的学术写作教学，以及希望在国际刊物上发表论文的职业写作者都产生了巨大影响（Dudley-Evans，2000：6），在学界也影响巨大，形成了一个学派——"Swalesian School"，主要以学术和职业语篇为分析对象。

学术语篇作为一种特定的体裁，由各种宏观组织模式（如问题—解答、一般—具体）构建，并通过各种修辞策略（如举例、阐释、比较）实现其交际目的（叶云屏、柳君丽，2013）。在学术语篇构建过程中，作者需要对观点进行整合、分析，并对这些观点做出反应（熊淑慧、邹为诚，2012）。目前相关研究领域有：学术语块（lexical chunks）（如 Biber，2006；Hyland，2008 等）、模糊限制语（hedges）（Hu & Cao，2011）、立场标记和介入标记（如 Hyland，2005 等）、性别差异（如 Tse & Hyland，2008 等），以及对引言（如 Bunton，2002

等）、摘要（如 Lores，2004 等）等论文部分的研究及不同作者群体的对比研究（如 Martin，2003）。

近年来，学术语篇研究更注重以语料库为基础对语言微观特点和修辞手段进行分析研究。学术语篇研究一直以语料库为基本方法。Biber（1988）使用语料库和复杂的计算软件研究语篇，提出了多维分析法，认为一种语域是多种语言特征综合作用的结果，并以此区分了口语和书面语语篇的普遍性特征。运用语料库进行学术语篇研究是试图通过大样本语料发现学术语篇语言使用上的共同特征，以频率和分布为特征，在编制学术词汇、解释学术语篇的深层特征和帮助构建教学模型方面起到重要作用。语料库方法的优势在于能够在大量文本中发现潜在的语言模式，缺点是常常脱离语境看待语言现象以及缺乏理论深度（陈庆斌，2020）。

1.1.3　学术语篇教学研究

学术语篇教学属于二语教学中的专门用途教学，是基于 L2 学生专业需求，旨在培养 L2 学生阅读专业文献、撰写文献综述及课程论文、参加学术讨论的能力及学术素养的第二语言教学。

学术语篇教学是高等教育发展到一定阶段的结果。学术语篇研究起源于英语教学，学术英语（English for Academic Purposes，EAP）教学也是发展最成熟的。我国高校英语教学在进入 21 世纪后开展了从通用英语向专门用途英语（English for Specific Purposes，ESP）和学术英语教学转变的重大改革，并最终落实到《大学英语教学指南》（2020）和《硕士、博士学位研究生英语教学大纲》（2014）中，并催生了大量关于课程建设、教学模式、教材编写、测试评估等方面的研究，不过这些研究还多集中于通用学术英语教学方面，有待进一步向与专业相结合的专门学术英语教学方向发展。（蔡基刚，2021）

Newton 等（2018）指出，学术英语教学是以技能为中心的，目的是帮助学生提升他们的技能、策略、元认知意识，进而帮助他们获得学业的成功。因此，听、说、读、写技能训练仍然是学术英语教学的核心，不能代替专业学习。

在学术英语的教学法方面，被认为非常有效、"十分推崇"的是体裁教学法。(秦秀白，2000) 体裁教学法，即建立在体裁基础上的教学方法，是把体裁和体裁分析理论运用在课堂教学中，围绕语篇的图式结构开展教学活动的方法，其目的是：①引导学生掌握不同体裁语篇的不同交际目的和篇章结构；②让学生认识到语篇不仅是一种语言建构，而且是一种社会的意义建构；③引导学生既掌握语篇的图式结构，又了解语篇的建构过程，从而帮助学生理解或撰写语篇 (Kay & Dudley-Evans，1998)。可见，体裁教学法通过对专门用途英语的语篇进行体裁分析，引导学生掌握语篇谋篇布局的机制及其文体特征。

体裁教学法多应用在写作和阅读教学上，也有学者尝试将其应用于口语和听力教学。体裁教学法的一般教学步骤是：体裁分析、模仿分析、小组讨论、独立分析、深入分析、模仿写作 (Hyon，1996)，或者：范文分析、模仿写作、独立写作。体裁教学法能够使学生熟练掌握体裁的结构和理据，开发学生的创造性思维能力；缺点是比较呆板。

1.2　汉语学术语篇及学术汉语写作教学

1.2.1　母语者汉语学术语篇研究现状

与句法研究相比，汉语语篇的本体研究起步较晚 (田然，2013：10)，学术语篇研究就更显单薄。

针对汉语学术语篇的研究，目前仍处起步阶段。我们分别以"学术+汉语""学术论文""学术语篇+汉语""科技+语体"为关键词在中国知网上搜索，截至 2023 年 1 月共搜到 49 篇汉语学术语篇研究论文。其中主要是运用体裁分析、系统功能语法等方法对汉语学术语篇的特征进行研究，如对词汇 (如张博，2022)、言据性 (如廉梦甜，2017)、转述标记 (如刘锐等，2021)、多声系统 (如于晖、张少杰，2021) 等语言特征的研究；对摘要 (如刘科成、彭爽，2013)、引言 (如董婧，2021)、文献综述 (如刘婷，2018)、书评 (如王妮娜，2008) 等体裁的分析，以及对互动行为的研究 (如黄梅、张权，2018) 等，共34 篇。其他多为修辞角度的研究，有 6 篇是对汉语科技文体的认识，如张昕 (2002) 描写了科技语体的句法特征；有 9 篇是语体比较，如邵长超 (2007) 比较了科技语体和文艺语体中的形谓句，谭晓娅（2018）比较了科技语体和文艺语体中范围副词的使用；有 4 篇涉及论文写作的规范性问题，如欧化现象（王坤，2022）、英文使用（郑敏宇，2020）等。

另外值得关注的是，还有相当一批研究（24 篇）是汉英学术语篇对比研究，主要是外语界研究生用英文撰写的学位论文，如杨明远（2009）对中外学术论文元话语应用的比较、曾丽（2009）对英汉科技论文中模糊限制语的对比研究、柳淑芬（2011）对汉英学术语篇中自称语与身份构建的研究等。这些研究，虽然也揭示了汉语学术语篇的语言特征，但整体上是从英语角度看汉语，是为外语教学服务的。

1.2.2　非母语者汉语学术语篇及写作研究现状

随着来华接受学历教育的国际生数量剧增，对非母语者汉语学术语篇的研究及对学术写作教学的研究随之出现。

我们在中国知网上共搜索到 9 篇研究留学生学术语篇语言特征的文献，这些研究大部分是学位论文，其中包括 4 篇关于母语者与非母语者比较的研究，5 篇关于某国籍留学生或某项目在汉语学术语篇中的特征的研究，如汲传波（2016）对韩国学生汉语论文中文言结构使用情况的研究、王梦笛与黄建滨（2021）对俄罗斯留学生汉语学术写作中身份与声音的研究、季宇琦（2015）对留学生汉语写作中话语标记使用情况的研究等。除此之外，关于篇章衔接连贯的偏误分析，如李悦（2021）等，也关注到留学生学术语篇。

更多的研究（20 篇）是关于留学生学术汉语教学的研究，包括学术汉语地位研究（2 篇）、需求分析与动机调查研究（6 篇）、能力研究（4 篇）、教学与课程研究（4 篇）、教材研究（4 篇）。关于教学法、课程、教材的研究主要服务于写作教学，只有张毓佩（2020）的 1 篇是专门研究汉语学术语篇阅读教学的。

以上这些研究大多出现在 2015 年之后，而且超过一半（58.6%）出现在 2020—2022 年三年中（29 篇中的 17 篇），说明最近几年人们对学术汉语教学的关注在急剧上升。不过这些研究主要还是针对学生的研究（共 10 篇），相关教学研究工作才刚起步。

1.2.3　研究展望及本研究的主要内容

学术语篇属于专业文本，具有鲜明的语体特征（张祧等，2020）。当前，国际中文教育面临"一次标志性转折"（吴勇毅，2020），用汉语进行专业学习、学术研究的需求急剧上升，"我们应该大力开展对学术汉语本身、学术汉语习得与学术汉语运用的研究，探索出一条高效的培养外国学历生的学术汉语阅读能力和写作能力的新路子，让他们真正成为汉语学术共同体的成员"（吴勇毅，2020）。但是汉语界对于汉语学术语篇特征的揭示，尚处于探索阶段（张祧等，2020；于晖、张少杰，2021），因此存在很大的研究空间。

汉语学术语篇研究，有宏观和微观两个层面。在宏观层面，包括两个具体的研究方向：一个是对宏观的汉语学术篇章模式如引言、结语、综述、摘要的篇章模式的研究，一个是对汉语学术语篇中定义、解释、分类、因果、比较、定量行为的篇章行为范式的研究。

微观层面是对汉语学术语篇语言特征的研究。这具体包括：第一，基于语法结构特征的显性层面——词汇/句法结构的研究，如：汉语学术语篇中的通用学术语块、外壳名词的概述回指用法、模糊限制语、动词性据素、语码注解标记研究；第二，基于语法结构功能的隐性层面——作者身份建构的研究，包括：汉语学术语篇中的自我指称语、介入标记语、主动句和被动句，文本借用中的作者身份建构研究等。

学术语篇研究的目标是为学术语篇教学服务，目前关于学术写作教学和汉语学习者文本的研究已经开始起步，但对于学生、教师、教学法、教学材料等各方面还有待研究。

本研究使用语料库分析方法，研究汉语母语者和学习者是如何构建学术语篇的，并对汉语学术语篇写作教学提出建议。

我们主要研究了通用学术语块、外壳名词概述回指用法、动词性据素、模糊限制语和摘要写作五个专题，希望为学术汉语写作教学提供词表、常用构式、写作模式等教学内容，并对教材中语言点的切分、排序、呈现、练习等提出建议和编写设计。

第 2 章　汉语学术语篇通用学术语块及教学

2.1　引言

2.1.1　问题的提出

　　语块（lexical chunks），或称预制语块，是由两个或两个以上的词构成的连续或不连续的序列，它整体储存在记忆中，使用时能整体提取，是一种预制的语言单位（Wray，2002）。研究证明，语块在二语习得的产出过程中起着重要作用，恰当运用语块有助于提高交际的流利性和选词的地道性，而且语块知识与写作水平之间关系密切（丁言仁、戚焱，2005），在学术写作中缺少语块会影响写作的精确性和经济性（Jones & Haywood，2004）。

　　陈淑梅（2012）曾指出，留学生在撰写毕业论文的时候，只会写"这篇文章的内容是比较中国与越南的除夕文化"这样的句子，而不会使用"本文拟对……进行比较"这一句式；在论文结尾倾向于写出如"我也通过这次的分析，知道了一个道理""我希望，学汉语的留学生通过我的论文……"等句子，而不会使用"本文的研究表明……""通过以上分析，本文……""以期……"等句式来对论文进行总结。这种现象其实就是留学生不熟悉、不善于使用汉语学术语块造成的。

　　虽然目前学界已认识到汉语学术写作教学的重要性（幺书君，2005；亓华，

2006；付丽，2011；陈淑梅，2012；高增霞、栗硕，2018；等），但是高校才刚
刚开始设置针对留学生的汉语论文写作课程（高增霞、刘福英，2016），专门的
论文写作教材只有两本（李英、邓淑兰的《留学生毕业论文写作教程》，高增霞
的《高级汉语写作：论文写作》），在留学生的学术汉语写作教学中如何引入语
块教学目前还有很大的研究空间。有哪些常用的汉语学术语块？在教材编写中如
何处理？本章希望通过对这些问题的研究，研制出一个可以为留学生论文写作提
供语言范例的通用学术语块表，以期为留学生论文写作教材建设提供些许参考。

2.1.2 相关研究综述

我们分别以"语块"和"词块"作为关键词，把时间设置为 2000—2018 年
在中国知网上进行检索，以"语块"为关键词检索到 1 194 篇文章，以"词块"
为关键词检索到 1 843 篇文章。同时检索主题词"英语"，发现分别有 856 篇、
1 610篇。检索主题词"学术语块"，发现只有 5 篇论文，而且大都是关于英语语
块的。检索主题词"语块"与"论文写作"，有 98 篇论文，而且大都是关于中
英语块对比、大学生英语及英语四六级写作中的语块、留学生写作课习得的语
块、对外汉语写作课常用的语块等，关于对外汉语留学生毕业论文写作的语块研
究还比较少。

2.1.2.1 关于语块的通用写作研究

在对外汉语写作教学领域，语块研究主要集中于语块教学。闫飞飞（2014）
分析了中级留学生的语块偏误；孙燕（2015）探讨了对外汉语写作教材中语块意
识的体现，以及在写作教学过程中的运用；刘嘉怡（2015）、亓文香（2008）分
别设计了语块教学法；苏丹洁（2010）对存现句，张东平（2011）对"连字
句"，田靓（2012）对"把"字句，李秀华（2013）对"有"字句等应用"构
式—语块"教学法进行了教学设计。

在英语教学领域，关于语块与语言水平的相关性研究，有郭晓英、毛红梅
（2010），王彬（2010），王悦文（2014），智丽丽（2015），李裕（2015），刘云
云（2016）等；关于语块的功能研究，有霍欣琰（2017）、于瑶瑶（2017）等；
关于语块的对比研究，有杨翠（2012）等；关于语块的应用研究，有阿迪拉·阿
力更（2014）、张斌（2016）、田春阳（2018）等。

2.1.2.2 关于语块的学术写作研究

用语块理论指导汉语学术论文写作的相关研究还比较缺乏，相关的语块研究主要集中于中外学者英语学术语篇的对比研究上，如杨方媛（2012）、刘欢（2014）和张倩（2014）比较了中外学者英语期刊、学位论文中语块的使用特征；董伟（2011）对中美语言教学类硕士学位论文英文摘要中的语块，邢进（2012）对应用语言学学术语篇各部分的语块，胡新（2015）对工学期刊论文英文摘要各语步中高频出现的三词语块，李梦骁、刘永兵（2017）对应用语言学学术论文结论部分各语步中的高频语块等进行了结构和功能上的对比分析；杨拓（2016）分析了应用语言学英语学术期刊里中英作者的立场语块的使用特点及差异。

2.1.2.3 关于学术语块表的编制

学术语块的辨别与提取主要表现为学术语块表的编制。邓莉（2014）建立了旅游汉语话题库及话题词表；薛蕾（2017）以《世界汉语教学》等四个期刊选文为基础创建了 250 万字的汉语语言学论文语料库，建立起汉语语言学学术词表；王景丽（2017）建立了一个含有 2 720 个语块的语块表来比较非本族语作者和英语本族语作者在学术写作文本导向语块使用上的异同。这些语块表多为专业语块，具有很强的专业性。

在学术英语领域，有关通用学术语块表的研制更为丰富，如 Hyland（2008）研究了不同学科的学术期刊文章，以及硕、博士学位论文中词块的频数、形式和功能并建立了英语学术语块表；Simpson-Vlach 和 Ellis（2010）基于人文艺术、社会科学、自然科学、医学和工程技术等学科建立了包括 979 个口语语块、712 个书面语语块和 207 个核心语块的学术语块表；另外 Valipouri 和 Nassaji（2013）基于化学学科建立了一个含有 1 400 个语块的学术语块表；李丽丽（2014）基于医学学科提取了 211 个高频四词语块。

综上，目前汉语学术语块的研究还不够丰富，对于通用学术语块表的建设还很缺乏，而英语相关研究非常丰富，提供了很好的借鉴。

2.1.3 研究内容和方法

我们的研究对象是通用学术语块（下文简称"学术语块"，或称"常用语块"），不包括与内容相关的专业术语，因为每一篇论文研究的主题不同，专业术语的差别很大，并不适合提取出来用于通用论文写作教学。此外，我们的提取范围是论文中的中文摘要、引言、正文和结语部分，不包括英文摘要、致谢、参考文献和附录等其他部分。

我们的研究内容主要包括两个工作：①确定汉语学术论文中常用语块的范围，建立汉语通用学术语块表；②对教材编写提出建议。

我们主要以"中国优秀硕士学位论文全文数据库"中的 30 篇论文为调查对象建立语料库，因为其篇幅与期刊论文相比不至于太短，与博士学位论文及专著相比也不至于太长，适合手工寻找通用学术语块。为避免该语料库的偏颇，我们又从《中国语文》等期刊上选择了 9 篇论文作为补充和参考。通过对陈作宏主编的《体验汉语写作教程（高级）》、岑玉珍编写的《发展汉语·高级写作》、邹昭华编写的《汉语写作教程：高级·A 种本》（下册）、杨俐编写的《外国人汉语过程写作》、李增吉编写的《汉语高级写作教程》（下册）五套教材中议论文部分进行统计，提取一般议论文中的语块，将其与学位论文语块进行对比，编制最终的汉语通用学术语块表，并通过与英语学术语块对比，总结出汉语学术语块的特点。

2.2　汉语通用学术语块的性质及特征

2.2.1　汉语通用学术语块的定义

通用学术语块即学术语篇中通常使用的语块。

钱冠连（2005）在哲学和语用学的背景下较早指出并详细论述了语言行为中存在的一种"程式性语言行为"，指出它是"行为与话语的稳定配合"，体现在语言上是"固定的一套话语"，也就是我们说的套语。宋飞飞（2015）指出套语也是一种程序化语言，是形式和意义的结合体，在使用中呈现出形式上的复现性、意义上的惯常性和功能上的语境相关性。套语更多的是用于口语，如问候类套语、告别类套语、感叹类套语等，书面写作中也有形式稳定的语言表达模式，如诗歌鉴赏中"这首诗写……抒发了作者……情感"。

固定搭配的凝固性更强，一般是连续的，其内部和外部的稳定性很难确定。其中，固定就是一种限制，要考虑可能性的束缚和习惯性的支配，而搭配指的是语言中一个词项与其他词项在选择限制规律支配下的共现关系。

语块、套语和固定搭配，其相同之处在于：意义完整，语义可以是透明或者非透明的，非临时生成，具有预制性，在使用时可以以固定形式随时供使用者调用，使用者只要经过大脑细微加工，便可生成连贯的句子。

语块、套语和固定搭配，其不同之处在于：首先，固定搭配一般指连续性的序列，但是套语和语块可以是连续的，也可以是非连续的，例如："本文拟从……方面进行阐释/分析，以期……"是一个非连续的语块，"如上所述""试看下面几句/几个例子""试举一例"是连续的语块；其次，从语法结构来看，多把语块定位为两词或多词组合，大于词小于句子，也可以把语块上升到语篇层面。但是固定搭配是不能上升到语篇层面的。套语则可以是一个词语，如"谢谢""留步""再见"等；最后，从出现频率来看，语块一定是高频出现的。套语的稳固性很高，也要考虑复现率。但是固定搭配更多考虑凝固性。

此外，尽管以往教材中都使用了套语、固定搭配这样的惯用格式，但都是经验性的、举例性的，不成系统。由此本书没有采用"套语""固定搭配"这些概念，而是选择了在书面写作中应用更加广泛、形式更加灵活、研究更加深入的"语块"这个概念。汉语语块即结构形式比较固定、意义完整、能够表达特定的功能、高频共现、整存整取的大于词也可大于句子的连续或者非连续的语言形式。

2.2.2　汉语通用学术语块的特征

通用学术语块不仅要符合一般"语块"的特征，还要有学术体裁的分布特征。也就是说，通用学术语块既表现出语块的一般特征，又具有自己的独特特征。

2.2.2.1　一般性特征

根据 2.1 节所总结的汉语语块的定义可以看出其一般特征：结构形式比较固定、意义完整、能够表达特定的功能、高频共现、整存整取、大于词也可大于句子。孔丹（2009）把这些一般特征总结为：固定性、预制性、易提取性。固定性指的是形式和意义的组合具有凝固性较强的特征，结构内部的组成成分高频共现，这是语块最基本、最核心的特征，而预制性和易提取性是心理上的体现，所以我们赞成这种说法，认为学术语块首先也应该具有这样的一般特征：意义的完整凝固性、成分间能高频共现、具有心理预制性、容易提取。除此之外，我们认为，汉语学术语篇首先是书面语篇，因此具有典型的书面语特征。作为常用语块，学术语块在语言风格上具有书面语特征。

第一，固定性。构成成分和组合形式相对固定又富有弹性，表现出形式上的固定性。具有一定弹性的结构，如经贸汉语中的"……经济"（市场/计划/泡沫/楼宇/循环/港澳/宏观/微观经济），从形式上看，这是一个名词性短语，以中心词"经济"为核心，形成一系列的表达某种经济形态的术语，其语义的理解也具有相当程度的透明性。连续性结构的固定性更强，如"调查显示"是学术语篇中常用于引出调查结果的语块，其组成成分及组合形式都非常固定。周健（2007a）指出，语块在句子语序变换中具有功能突出的特征，例如"你觉得北京和广州有什么不一样？"这个句子在变换的时候，"你觉得""北京和广州""有什么不一样"自然地形成变换模块，如果拆成"觉得北京"就失去了心理现实性。这种方法表现出来的正是语块在语义和结构上的相对凝固性。

第二，预制性和易提取性。很多文献中都提到语块在心理上具有整存整取的特征，在词库中是作为一个整体储存在记忆中的，使用的时候可以直接提取，不需要经过生成。表现在行为上是不假思索、不需斟酌。论文的开头、结尾等都有一定的写作模式，可以直接"套用"。例如开头部分介绍研究设计的时候使用"本文拟对……进行研究"，结束部分使用"通过对……的分析"等引出结论。

第三，书面语特征。汉语书面语具有显著不同于口语语体的词汇、结构、句式、韵律等表现。学术语块属于书面语语块，因此具有书面语特征，例如含有文言色彩的词汇和结构："基于……""不乏""相对……而言""拟对……进行"；讲究韵律的结构，"双音节+双音节"模式："进行分析""调查发现""结果显示"等。孔丹（2009）发现经贸书面语篇中常用的语块也都具有这些书面语特征。

2.2.2.2　区别性特征

汉语学术语块所具有的不同于其他语块的特征，主要表现为：语类结构专属性、学术特异性以及非连续性语块较多见。

第一，语类结构专属性。Biber（2006）指出，学术语块是学术体裁中"高频出现的程式化序列"。Cortes（2013）在探究本族语者研究论文引言部分的语块与语步的关系时，发现学术语块的使用具有语类结构专属性，如"it is necessary to…"主要出现在激活研究空间的语步中。更多的研究发现，学术语篇中的常见语块在功能上表现出很强的"功能性"特征：语篇导向、研究导向、参与者导向、文本导向，并据此将学术语块分为四类。汉语学术语块自然也是如此，比如"本文"是一个在汉语学术语篇中显著频繁使用的文本指称语块，"研究/数据表明/显示"是以抽象主体为特征的参与者导向语块。这些语块的使用，明显具有专门性。再如，在摘要的开始部分，无论汉语还是英语，"50%以上的作者一开始就点明研究方法"（叶宁，2008）。在汉语的论文摘要中，开头部分使用"本文利用……来……""本文采用……的方法……"就非常常见，而这种模块在结束语部分则极少看到。

第二，学术特异性。学术特异性指的是学术语块在体裁、学科及语言方面均表现出特异性。Charles（2007）对不同学科学术论文中"名词+that小句句干语块"的对比研究、Cortes（2008）对英语和西班牙语学术语块的跨语言研究均表明，学术语块具有体裁、学科及语言特异性，这些因素影响学术语块在语篇中的分布。在汉语中，不同的学科，使用的高频语块明显不同，首先表现为学科方面，专业术语的使用具有特异性，这点毋庸说明。其次表现为由于使用的研究方法不同而表现出的特异性，例如使用实验、调查等方法进行的研究，在有关数据的表达中，"占……""比例""数据显示"之类的语块自然多见。最后表现为随论证风格不同而不同，例如文科多表现为演绎式论述风格，"由此可见""表现为""多为"等是比较常见的表达。

第三，非连续性语块较多见。Chen和Baker（2010）将学术语块的操作定义为在特定的频率及分布标准下采用语料库驱动方法检索所得的连续的多词序列。其他关于英语学术词块的研究也多将语块定义为"连续性"的构造。但是在汉语语块的研究中，很多人注意到汉语语块中"框架语块"（湛欣，2012；刘玉丹，2016）、"框架式语块"（王贝贝，2018）或者"嵌入式语块"（孟德腾，2011）比较多见。在学术语块中，无论是英语还是汉语，介词语块是一个非常大的部分，例如Cortes（2004）的统计结果显示介词语块占到总数的32%，也就是说有三分之一的语块是介词结构。而框式介词如"在……上"是汉语的特色

（刘丹青，2002），而且汉语的介词跟动词的搭配也形成一些固定的搭配，例如"进行"一般要和"对"搭配，这种比较固定的组合就会形成高频出现的语块。因此在汉语学术语篇中，框架式语块是很常见的，这点和英语不同。

2.2.3　学术语块教学的可行性和局限性

2.2.3.1　汉语学术写作教学中引入语块教学的可行性

首先，这是由学术论文的体裁特点决定的。鞠玉梅（2004）指出学术论文是一种步骤性很强的体裁，而且学术规约性也比较强，论文内的各部分都有其特定的写作惯例，在语篇构建方面都会采取一种潜在的、抽象的、但普遍认同的结构。其中高频语块是学术群体写作惯例的重要组成部分，能否掌握并恰当使用这些多词单位决定了写作者是否达到学术社群的预期，并能够产生有效的学术交流，而且也意味着写作者在一个特定学术社群中的参与度和被接受程度，因此论文各部分出现高频语块不仅很重要，并且可以用来指导教学。

其次，规范的论文写作表达方式可以通过语块教学来掌握。学术论文写作属于专门用途汉语写作，不仅需要很高的汉语水平，对学生个人的科研素质也有极高的需求，另外，还需要专门的论文写作知识和技能。前两者都需要多种课程长时间的训练，不是一门论文写作课程就可以解决的，但是后者，却是论文写作教学的目标。与普通文章写作不同，论文写作更倾向于制式写作，语言的模块化、模型化更加明显。我们平时写作中用到的固定高频搭配、词语套子、固定语言模式、框架结构其实就是语块。其由于预制性、凝固性和整存整取的特点，是论文写作时进行语言指导的一个途径。

再次，许多研究已经证实了语块对学术写作的重要性。Jones 和 Haywood（2004）提出使用语块可以更加经济地表达复杂的意思，而且语块使用的不同可以标志出学习者的语言水平，同时还强调了在学生的学术写作中缺少语块可能会影响写作的精确性和经济性。已有研究表明，语块有助于在学术写作中表达特定的语境意义（Hyland，2008），语块使用的熟练程度是区别专家和新手的重要标志（Cortes，2013；Davis & Morley，2015）。可见，高频语块是学术写作的重要组成部分，能否掌握并恰当使用这些语块会影响写作的语言准确性和学术交流的有效性。

最后，语块整存整取，可以提高学术语言输出效率和准确率。Sinclair（1991）总结出语义分析时人们应遵循短语原则和开放选择原则。前者是指使用大量现成的语块来组装语句，后者指的是选择合适的语法和词汇，从零开始来搭建语句。由此可见，要提高学生写作水平，师生们应该在掌握词汇和语法的基础上，进一步提高语块运用能力。

综上，论文本身的体裁特点使学术语块大量存在，通过语块学习又可以提高论文语言的规范性和语言输出的准确性，所以在学术汉语写作教学中进行语块教学是可行的。

2.2.3.2　正确认识语块教学的有效性和局限性

自从语块的概念被提出以后，就有许多实证研究证明了语块教学的有效性和优势，并且把语块教学应用到了词汇、写作、阅读、口语等方面。但是反对的声音也接连不断。例如戴曼纯（2012）认为语块的界定不明确，语块教学也不过是补丁式教学，这种教学方式会误导师生。据此，我们需要正确认识语块教学的有效性和局限性。

对于学术汉语写作教学而言，语块教学的有效性是由学术论文体裁性强、语块自身的特点，以及汉语重意合、传统教学中固定搭配常用格式等的教学传统决定的。但是，语块教学也有其局限性。首先，关于语块界定问题，的确有其模糊不清的地方，而且大多是从其外部进行的概括。目前关于语块的概念尚未达成共识，在汉语研究中，周健（2007a），亓文香（2008），周倞（2009），王凤兰、于屏方、许琨（2017）等把多词、短语、成语、歇后语、固定搭配、句子框架、语篇构式等都划入了语块范畴。

其次，过分套用、强调语块，会误导学生形成错误的学习理念，以为只要把"原料"填进"模具"，就可以自动生成句子，从而过度依赖语块，导致篇章缺乏逻辑与思想。由于是整体记忆，在使用雷同语块时稍有不慎便会出现不辨语境效用的混用情况。尤其框架语块具有提示填充内容类型的抽象功能，且处于语义弱化的过程，如果不能积极主动地具体辨识文本语境，就会造成语块低效、过剩的状况，最终导向消极的语用心理，不利于学生第二语言的习得。

最后，汉语的语块提取比英语要复杂困难很多。英语界已经有相关的语块提取软件，汉语界还没有一款可以提取汉语语块的软件，虽然有一些技术尝试，但是操作困难，需要专业人员才可以操作。而且汉语重意合，形式灵活，如何确定标准语块、处理其扩展语块也是一个问题。

综上，不应该夸大语块的作用，语块教学也并不是要完全代替二语学习，只是可以作为一部分语言要素的教学或者一种教学尝试。

2.3　汉语通用学术语块表的编制方法

2.3.1　已有文献中语块的提取方法

语块的提取，首先需要解决的是标准问题：达到什么条件可以作为一个语块来处理。其次是技术问题，包括语料库的建设、计算程序的设置等。

在英语界，语块提取的技术已经比较成熟。在标准方面，最常提及的标准是频率。Biber（2006）提出语块即在语料库中的出现频率和分布达到一定标准的语言片段，通常词块的操作定义为每百万词出现 F 次且有一定分布的 N 词组合。这个频率，Cortes（2004）、Hyland（2008）认为每百万词出现 20 次，Biber（2006）认为每百万词出现 40 次。马广惠（2011）指出这种定义的缺陷是各人有各人的提取标准，提取频点的设定比较随意。

但是，提取语块的困难在于其心理预制性，这些绝不是频率可以解决的问题。为此，Wray（2002）提出除了频率、结构和语音形式这三个常被提及的标准外，直觉和共享知识在判断语块过程中也很重要。Schmitt（2004）采用了多方印证法选择目标词块，首先从文献中选出候选词块，然后考察它们在学术语料库中出现的频率，接着从教材中选出适量候选词块，与前面选出的词块进行比较，并从中选出部分语块请一些经验丰富的语言教师进行辨认，最终确定目标词块，由此多方印证法是保证词块识别信度和效度的不错选择。

在技术层面，语块的提取需要建立专门的语料库和计算机提取程序，目前这些方面都有了长足进展。英语中有 N-Gram Phrase Extractor、Sketch Engine、Concgram、AntConc 等诸多软件，可以满足不管有无既定中心词均可提取连续或不连续的语块的要求，检索、统计和提取都比较方便。在汉语中，姜柄圭等（2007）首先采用 N-gram 串频算法抽取词语串，然后删除同频子串。其次，从内部来看，语块内部词语之间的结合紧密度主要取决于它们的共现频度，可以使用互信息（MI）和对数似然（Log-likelihood）方法来判断；从外部来看，可以使用最大熵的方法（Maximum Entropy Model）来判别候选语块的独立性和边界。最后，基于语块组合规则和停用词的过滤，输出重复出现的多词语块。虽然过程复杂耗时，但是结果让人基本满意。通过分析也证明了语块是可以清晰呈现出来的凝固性强、整存整取、出现频率高并表达一定内容的一类固定的语言形式。

但是，英语语块的提取技术并不能应用到汉语中，例如《留学生毕业论文写作教程》（李英、邓淑兰，2012）曾总结的表达过渡和照应的常用语言形式"在……方面"，以及在摘要、引言、调查研究和结语中经常使用的语言形式"拟/将从……（角度/方面）探讨/分析/研究""本文将通过……，探讨/分析……"等，显然不属于"连续的"多词序列，而英语中提取的都是连续的语块。目前汉语语块的提取基本靠语感。董艳（2010）、王文龙（2013）对对外汉语初级阶段教材中的语块的研究，李素建等（2003）和谌贻荣（2005）对语块提取的计算，都主要依靠语感。虽然熊秋平、管新潮（2011）将经典工业工程中的"工作研究"方法，应用到双语平行语料库语块提取软件的编制中，取得了不错的效果，但是这种基于计算机语言学和自然语言处理的汉语语块提取技术尚不成熟。

2.3.2　汉语通用学术语块提取标准

由于目前汉语语块的提取没有可普遍应用的软件程序，因此，本书结合英语和汉语的相关提取方法，并联系实际情况，确定了手工提取语块的标准。

首先，母语语感。李泉（1995）指出："语感在语言学及其许多分支学科和领域中都有着重要的作用。"Wray（2002）也曾说语感（intuition）是"最不科学、却又最常用"的选取方法。由此，我们认为在语言研究过程中，不应该忽视和规避语感，而应该充分利用。

其次，频数。前文我们已经提到，Biber（2006）提出了提取频点的概念：在学术英语文本中，语块在至少5%的文本中的出现频率大于每50万词10次。而且马广惠（2011）也指出每百万词10次、20次或者40次使得提取频点的设定标准并不固定。鉴于此，本书结合统计的结果，将频数设为3，即只有在一篇论文中至少出现3次的语块，才是我们需要重点分析的高频语块。

再次，篇章分布域。Hunston（2002）提出语块的互信息值如果达到了 3，则被认为具有统计学上的显著性。Cortes（2004）、Hyland（2008）指出要能够同时在 10%的文本中出现。语块的分布域阈值通常被设定得很低，只要在 2 篇以上文章中出现即可。本书将篇章分布域确定为 3，即统计那些在 3 篇论文中同时出现的语块。

最后，综合考虑结构形式、意义、功能、使用者心理四个方面，对于不能确定的可以暂时保留，最后再进行取舍。参照 Schmitt（2004）采用多方印证法选择目标词块，首先从文献中选出候选词块，然后考察它们在学术语料库中出现的频率，接着从教材中选出适量候选词块，与前面选出的词块进行比较，并从中选出部分词块请一些经验丰富的语言教师进行辨认，最终确定目标词块。因此多方印证法是保证词块识别信度和效度的不错选择。同时，有的语块还可以进一步切分为更小的语块，如"本文在前人研究的基础上对……做出了"可以视为一个较大语块，其中的"在前人研究的基础上""对……做出了"是更小的语块。因此是提取"最小组合语块"，还是"较大组合语块"，可以根据具体的语境和语块的使用频率来进行判断。

2.3.3　汉语通用学术语块提取步骤

结合已有的相关研究和上文所制定的语块提取标准，鉴于手工提取手段，制定了如下鉴别语块的具体步骤：

第一步，确定所要考察的语块语料库。

首先，选择"中国优秀硕士学位论文全文数据库"作为主要来源。我们从中选取了 30 篇优秀论文，其中，语言学及应用语言学专业的有 10 篇，汉语言文字学专业的有 10 篇，汉语言文学专业的有 10 篇。这样做的目的是扩大学科范围，使语块更具代表性。

其次，用权威语言类期刊论文作为补充和参照。我们共选取了 9 篇期刊论文。《中国语文》3 篇：《吴语名词性短语的指称特点——以富阳话为例》《再说"差一点"》《释古越语"市（姊）"及相关音韵现象——兼论〈颜氏家训〉"南染吴越"的词汇表现》；《世界汉语教学》3 篇：《论语体语法的基本原理、单位层级和语体系统》《现代汉语的非论元性句法成分》《提高语块意识的教学对汉语第二语言学习者口语产出的影响》；《外国语》3 篇：《人际语用学视角下人际关系管理的人情原则》《徐志摩诗歌创作与翻译的互动生成》《〈系统功能语言学的杂合性研究：语法、语篇和话语语境〉（2016）评介》。

最后，使用英语学术语块表做参考。胡富茂、张克亮（2018）指出英汉语块的完全对应关系达到了 92.65%。所以学术英语中的语块，尤其是核心语块，同样可以作为学术汉语语块的有效补充。我们使用的是 Simpson-Vlach 和 Ellis（2010）创建的英语学术语块表（Academic Formulas List，AFL），该表包括核心语块和常见语块，如表 2-1 所示。

表 2-1　英语学术语块表（AFL）

（a/the）form of	high levels of	of the system	does not have	to carry out
（as）a function of	over a period of	at the time of	none of this	（it）is not possible（to）
based on（a/the）	a list of	at this stage	there has been	the importance of
focus on the	（a/large/the）number of	b and c	this means that	important role in
form of the	both of this	the United Kingdom	has also been	it is important（to）
（from）the point of	of the second	and so on	that it is not	it is necessary（to）
view（of）the	a series of	（more）likely to（be）	they（did/do）not	（it）is dear that
in relation to	and the second	（it/there）may be	which can be	is consistent with
in response to	each of（the/these）	appear（s）to be	his or her	it is impossible to
（in）the case （of）	the first is	at least in	and the same	it is obvious that
in the context （of）	a set of	are likely to	different from the	the most important
in the sense（that）	of（the/these）two	does not appear	is much more	it is difficult
（in）such a way	there are three	as a whole	（the）different between（the）	it is interesting to
（in）terms of （the）	a high degree	according to the	as opposed to	it is worth
in which the	little or no	assume that the	exactly the same	to do so
is based on （the）	in some cases	be the case	related to the	we do not

（续上表）

nature of the	there are no	out that the	the relationship between	as shown in
of the fact	a large number (of)	may not be	associated with the	in the next section
(on) the basis (of)	in a number of	to some extent	have the same	(in) this paper (we)
the ability to	(the) total number of	it might be	the same as	shown in table
the concept of	there are several	might be able (to)	between the two	at the outset
the context of	(a) small numb (of)	little bit about	(in/of/with) the same	in the present study
the definition of	in both cases	you might want to	be related to the	shown in figure
the development of	(there) are a number of	is likely to (be)	(on) the other (hand)	the next section
the distribution of	two types of	it is likely that	the difference between	in table 1
the existence of	(a) wide range of	it appears that	(the) same way as	in this article
(the) extent to which	in most cases	less likely to	is more likely	for example (if/in/the)
(the) fact that (the)	a variety of	to show that	to distinguish between	what are the
the idea that	is for the	we can be	similar to those	but this is
the issue of	it is not	assumed to be	a and b	any questions about
the meaning of	that this is	be seen as	the real world	I mean if (you)
the nature of (the)	(an/the) example of (a)	be argued that	in conjunction with	see what I'm saying
the notion of	is not (a/the)	been shown to	you don't need to	what happens is
the order of	means that the	be explained by	(to) make sure (that)	came up with
the presence of (a)	that we are	can be considered	you need to (do)	(it) turns out (that)
an attempt to	as an example	be regarded as	we have to	so if you
in accordance with (the)	is that (it/the/there)	(it should) be noted	you want me to	you know what I'm

（续上表）

in the course of	referred to as	need to be	we need to	come up with (a)
(are/was) based on	there is (a/an/no)	needs to be	you want to	are as follows
(in) such a way that	different types of	can be used (to)	should also be	in more detail
in the form of	is the case	to use the	take into account (the)	see for example
by virtue of	such as the	allows us to	should not be	such as those
in terms of a	this is (a/an/no)	be used as a	to ensure that(the)	factors such as
in this case the	here is that	are able to	(you) can look at	(a/the) result of
degree to which	is to be	be used to	you could	due to the
in the absence of	that in (a/the)	be achieved by	you can see (that/the)	so that the
insight into the	this type of	can also be	you're trying to	the reason for
depend(s) on the	if this is	(be/been/was) carried out	can easily be	(as)a result (of)
(as) part of (a/the)	it can be	can be achieved	it is possible (that/to)	in order to
the change in	that is the	carried out (by/in)	can be found (in)	the effect(s) of
the part(s) of the	this would be	can by expressed	most likely to	whether or not (the)
the amount of	it does not	be considered as	could be used	because it is
the frequency of	that there (are/is)	is determined by	their ability to	as a consequence
the rate of	which is (not/the)	have shown that	has been used	for the purposes of
the area of	(as) can be seen(in)	we assume that	is affected by	give rise to
the level of	it has been	if they are	to determine whether	it follows that
the sum of	that there is no	we have seen	due to the fact (that)	as a result of the
an increase in the	this does not	tell me what	for this reason	for this purpose
and in the	as well as	at the same (time)	(in) other words(the)	even though the

第二步，运用制定的原则和标准，对每一篇论文中的语块项目进行提取。由于成语、俗语、歇后语这样的语块，其出现受论文内容影响较大，很少同时在几篇论文中出现，因此不作为本书的提取对象。为计数方便，我们区分典型和变式，如把"某某指出"和"某某认为"处理为语块"某某指出/认为"的两个变式，"因为……，所以……"和"……，所以……"则记为"（因为……）所以"。在形式上统一使用"……"表示省略，"/"表示"或者"，如"第……部分/章总结了/概括了/归纳了/界定了/分析了"。

第三步，依据学术语块语料库，将语块的关键词逐一输入硕士学位论文中进行检索，然后从中分析、统计并提取出含有关键词的高频语块，形成学位论文通用语块表和期刊论文通用语块表。

第四步，与议论文常用语块相比较，最终确定适合在论文写作教学阶段作为教学对象的汉语通用学术语块表。议论文写作是论文写作的预备阶段，因此，议论文教学中已掌握的内容，不需要作为论文写作教学阶段的教学对象，所以我们选择了 5 部当前通行的高级写作教材，提取其中常见的议论文常用语块，与学位论文、期刊论文中搜集的语块相比较，最终确定汉语通用学术语块表。

2.4　汉语通用学术语块表的内容

2.4.1　汉语学术论文通用学术语块

根据上文所述语块提取的标准和步骤，我们得到了 3 个语块表：汉语通用学术语块表（见表 2-2），共 72 个语块，其结合了学位论文通用学术语块表、期刊论文通用学术语块表，对照了英语语块表、议论文常用语块表才最终确定下来的；汉语学位论文通用学术语块表（见表 2-3），有 137 个常见语块（暂时的典型形式）；汉语期刊论文通用学术语块表（见表 2-4），有 24 个常见语块（暂时的典型形式）。由于关联词语块的普遍存在性，我们仅在硕士学位论文中根据其出现频次进行了统计，没有把它归入汉语学位论文通用学术语块表。

表 2-2　汉语通用学术语块表

语块内容	语块
表研究范围	本文以……为考察范围
表研究对象	本文主要对/就……进行研究，（即）；本文/本课题以……为研究对象；本文以……作为突破口；本文针对……进行；该+名词
表研究内容	本文共分为……部分，具体如下；本文/第……章说明了/探讨了/描写了/交代了/分析了/介绍了/指出了/归纳了/总结了；本文对……进行
表研究基础	本文立足于……、本文在……的基础上、本文以……为基础、本文从……出发、本文/本章在……的基础上/从以下角度对/就……进行
表研究方法	本文/第……章/本课题/本章/本节通过……对……进行；本文/某某采用/以……的方法；本文的调查形式是；本文以……的方法对……进行分析/梳理，……，进而对……做出细致的剖析；本文运用……方法对……进行了分析，展示了
表举例分析	如图/下表/下图所示、如上所述、试看下面几句/几个例子、试举一例、具体情况见下表、过程/分析如下
表数据分析	……数量最多，占比最大，达到百分之……，……次之，占百分之……，……排第三，占百分之；从……的角度对……进行研究/分析/描写/解读；本文对……进行全面分析，并从……角度来解释；本文对……进行……，结合……理论来阐释；本文参考……对……进行分析与归纳
表不再赘述	本文在此不作详细解释、此不赘言
表研究目的	本文旨在……；为了更好地理解……，……提出了；为了较为全面地认识……，本文对……进行全面分析，并从……角度来解释/梳理，进而；目的在于
表文献综述	某某（年份）论述了/讨论了/分析了/探讨了/总结了/归纳了/界定了/梳理了/提出了/借鉴了、某某指出/提出/认为/借鉴/考察、某某在……中对……进行了、某某运用……理论提出了、某某从……出发指出、对于……某某指出/认为
表研究预期结果	本文拟从……方面进行阐释/分析，以期；本文试图；以期对……有些帮助；本文针对……进行……，以期对……提出一定的参考意见和建议

（续上表）

语块内容	语块
表研究成果	鉴于目前的研究/某种情况，我们认为；通过分析/对……进行分析/上面的分析/以上分析，可以发现/得出以下结论；从……可以看出/发现；根据/按照……的观点/情况，可以看出；经过对……进行分析，我们发现；这从侧面证明了；运用……理论对……进行分析，归纳出；本文的研究表明；基于……/基于对……的分析，我们发现
指出本文不足之处	本文主要以……为主，辅以……，但……不够充分；对于……的研究主要集中在……，而关于……的研究相当薄弱；关于……和……问题，没有从……角度；对于……的问题，本文没有做更深的研究；本文以……为主，没有对……进行细致描写；本文没有涉及；限于……本文对……的认识也仅限于；由于……有限，对……关注程度不高；缺乏对……详尽而系统的描写；本文缺乏对……的比较；对于……缺乏关注；本文不足之处在于
有待进一步研究的问题和建议	本文在研究过程中还有很多问题有待解决；鉴于……文章的分析论证还比较浅显，有待进一步完善/提高/研究；对于……还有待进一步考证；关于……问题还有待进一步解决

表 2-3　汉语学位论文通用学术语块表

暂时的典型形式	变式
通过……引出	通过……引出了、通过……引出
通过……进行	通过……进行了、通过……进行
通过与……对比/结合	通过将……与……相比、通过……将……和……结合起来、通过与……对比而
通过……而来	通过……引申而来、通过……发展而来
通过……可以	通过……可以想象得到
通过……V 了	通过……避免了、通过……凸显了、通过……达到了……的作用、通过……得出了……的结论
通过……从而	通过……从而
通过……V	通过……构成、通过……产生、通过……体现出来、通过……联想到、通过……推进、通过……呈现出来
通过对比研究	通过对比研究、通过对比、通过……对比突出

25

（续上表）

暂时的典型形式	变式
通过对……进行分析来梳理……，进而	通过……的方法对……进行分析来梳理……，进而对……作出剖析/探究；通过对……进行分析来梳理……，进而对……作出剖析/探究；通过……可以对……进行细致的描写，从而；通过……对……进行分析
通过对……的	通过对……的分析进一步丰富了；通过对……的运用达到了……的目的；通过对……的论述，对……进行分析；通过对……的灵活运用；通过对……的提炼，进而；通过对……的分析；通过对……的使用；通过对……的考证；通过对……的描述展现；通过对……的描写展示出；通过对……的刻画揭示了……，凸显了；通过对……的具体分析；通过对……的分析，全面了解了
通过对……进行分析，我们可以发现/了解	通过分析……我们发现；通过……我们可以了解；通过……笔者认为
通过上面的例子，我们也可以从侧面看出	通过以上的例子；通过上面的例子，我们也可以从侧面看出；通过研究分析……，我们发现；通过上面的分析，我们发现
通过……使	通过对……的巧妙运用，使；通过对……的把握和运用，使；通过对……的合理运用，使
通过……来	通过……来理解和体验、通过……来表现、通过……来、通过……来展开、通过……来完成
第……部分/章总结概括了/归纳了/界定了/分析了	第……部分结合前人的研究归纳出；第……部分概述了……界定了；第……部分总结概括；第……部分分析……，对……等问题给出较为合理的解释；第……部分具体分析；第……章首先对……进行界定，然后对……进行分类；第……章将……分为……并通过……分别对……作详细分析；第……章对……进行；第……章对……进行分类，将……分为……和……，并用……对……进行说明；第……章分析了……，并归纳出；第……章分析了……和……之间的关系，并整理出；第……章分析了……与……,对……都适用；第……章分析了……与；第……章分析了……，深入探讨了
第……章通过……对……进行深刻的剖析，从而揭示	第……章透过对……的分析，对……进行溯源；第……章通过……对……进行深刻的剖析，展示了……，从而揭示；第……章着重对……进行梳理

（续上表）

暂时的典型形式	变式
从……来说	从某种意义上来说、从……的角度来说、从……层面来讲、从……来解释、从……的角度来分析、从……上来讲、从不同的角度来分析
从……来看	从……来看、从深层的寓意来看、从整体来看、从……的角度来看、从……视角来看、从文本表面来看、依情节来看、从本章对……的分析来看、从……角度来看、从整体上来看、从……角度来定义、从……层面来看
从……上看	从……意义上看、从语义表达上看、从表面上看、从表意上看、从主题上看、从……的结构上看
从……上说	从……意义上讲、从……上说、从……上来说
从……看	从……的趋势看、从……的情况看、从上下文看
从……角度出发	从某一个特定的角度出发；从……角度出发揭示规律，可以帮助；从……的角度出发观照；从……视角出发的研究主要集中在……方面，探讨；从……角度分析出发；从这一点出发去理解；从勘证……出发，对……作出了……的审视和重译
从……的角度对……进行	从……角度对……进行研究、从……的角度对……进行分析、从……角度对……进行了描写、从……视角对……进行讨论、从……角度对……进行了解读
从……的角度进行	从……的角度进行分析
从……方面 V/对……进行	从……方面进行；从……方面综合分析；从……方面解释了；从……方面对……进行了探讨；从……方面对……展开描述，使；从……方面对……进行了分析；试从……方面探讨；从……方面对……进行了分析评价
从……中我们可以看出/发现	从以上的统计中我们可以看出、从……中可以看出、从……中我们可以看出、从上表中我们可以看出、从上文的分析中也能看出、从……的对比中我们可以发现、从……的对比中我们发现、从目前的研究现状中我们不难看出、从数量上我们就可以看出、从上面的分析中我们可以得出、从上面的例子中我们也可以看出
从……入手/着眼	从……入手指出、从……的角度入手进行、从……着眼
从侧面证明了	从侧面证明了、从侧面佐证了

（续上表）

暂时的典型形式	变式
从……角度＋动词性词组	从……角度梳理、从……角度拓宽了阐释空间、从……的角度去力图解释、从……角度研究探讨、从……的角度去观察、从……层面上深入探讨
经过对……分析，我们发现	经过观察分析……我们认为/发现；经过对……分析，我们发现；经过以上分析可以得出
综上……我们可以看出；综上所述，本文	综合以上……我们推测；综合上述分析，我们总结出；综上……表现出；综上……我们可看出；综上/综上所述，本文主要将……与……相结合，试探性地讨论了……并提出了少许建议，以期；综上论述；综上观点；综上来看；综上所述
纵观	纵观这些研究成果、纵观对……的研究可以发现、纵观……笔者认为、纵观对……的研究
反观	反观……为……提供了
随着……而	随着……的出现而产生、随着……而改变、随着……而变化、随着、随着……的发展
V为	简称为、称之为、界定为、概括为、理解为、表现为、分解为、分析为、体现为、定义为、变换为
根据/按照……的观点/情况，我们可以看出	根据……的观点；根据某某所举例子来看；根据……统计分析；根据……标准；根据……提出了；根据……对……进行分析；根据……对……做以下分类；根据……分析；根据……分别分析了……以及；根据……分为三种情况分析；根据……进行；根据……对……进行……分类讨论；根据……分析了；根据从……角度解释了；根据……与否，我们将……分为；根据对……产生的影响归纳出；据……来看

（续上表）

暂时的典型形式	变式
依据……我们可以	依据……我们可以、依据+名词
某某认识到/认为/指出/总结了/归纳出/概括了	某某认识到；某某认为；某某提出；某某指出；某某总结了；某某也认为；某某也指出；某某归纳出；某某将……分析概括为；某某进一步谈到；某某进一步提出；某某还强调了；某某曾经指出；某某探讨了；某某据此指出；某某在此之上指出；某某在……中指出；某某发现；某某又特地表达了；某某则认为；某某也注意到；某某也曾驳斥某某说；某某表述了；某某表示；某某的这个观点再次强调了；某某继承和综合了……的观念，指出；某某在论及……时也曾指出；某某在其研究中利用和推进了这一思路；某某在某书中认为；某某在某书当中将……总结为；某某在某书当中对……提出了不同的观点，认为；某某在某书对……进行了分析总结；某某在某书中指出；某某将……和……结合起来，提出了……，认为；某某采用……研究方法；某某对……做出了研究；某某随后梳理了……，为……确立了
某某运用……理论对……进行分析	某某运用……理论对……进行分析；某某运用……理论对……进行分析，试图揭示；某某以……为研究对象，运用……理论将……分为……即
某某在……理论基础上对……进行了	某某在……理论基础上，对……进行了扩展，并最终提出了；某某在某书中对……进行了
某某从……的角度出发	某某从……的角度出发，以……为切入点对……进行分析；某某从……出发，简述了；某某从……情况出发，讨论了……，认为
某某根据……对……进行	某某根据……对……进行描写分析，然后说明；某某对……进行；某某对……进行了细致的研究，对……做了系统的分类
某某通过对……进行	某某通过对……进行统计分析；某某通过对……的使用完成；某某通过对……的深度挖掘，开掘出；某某通过对……的研究发现；某某通过……来构建……并告诫人们；某某通过……来说明……，并简单地分析了
按照	按照……组合起来、按照……的情况、按照……进行了、按照……进行、按照……来对……进行想象和塑造
本文拟从……方面进行阐释，以期	本文拟从……方面进行阐释，以期；本文以……为研究对象，先详细地分析……，再用……理论来解释……，以期弥补以往研究的不足；本文转向……视阈，以期

（续上表）

暂时的典型形式	变式
本文在此不作详细解释	本文在此不作详细解释、本文在此不再赘述
本文对……进行全面分析，并从……角度来解释/梳理……进而	本文将深入分析……，并尝试从……的角度对……进行解释；本文对……进行全面分析，并从……角度来解释；本文对……进行……，结合……理论来阐释；本文对……进行；本文参考……对……进行分析与归纳；本文主要对……进行研究，即；本文运用……方法对……进行了分析，展示了；本章就……进行分析；本文对……进行……方面的研究；本文以……的方法对……进行分析，来梳理……，进而对……作出细致的剖析，探究；本文通过……梳理……，归纳出……，并对该研究的未来前景进行展望；本文也没有对……进行更深的研究
本文在……的基础上就……进行……分析	本文将在……的基础上、本文将以……为基础、本文在前人研究的基础上，对……进行……的分类和论述
本文以……为考察范围/对象	本文以……为考察范围、本文以……为研究对象、本课题以……为研究对象、本文以……作为突破口
本文采用……的方法	本课题采用……的研究方法、本节中我们也将采用、本章的分析中将会采用、本文采用……的方法
本文立足于	本文立足于……的视角；本文即立足于此……试图对……的研究进行分析和评论；本文立足于前人研究的基础之上，尝试着透视……分析
本文旨在	本文旨在、本文旨在通过……使
本文从……出发	本文从……出发
本文……主要分为……部分	本文……主要分为……部分
本文发现	本文所讨论的是、本文发现、本文主要讨论
本文试图	本文试图归纳出、本文试图通过……突破
本章根据……来对……进行	本章结合……，按照……把……分为……，并举实例对……做出阐释；本章根据……来对……进行；本章尝试运用……来解释；本章将运用……来分析；本文根据……将……分为

（续上表）

暂时的典型形式	变式
我们认为/发现/了解/考虑到	我们认为、我们大体可以知道、我们可知、我们可以了解、我们发现、我们主要考虑、我们认为/发现/看出、我们根据……、将……分为、我们并没有发现、我们可以用……进行……的分析、我们在这里所说的、我们可以看出、我们可以分析出、我们发现、对……的研究主要是围绕……视角展开的、我们从……出发了解到、我们可以看到、我们可以发现、我们发现、笔者发现、研究中发现
我们 V 了	我们探讨和分析了、我们讨论了/探讨了/分析了/归纳了/比较了/界定了/考察了、我们将……界定为
我们（将）从……方面进行	我们将从以上……方面进行比较、我们可以从……的角度观照、我们从……入手详细分析、我们主要从……方面讨论、我们主要从……方面来比较
所字结构	所限定的、所适用的、所起到的作用、所谓的、所讨论的、所表达的、所表现的、所联系的、所立足的、所理解的、所未知的、所搜集到的、所指的、所存在、所叙述的、所发挥的作用、所划分的、所具有的、所体现出、所传递的信息、所传递的
将/把字结构	将作为、将……调和、将……类称为、将……称之为、将……看作是、将……放在、将……改为、将……排除在……之外、将……归入、将……定义为、将……命名为、将……单列、将……列入、将……分为……和……、将……分为、将……作为、将……和……联系在一起、将……作为……加以运用、将……与……联系到一起、将……与……相结合、将……与……作对比、将……阐释为、将……视为、将……带入了陌生的世界、将……与……进行比较性分析、将……作为……着重阐释、将……作为……的媒介、将……与……联系起来
基于	基于所搜集到的；基于……理论；基于；基于……产生了；基于对……整理；分析研究的基础之上；基于……我们发现；基于对……的分析，我们发现；基于……研究结果表明

（续上表）

暂时的典型形式	变式
对于+NP	对于……的探讨尚有不足；对于……的探讨；对于……研究的重心倾向于；对于……的折射和批判；对于……的忠诚诠释；对于……的利用；对于……的分析；对于……的兴趣；对于……的深切关注；对于……的认知程序；对于……的界定；对于……的阐释；对于……的解读；对于……的翻译；对于……的究查；对于……的研究贯穿始终，可以说构成了……的经纬；对于……的研究主要可以分为……方面；对于……的看法；对于……的热忱；对于……的歌颂无疑体现出了；对于……的桎梏；对于……的期许；对于……的描述；对于……的探讨是建立在……基础上的；对于……的研究；对于……的分析；对于……的使用从侧面说明了；对于……的研究目前还没有多少学者涉足；对于……问题的解释则显得更为温和/折中；对于……问题的探讨
对于……来讲/说	对于……来讲、对于……来说、对于……而言、对……来说
对于……，我们/某某指出/认为	对于……，我们认为；对于……，我们可以解释为；对于……，我们主要解释为；对于……，某某表示；对于……，某某指出；对于……，笔者认为；对于……的问题，某某提出了……，认为；对于……，某某从……角度做出了合理化的解释
对……进行分析/探讨阐释	对……进行分析；对……进行了探讨阐释；对……进行；对……进行了；对……进行重新整合；对……进行考察；对……进行梳理和分析；对……进行进一步细致的说明和解释；对……进行确认；对……进行探究；对……进行划分；对……进行分类描写；对……进行分类探究；对……进行了研究；对……进行重点分析，并对……加以比较；对……进行总结和概括；对……进行分类归纳；对……进行了细致的描写；对……进行解读和分析，力求从……的角度来窥测；对……进行了新的阐发；缺乏对……进行相关的探讨和言说；对……进行逼真的刻画和深入的挖掘；对……进行理性的分析；对……进行深层次的探讨，力争写出新意；对……进行深入探析/解读，从而揭示；对……进行了客观的剖析；对……进行解析；对……进行梳理分析，指出；对……进行探讨；对……进行影响研究；对……进行分析；对……进行了较为全面的阐释；对……进行了相关的研究
对……有一定的……	对……有一定的选择性、对……有一定的制约作用、对……有一定的限制、对……有一定的了解

（续上表）

暂时的典型形式	变式
对……加以	对……加以解释、对……加以分析、值得学界加以关注、依据……对……加以
对……产生/起到/有/做出	对……产生影响、对……做出选择、对……起到了概括总结的作用、对国内学界造成不小的影响、对……有着……的印象、对……有极大兴趣、对……学术现状和前沿的理解与评价有失全面/公允、对……做出批评、对……产生了兴趣、对……感到
对……的+NP	对……研究的目的、对……的选择、对……的综合性概述、对……的研究也从……层面扩展到了……层面、对……的研究、对……的总结和判断、对……的影响、对……的研究深入挖掘、对……的判断、对……的反思、对……的选择和使用、对……的运用、对……的认同、对……的细致描写反衬出……、对……的研究难以脱离、对……的思考、对……的描写、对……的定位、对……的大量使用反映出了、对……的吸收利用、对……的创造性选择和运用、对……的分析为我们了解……提供了一个崭新的视角、对……的准确把握、对……的内省视角、对……的观察、对……的需求、对……的阐释、对……的运用、对……的评论、对……的自我反照、对……视为、对……的陌生化、对……的质疑和批判、对……的质疑、对……的讽刺、对……的独立观察和思考、对……的思考、对……的忽视态度、对……的向往、对……的反叛和抗议、对……的内化、对……的偏离、对……做出内在意义的阐述、对……做出了阐释并对……作出解释、对……的构筑和影响、对……的极大兴趣、对……的最初想象、对……的敬意、对……的探讨和争论不断、对……的探讨、对……的探究、对……的想象力、对……的对比和分析、对……的关注、对……的了解是以……为媒介开始的、对……的了解和认同、对……有着深远影响、对……的研究进入了高潮、对……的本真体验、对……的揭示、对……的把握、对……的思考、对……的体验和把握
对……做/作了	对……做了详细的解释；对……做了详细的研究；对……做了研究；对……做了完整细致的分类，总结如下；对……作了较为详细的研究和探讨；对……作了……的解剖
受……制约/影响/启发	受制于、受到……限制、受到……制约、受……的影响、受……制约、由于……的制约、受到了……的影响、受到……的影响而产生、受到……的启发

（续上表）

暂时的典型形式	变式
V 于	限于、局限于、相对于、着眼于、相当于、来源于、对应于、取决于、偏重于、倾向于、关键在于、优先于、受制于、归因于、取决于、远少于、类似于、等同于、有利于、归咎于、少见于、区分于、依托于、决定于、聚焦于、聚焦于……和……双重焦点下、近似于、远远少于、适用于
以……为	以……为叙述角度引出了、以……为叙述角度、以……为参照物、以……为中心进行、以……为指导对……进行研究、以……为出发点、以……为依据、以……为理论支撑对……做出了统一的解释、以……为基础、以……为参照点、以上面的例句为例、以……为线索、以……为桥梁、以……为最高原则、以……为例、以……为主要研究对象、以……为主体、以……为中心环节、以……为轴、以……为蓝本、以……为目的、以……为本位向……靠拢、以……为本、以……为底本、以……为媒介、以……为唯一真理、以……为全书经纬、以……为代表的学者力图对……做出阐释、以……为主旨、以……为中心的前提下、以……为中心、以……为背景、以……为核心的形象点出了、以……为指归、以……为主线、以……为主、以……为载体、以……为标志、以……为切入口、以……为代价
以……作为	以……作为结果；以……作为突破口；以……作为研究文本，阐释了……，得出了……；以……作为武器；以……作为手段；以……作为……的标志；以……作为贯穿全篇的旨要；以……作为全文经纬；以……作为……的内在动力
以……的视角去	以……的视角去观看、以……的眼光去感受
以……来看	以……的态度来观照、以……视角来观察、以……视角来看待问题、以……视角来看待、以……来解释、以……来看待、以……的形式来展示、以……来说、以……来看、以……来分析
以……的笔触揭示了	以……的笔触揭示了、以……的笔触挖掘、以……笔调诠释、以……笔调描写了、以……笔调控诉、以……笔法描述了、以……的语言展示了、以……的视角展开了
以……的+名词	以……的形式、以……的方式、以……的视角、以……的口吻、以……的姿态、以……名义

（续上表）

暂时的典型形式	变式
以……V	以……代替、以……告终、以……最为典型、以……塑造了/瓦解了、以……统言之、以……突出
以此来	以此来、以此来折射、以此来达到……的作用
以期	以期对……有所帮助、以期能揭示、以期能明确
包括……和	可以分为……和、包括……和、包括、包含……和
强调的是	强调的是、值得强调的是
为了更好地理解……，某某提出了	为了更好地理解……，某某提出了；为了更好地理解……，本章根据……收集
为了较为全面地认识……，本章在……基础上从以下角度对……进行	为了较为全面地认识……，本章在……基础上从以下角度对……进行
为……提供了可能/新视角	为我们今后的研究留下了广阔的空间、为……提供了可能性、为……提供了可能、这为……提供了可能、为……提供了新的理论阐释视角、为我们了解……以及深入理解……提供了、为……提供了一个崭新的视野、为……提供了
为……打下/奠定了……基础	为……打下了坚实的基础、为……奠定了基础、为……做了多层次的铺垫、为……定下了基调
为……所	为……所接受、为……所了解和认识
关于……，我们认为	关于……，结合……，我们主要从……方面对比；关于……，我们认为
关于……问题还有待进一步解决、关于+NP	关于……问题还有待于进一步解决、关于……的研究有待深入、关于……的研究大多停留在、关于……和……问题，没有从……角度分析其形成原因以及发展现状、关于……的问题有很多学者也做过相关研究、关于……的讨论、关于……的研究、关于……的探源研究、关于……的解释
有关+NP	有关……问题、有关……的研究、有关……的探讨已经发展得较为完整和成熟了、有关……的探讨

（续上表）

暂时的典型形式	变式
在……下	在……的条件下、在……的情况下、在这种情况下、在……的作用下、在……驱动下、在……的驱使下、在……的阴影下、在……的指引下、在……指导下、在……的前提下、在……背景下、在……的背景下来自我观照、在……笔下、在……的笔下折射出了、在……的笔下得到、在……的生活诱惑下、在……的支配下、在……的推动下、在……的影响下、在……的压力下、在……的促使下、在大多数情况下
在……里	在前面一章里我们也讨论过、在……眼里
在……中	在……过程中、在本文中、在对……的阐释过程中、在……的综合运用中、在……中我们可以看到、在以往的研究成果中、在这个例子中、在……语境中、在本节中、在本文中、在……的研究中……所占比例、在……中可以通过……来、在上文中提到过、在上一节中讨论了、在上一节中分析了、在上一章的讨论中、在上一小节中我们讨论了
在……当中	在某某的研究当中；在某个特定语境当中；在……的研究过程当中，很多学者发现；在某某的作品当中
在……时	在……时；在对……进行整理时，我们发现；在描写……时
在……方面	在……方面的差异、在……方面主要考察、在描述顺序方面、在……方面有相似之处、在……的研究方面做了启蒙研究
在……上	在……的基础上、在……的问题上、在……上笔者发现、在……身上我们能够深切地感受到、在……层面上、在……安排上、在……的选择上、在……的关系上、在语法上、在语义上、在等级排序上、在某种程度上、在一定程度上、在本质上、在传统意义上、在数量上、在一定程度上、在……认知性上、在……的形式上、在语言运用上、在背景知识上、在形象上、在内容上、在形式上、在地位上、在结构上、在句式使用上、在句义上、在翻译上、在有关……的问题上、在整体架构上、在思想性上、在某种程度上
在……看来	在……看来
情况下	很多情况下、一般情况下、通常情况下、大部分情况下

（续上表）

暂时的典型形式	变式
运用……理论对……进行分析，归纳出……，分析了	运用……理论对……进行分析，归纳出……，分析了；运用……对……进行分析……发现；运用……进行分析；运用……对……进行分析论述；运用……深刻剖析
鉴于……	鉴于目前的研究、鉴于本文
该+N	该格式、该规则、该结论、该结构、该短语、该术语、该客体、该读本、该译本、该书
结果表明	实验结果表明、结果表明
用……来	用……理论来分析……并讨论了、用……来解释、用……来进行、用……来表示
正如……指出/所述	正如某某指出、正如文中所述、亦如前文所论述的
某种程度上	很大程度上、某种程度上、一定程度上
按常规来说、一般而言	按常规来说、进一步来讲、一般而言、一般来说
如……所示	如……表示、如例……所示、如……所示、如图所示、如图所示、过程如下、具体情况见下表
面对……某某	面对这种情况，作者则巧妙地通过……化解了这个问题；面对……，部分学者也针对……开展了一些研究；面对……进行了
在……基础上	在此基础上对……进行……，并通过……对……作详细分析，在此基础上详细地描写……，并从……的角度出发来解释，在此基础上
就在于	原因就在于、关键就在于、目的在于、区别就在于、重点在于
参考	参考……本文把……分为以下几类、参考……按照……分为以下……类、参考……可作如下分析与归纳
NP 上	事实上、语义上、客观上、生活上、狭义上、物质上、深度上、狭义上、广义上、实质上、表面上、风格上、用词上、精神上、理解上、整体上、形式上、实际上、基本上、普遍意义上、思想上、严格意义上、层面上
相对来讲	相比……来说、相对来说、相对来讲、相较于……而言、相对比而言、较……而言、相较于……来说
也就是所谓的	可以说、也就是说、也就是所谓的、也就是、就是说、就是我们所说的

（续上表）

暂时的典型形式	变式
所谓……是说/指	所谓……是说、所谓的……只是、所谓……只不过是、所谓……就是、所谓……就是指、所谓
即	即所谓的、亦即、即、也即
指的是	指的是……即、指的是
就……来说/讲/看/言	就……来说、就目前学术背景看、就其研究来看、就……而言、就……的角度出发来、就……来讲、就……来看、就……意义上来讲
就……问题	就……进行论述，缺乏整体的认知；就……进行；就……问题发声
以上	以上进行了补充论述、以上……中、以上的基本要素、以上学者各抒己见、以上……都是基于……得出的分类结论、以上的句子、以上的例子、以上例子都充分利用了、以上这些、以上观点时常被用来解释、以上种种、以上学者谈到、以上多以……为主题
下文	下文再次提及……时、下文涉及、下文简称为
上述	上述例证论述详实、上述例句中、综合上述分析和对分布情况的统计
上文/前文/前面	上面几节讨论的都是、上表所列出的是……即、上文提及的、上文所提到的、上文中提到过的、上文中提到的……即、上文中出现的、上文我们已经分析过、上文我们提到、前文所论述的、前文我们所论及、上一章当中我们讨论了
这使得	这使得、这就使
这+V	这也是……的关键、这也使对……的探讨延伸到了……的层面、这一研究尚未引起国内学者的足够关注、这造成了、这一部分主要从……方面进行阐释
这里我们要提到	这里我们要提到、这里我们称之为
试看下面例子	试看下面几句、试看下面几个例子、试举一例
简言之	简言之、总之、总而言之
正如我们前面提到的	正如我们前面提到的、正如我们前面分析的那样、正如上文分析那样、一如前文所提到的、正如前文笔者所分析的

（续上表）

暂时的典型形式	变式
正如某某所说、正如某某所言	正如某某所言、诚如……所说、诚如某某所说、诚如某某所表示的、恰如某某所论述的、恰如某某所言、正如……所说的那样、正如……所说、正如……在……中所说、正如某某所阐释的、正如某某所强调的
由此看来/可见	由此看来、由……来看、由此可见、从……的角度可见
整体看来/来看	整体看来、整体来看、总体来看、总体来说

表 2-4　汉语期刊论文通用学术语块表

暂时的典型形式	变式
V 于	受制于、归因于、取决于、远少于、着眼于、类似于、等同于、有利于、归咎于、少见于、对应于、区分于、依托于、决定于、相当于、相对于、聚焦于、近似于、远远少于、限于、适用于、来源于
某某提出	某某指出、某某认为、某某谈到、某某所言、某某提出
根据	根据、根据某某的考察、根据我们的观察、据我们观察
如……所示	如……表示、如例……所示、如……所示
如前所述	如前所述、如上所述
以上例子显示	上面的例子显示、以上……
下面以……为例分析	下面以……为例分析、下文分述
通过	通过对比研究、通过……对比研究
从……看	从广义和狭义来看、从另一个角度看、从严格意义上看、从这个角度看、从形式上看、从……来看、从……上看
本文拟、本文考察/探讨、本文对……进行了	本文考察、本文探讨、本文拟采用、本文对……进行了、本文试图说明
本文从……的视角探究……并认为	本文从……的视角探究……并认为；本文将从……出发，讨论
从……可以判定/看出	从这段话可以判定、从……可以看出
我们提出/认为	我们这里不再赘述、我们看到、我们提到、我们提出、我们指出、我们将专门讨论、我们在前文提到、我们可以暂且理解为、我们也观察到、我们也会考察、我们认为、我们发现

（续上表）

暂时的典型形式	变式
在……的 N 下/上	在……的背景下、在……的情况下、在……的基础上、一般情况下、一定程度上
即	即、亦即
见表……	详见……的分析、见表、参看
更确切地说、一般来说	简单来说、更确切地说、一般来说、具体来说
除了……以外，还	除此之外，除了……外，除了……以外，还；除了……之外
基于	基于……的考察、基于、基于……提出了
受……的影响	受……的影响
对……的影响	对……的影响
此不赘言	此不赘、此不赘言
自……以来	自……以来
这表明了	这表明了、上面引述的分析则表明、事实显示、这段话很好地说明了、本文用实例说明了、研究表明、此例表明

2.4.2 汉语学位论文各部分常用语块

Cortes（2008）对英语和西班牙语学术语块的跨语言研究表明，学术语块具有体裁、学科及语言特异性，这些因素影响学术语块在语篇中的分布。由此，我们按照论文结构，统计了学位论文摘要、引言、调查研究和结尾中的常用语块。

论文摘要部分的高频语块明显用于表达研究内容、方法、目的、成果，如表 2-5 所示（数字为频次，下同）。

表 2-5 学位论文摘要部分常见语块

类别	语块
研究内容	本文共分为……部分，具体如下（12）；第……章说明了/探讨了/描写了/交代了/分析了/介绍了/指出了/归纳了/总结了（22）；本文以……为主要研究对象（10）；本文立足于（5）；本文在……的基础上（17）；本文以……为基础（4）

（续上表）

类别	语块
研究方法	本文/第……章通过……对……进行（5）；本文对……进行（29）；本文从……出发（3）
研究成果	通过……可以发现/了解（3）；总之（5）；综上所述（6）

《文摘编写规则》（GB 6447—86）、高巍（2001）等强调摘要必须用第三人称书写，在摘要中不能出现"本文""作者""笔者""我们"等词，为了使论文语言保持客观性和规范性，句子可以写成无主语的陈述句，如"对……进行了研究"等。胡友良（2011）批评了摘要混同于"编者按"的写作方法，认为不应对论文进行自我评价、说明或解释，所以不应使用"作者认为""提出了自己的看法""进行了粗浅的探讨"等语块。但是通过提取的语块来看，有近80%的语块是以"本文"作为主语。从整体上看，这些语块都是在概括说明论文所做的工作，对于学位论文的摘要而言，是允许的。

引言部分最集中地体现在文献综述和内容方法的介绍上，如表2-6所示。

表2-6　学位论文引言部分常见语块

类型	语块
说明缘由	随着……的发展（8）；受……制约/影响/启发（6）
文献综述	某某指出/提出/认为/借鉴/考察（30）；某某论述了/讨论了/分析了/探讨了/总结了/归纳了/界定了/梳理了/提出了借鉴了（23）；某某从……出发指出（9）；纵观（12）；对于……某某指出/认为（11）；正如某某所说/言（8）；某某运用……理论进行/提出了（6）；某某在……中对……进行了（3）
内容方法	从……的角度对……进行（18）；本文/某某采用/以……的方法（15）；本文/某某以……为研究对象（10）
研究目的	通过对……进行……从而（4）；通过……来（6）；本文试图（3）
研究预期	鉴于目前的研究/某种情况……我们认为（7）

调查研究部分的语块也很有特点，常出现的是有关调查范围、调查对象、调查目的、调查方式、调查分析和调查结果等内容的语块，如表2-7所示。

表2-7　学位论文调查研究部分常见语块

类型	语块
调查范围	本文以……为考察范围
调查对象	本文主要对……进行研究，即；本文/本课题以……为研究对象；本文以……作为突破口；本文针对……进行
调查目的	本文的调查主要采取……方式，目的在于；本文针对……进行……，以期对……提出一定的参考意见和建议；通过对……进行分析来梳理……，进而对……做出剖析
调查方式	本文的调查形式是；本文以……的方法对……进行分析/梳理……，进而对……做出细致的剖析；本文运用……方法对……进行了分析，展示了；本课题/本节/本章/本文采用……的研究方法
调查分析	正如我们前面提到的；正如我们前面分析的那样；正如上文分析的那样；……数量最多，占比最大，达到百分之……，……次之，占百分之……，……排第三，占百分之……；如图所示；如下表所示；如下图所示；如上所述；与……相近；与……相对；与……相似；与……有关；与……不同；从侧面证明了；从……的角度对……进行研究/分析/描写/解读；本文对……进行全面分析，并从……角度来解释；本文对……进行……，结合……理论来阐释；本文参考……对……进行分析与归纳；试看下面几句；试看下面几个例子；试举一例
调查结果	调查/研究表明/显示；从……中我们可以看出/发现；根据/按照……的观点/情况，我们可以看出；基于对……的分析，我们发现；基于……研究结果表明；经过对……进行分析，我们发现；通过分析……我们发现；通过对……进行分析，我们可以发现/了解；通过上面的例子，我们也可以从侧面看出；通过上面的分析，我们发现

结论部分也分布有比较清晰的语块，主要负责归纳成果、强调目的、说明不足及有待研究的地方，如表2-8所示。

表 2-8　学位论文结论部分的语块

类型	语块
归纳成果	通过以上/前面的分析，笔者/本文发现；通过/由/从……可以看到/看出/发现/总结出；通过……得出以下结论；运用……理论对……进行分析，归纳出；本文的研究表明；本文发现；综上所述；总而言之/总之/总的来说；本文在前人研究基础上对……做出了……，并考察了……对……做出了预测，对……进行了探讨阐释；基于……我们发现
强调目的	以期对……有些帮助；本文试图归纳出
说明不足	本文主要以……为主，辅以……；但……不够充分；对于……的研究主要集中在……；而关于……的研究相当薄弱；关于……和……问题，没有从……角度分析其形成原因以及发展现状；对于……的问题，本文没有做更深的研究；本文以……为主，没有对……进行细致描写；本文没有涉及；限于……本文，对……的认识也仅限于；由于……有限，本文对……关注程度不高，缺乏对……详尽而系统的描写；本文缺乏对……的比较；对于……缺乏关注；本文不足之处在于
有待研究	本文在研究过程中还有很多问题有待解决；鉴于……文章的分析论证还比较浅显，有待进一步完善/提高/研究；对于……还有待进一步考证

通过对学位论文各部分常用语块的分析，我们发现，一些规范性的表达形式都是用特定的语块通过排列组合形成的，因此在教学中可以有意识地训练学生对语块进行排列组合以构建语篇。

2.4.3　与普通议论文常用语块的比较

学术论文与普通议论文虽然都是以论说为特征的文体，但是学术论文是以介绍说明研究成果为目的、具有学术性的文体。由于语体不同，二者在语块的使用上表现出明显的区别。

我们将《体验汉语写作教程（高级 1）》第 11 课到 15 课，《体验汉语写作教程（高级 2）》第 8 课到 15 课，《发展汉语·高级写作》第 10 课到 20 课，《汉语写作教程：高级·A 种本》（下册）第 1~7 单元、9~10 单元，《外国人汉语过程写作》（下册）第 1 单元，《汉语高级写作教程》（下册）第 8 章等五套教材中的议论文提取出来建立普通议论文语料库，对其中常见的语块进行整理，并与学位论文的语块进行比较，结果如下。

2.4.3.1　熟语类语块的使用

比较可见，普通议论文中的成语、惯用语、歇后语、谚语、名言警句等熟语出现频率远远高于学位论文，一篇四万字左右的学位论文（如沙鑫，2012）只出现了 5 个成语，而《体验汉语写作教程（高级 1）》平均使用了 9.2 个、《体验汉语写作教程（高级 2）》平均使用了 10.1 个、《发展汉语·高级写作》平均使用了 6.1 个、《汉语写作教程：高级·A 种本》（下册）平均使用了 12.3 个、《汉语高级写作教程》（下册）平均使用了 10.8 个。这些教材中的议论文例文每篇 400~600 字，平均出现 8~9 个成语、惯用语、歇后语、谚语、名言警句等语言表达形式。综上，虽然成语、惯用语、歇后语、谚语、名言警句等是被普遍认可的语块形式，但是在学术语篇中出现频率并不高，因此不是常见的学术语块，不作为学术语块的提取对象。

2.4.3.2　插入语语块的使用

议论文和学位论文中都较多使用插入语语块。张成福、余光武（2003）根据传信功能将插入语分为 6 种，分别表陈述功能、总结功能、引证功能、推测功能、阐释功能、转述功能等；黄伯荣、廖序东（2017）指出插入语可以表肯定或强调的语气，表对情况的推测和估计，表消息的来源，表引起对方的注意，表总括，表注释、补充、举例，表对语义的附带说明等；根据语义分类，司红霞（2009）提取概括了六大类插入语，包括表引起注意类的插入语、表强调和肯定类的插入语、表总括总结类的插入语、表注释举例类的插入语、表消息来源类的插入语和表推测类的插入语等。邱闯仙（2010）指出在言语交际活动中，说话人为了增强自己观点的可信度，会在命题内容的前面插入一些成分，对自己说话的角度或出发点加以说明，从而使自己的表达显得更加清楚、客观和准确，并把这种语言成分叫做视角类插入语。

基于以上分类研究，本书将学位论文中的插入语语块分为表强调和肯定、表总括总结、表阐释、表举例、表消息来源、表引证、表对情况的推测和估计、表视角、表某种情况和程度，共 9 类，统计结果如表 2-9 所示。

表 2-9　学位论文与普通议论文中的插入语语块对比

类别	学位论文语块	普通议论文语块
表阐释	也就是说、或者说、换言之、换句话说、简言之、具体地说、要而言之、就是说、事实上、实质上	比如说、也就是说、譬如说、一般来说、可以毫不夸张地说、换句话说、反过来说、换一个角度来说、事实上、实质上、说白了
表举例	以……为例、试看下面几个例子/几句、试举一例、如……所示、过程如下、具体情况见下表	如……所述；如下几点；有很多实例可以支持我的观点；有这样一件事；下面这件事很有说服力；我们身边就发生过很多诸如此类的事情，例如；……就是个很好的实例；这是一个……的例子；有这样一个故事，说的是
表总括总结	总而言之、综上、整体说来、整体看来、整体来看、总体来看、总体来说、总之、总的来说、综上所述	总之、一句话、总的来说、总而言之、综上所述
表引证	正如……所说/所言、正如……在……中所说、正如某某所阐释的/所强调的、正如上文分析那样、正如前文笔者所分析的、一如前文所提到的、诚如……所说/所表示的、恰如某某所论述的/所言、正如文中所述、亦如前文所论述的	正如名言所说、正如许多人解读的、正如……一样
表对情况的推测和估计	可见、由此可见、由此看来、由……来看、这么说、那么说、照这样说来	由此可见、由此看来、可见
表强调和肯定	最值得关注的是、更重要的是、值得注意的是、值得一提的是、不能否认的是、更为重要的是、强调的是	更重要的是、最重要的是、可以肯定的是、不同的是、令人惊奇的是、遗憾的是、使人感兴趣的是、奇怪的是、值得警惕的是、更令人担心的是
表消息来源	据……统计、据资料统计、据研究表明、结果表明、实验结果表明、从……可以看出、从……中看	古人云、常言道、西谚云、据说、俗话说、据了解、古书上记载、据统计、据了解、据调查、有资料说、据专家研究、根据……的统计、据报载、据研究

（续上表）

类别	学位论文语块	普通议论文语块
表视角	从……来说、从……上说、从……来看、从……上来看、从……看、对于……来讲、对于……来说、对于……而言、对……来说、按常规来说、进一步来讲、一般而言、一般来说、相对来讲、相比……来说、相对来说、相较于……而言、相对比而言、较……而言、就……来说、就……来讲、就……来看、就……而言	对……来说、对……而言、就……而言、对于……来说、就/拿……来说、从……看、从……上看、从……方面来讲、从……上来讲、从……来讲、从……上来说、从……角度讲、从……来看、在……看来、依……看
表某种情况和程度	很多情况/一般情况/通常情况/大部分情况下、某种程度/很大程度/一定程度上	一定程度上、很大程度上、在……情形下、通常情况下、在……情况下

　　通过表 2-9 可以看到，插入语语块在学位论文和普通议论文中都大量存在，就表阐释的插入语语块来看，"事实上、实质上、也就是说、换句话说"这四个语块在学位论文和普通议论文中都普遍使用，但"或者说、换言之、简言之、具体地说、要而言之"等语块只出现在学位论文中，"比如说、譬如说、一般来说、可以毫不夸张地说、反过来说、换一个角度来说、说白了"则在普通议论文中大量存在。就表举例的插入语语块来看，"以……为例、试举一例"只出现在学位论文中，而相应的议论文中的表达是"有很多实例可以支持我的观点；有这样一件事；下面这件事很有说服力；我们身边就发生过很多诸如此类的事情，例如；……就是个很好的实例；这是一个……的例子；有这样一个故事，说的是"等形式。表总括总结、表引证、表对情况的推测和估计、表某种情况和程度的插入语语块，在学位论文和普通议论文中差别不大，只是在学位论文中更丰富，尤其是表引证的插入语。就表强调和肯定的插入语语块来说，在议论文中，不仅有"更重要的是、最重要的是、可以肯定的是、不同的是"这类表肯定的语块，还有"令人惊奇的是、遗憾的是、使人感兴趣的是、奇怪的是、值得警惕的是、更令人担心的是"这类表示情绪的语块，这些语块不出现在学位论文中，因为学位论文更要求客观性。就表消息来源的语块来说，"古人云、常言道、西谚云、据

说、俗话说、据了解、古书上记载、据统计、据了解、据调查、有资料说"等只出现在普通议论文中，而学位论文中需要使用"据……统计"等。表视角的插入语语块在学位论文和普通议论文中都很丰富，但是"依……看"只出现在普通议论文中。

综上，学位论文和普通议论文中，插入语语块存在一定差异，但不是非常显著。在议论文中，插入语常以"语言形式"这种方式被单独列出，来作为需要重点练习的语言点。因此我们认为在学位论文写作阶段可以不必把插入语语块教学作为重点。

2.4.3.3　关联词语块的使用

普通议论文和学位论文中关联词语块的出现频率都很高，可以不作为学术语块的提取对象。通过分析并整合硕士学位论文，我们选取了在每一篇论文中都同时出现了三次以上的关联词语块，并根据黄伯荣、廖序东（2017）的分类把其分为表递进关系的关联词语块、表无条件关系的关联词语块、表有条件关系的关联词语块、表顺承关系的关联词语块、表并列关系的关联词语块、表转折关系的关联词语块、表解说关系的关联词语块、表选择关系的关联词语块、表说明的因果关系的关联词语块、表推论的因果关系的关联词语块、表一致的假设关系的关联词语块、表相悖的假设关系的关联词语块。统计结果如表 2-10 所示。

表 2-10　学位论文和普通议论文中常见关联词语块

类型	学位论文	议论文	类型	学位论文	议论文	类型	学位论文	议论文
表递进	7.8%	9.3%	表并列	18.9%	9.3%	表说明的因果	17.8%	8.1%
表无条件	4.4%	4.7%	表转折	14.4%	11.6%	表推论的因果	3.3%	3.5%
表有条件	6.7%	4.7%	表解说	6.7%	1.2%	表一致的假设	6.7%	8.1%
表顺承	4.4%	9.3%	表选择	6.7%	9.3%	表相悖的假设	2.2%	2.3%

通过表 2-10 可见，关联词语块在这两种语体中都广泛使用，类型上没有区别，没有鲜明的学术语块的特征，鉴于此，关联词语块不在汉语通用学术语块表中展示。不过从比例上看，学位论文在表并列关系、表解说关系、表说明的因果关系上更明显，而普通议论文则在表顺承关系、表选择关系上更显著。

2.4.3.4　各篇章组成部分中语块的使用

从结构的组成部分看，议论文和学术论文有一些比较明显的区别。

得出结论的语块，有些只能出现在议论文中，如"我认为这个故事告诉我们；这个故事说明；人类的历史告诉我们；俗语中有这样一句话；有这样一个故事，说的是；这个故事告诉人们；这件事情告诉我们；这件事说明了一个道理；伟大人物的事迹都证明"等。在学位论文中，类似的语块一般是"通过研究有了新发现或者得出结论"，例如"通过对……进行分析，我们可以发现/了解；通过上面的例子我们也可以从侧面看出；鉴于目前的研究/某种情况，我们认为"等。

表示个人看法的语块，有一些常出现在议论文中，如"我打算、我希望、我个人觉得、我认为、我期望、我知道、我相信、我一定会、我发现、我觉得、我断定"这类以"我"作为主语的语块。学位论文中常常用"我们"做主语，更能体现出学术语篇理性、客观的特点。而且议论文表达看法，不管是肯定、否定，都具有感情色彩，相反，学术论文很少用"一定会、断定"这些主观性太强的词语。

引述他人观点的语块，有一些只出现在议论文中，如"笔者认为、某某说、某某抱怨、某某云、某某认为、有人认为、有人说、有人戏言、记得某某说过、某某曾说、一些人提出"等，而学位论文的文献综述部分相应的语块多为"某某论述了/讨论了/分析了/探讨了/总结了/归纳了/界定了/梳理了/提出了/借鉴了、某某指出/提出/认为/借鉴/考察、某某在某书中对……进行了、某某运用……理论提出了、某某从……出发指出、对于……某某指出/认为"等。

综上，普通议论文和学位论文有相同之处，比如都会出现插入语语块和关联词语块，但是有些语块具有鲜明的风格特点。具有明显差别的学术语块是学术论文写作教学中具有教学价值的语块，应该收入汉语通用学术语块表。

留学生高级阶段的汉语写作教材，内容一般都是从普通的议论文过渡到论文写作，在教材的最后加上一课或两课学术论文的教学单元，认为这样就可以顺利地过渡到学术论文写作。其逻辑是，学术论文不需要专门训练，在高级阶段，学生会写议论文，掌握了一般的论证方法，也具有较高的议论文表达能力，只不过专业词汇还不够，只要是积累了一定的专业词汇，就能写好学术论文。通过上面的比较可以看出，议论文和学位论文在常用语块上存在很大的差别，仅仅具有普通议论文的写作水平，而不经过专门的学术语块的训练，认为"议论文+专业词汇=学术论文"，这对学术论文的写作能力来说是远远不够的。

2.5　汉语通用学术语块的类型

2.5.1　结构类型

2.5.1.1　结构性质类型

从语块的性质看，学术语块可以分为名词性短语、动词性短语、介词性短语、从句等类型（李丽丽，2014）。我们将提取的汉语通用学术语块与李丽丽（2014）统计的英语学术论文常用语块相比较，发现汉语通用学术语块中名词性短语占 1.3%，动词性短语占 27%，介词性短语占 71.7%，而英语相应类型的比例分别为 11%、14%、38%，除此之外还有高达 32% 的从句和 5% 的数量短语，这两种类型在我们提取的汉语通用学术语块中不存在。

相比较而言，英语学术语块名词性短语（如 "the use of a, the quality of life"）比例高，而相应类型在汉语通用学术语块中只有 "该+名词" 一个。动词性短语在英语学术语块中的比例明显低于汉语，且英语动词性学术语块中有2% 是被动形式，例如 "is based on the, been shown to be"，但是汉语中没有。介词性短语，在两种语言中所占比例都很高，在汉语学术语篇中更是高达 71.7%，说明介词性短语在使用上更加频繁。

英语学术语块多为三词、四词语块，而汉语学术语块则为两词至十几词不等，许多较长的语块都是在较短的相对固定的语块的基础上扩展而来的。其中，动词性短语的扩展形式一般是在动词前加状语，例如 "第……章揭示了" 可以扩展为 "第……章通过……对……进行深刻的剖析，从而揭示了"。名词性短语语块的拓展形式是后加，例如 "有关……问题" 可以扩展为 "有关……问题，我们认为"。介词性短语语块的扩展方式比较多，可以前加主语，后加宾语，还可以加多重介词短语，例如 "在……的基础上" 可以前加主语为 "某某在……的基础上"，再加介词短语为 "某某在……的基础上对……进行了"，也可以加上常见的宾语为 "某某在……的基础上对……进行了研究分析"。由此可见，介词性短语的语块数量最多，扩展性最强。

由于介词性短语的语块所占比重较大，其扩展性又强，应该成为语块教学的重点。而且在一般议论文教学阶段，学生已经基本掌握常用的介词短语，所以在论文写作阶段可以适当加大关于介词短语的扩展练习。引导学生通过组合加工，大量习得常用学术语块，增加积累。

2.5.1.2 结构形式类型

龙海英（2012）将语块划分为"凝固结构""半凝固结构"和"自由结构"三类，其中"半凝固结构"又包括"框架构造型语块""句子构造型语块"。邵敬敏（2008）将框架语块归为五种：①双框双项式，最基本，也最能产，如：千……万……（千言万语、千军万马）、……言……语（风言风语、流言蜚语）等。②双框单项式，也叫"插入式"，如：除了……以外（除了我以外、除了星期六以外）。③单框双项式，如：……而不……（肥而不腻、明艳而不妖艳）。④单框单项式，包括前框后项式（如：百般……）、前项后框式（如：……的话）。⑤组合式，如：……不……，……不……（男不男，女不女）；……的……，的……（病的病，死的死）等。湛欣（2012）把框架语块分为词级、句级以及兼属于词句之间三个层级，汉语通用学术语块中的语块多属于句级框架，借助前述分类方法，可将汉语通用学术语块分为句级框架语块和非框架语块两大类，如表2-11所示。

表 2-11　汉语通用学术语块的形式类型

句级框架语块				非框架语块	合计
双框双项	双框单项	单框单项	多框多项		
23（31.1%）	19（25.7%）	13（17.6%）	11（14.9%）	8（10.8%）	74（100%）

汉语通用学术语块基本都是句级框架语块，而且双框双项式的较多，多框多项式的较少。双框双项式语块是由两个短语形式组成的，例如"本文在……的基础上就……进行分析"就是"本文在……的基础上"和"就……进行分析"两个语言形式构成的，这种组合形式容易记忆，重新组合也简单。多框多项式占比较低，其由多个语言形式组成，会加重理解和记忆负担。由于该形式整体出现次数较多，所以我们将其当作一个大语块，但是最多也不会超过四个短语形式，例如"本文以……的方法对……进行分析/梳理……，进而对……做出细致的剖析"。

框架语块指的是有"空槽"的语言序列，框架部分是不变的，而"空槽"部分可以根据需要填入其他语言成分，可以充分发挥学生的主观能动性。此外，框架语块在汉语通用学术语块中的比例高达 90% 以上，这样固定的替换练习，可以增加学生的自信心和流利度。此外，框架语块的学习符合组块理论，可以有效减少需要记忆的语言项目，同时也符合语言经济性原则，可以用概括性较强的语言形式来表达特定内容。框架语块以一定的框架形式为模板，通过采用近义、反义、同义等可以类推、替换出一系列新的语言材料，虽然框架语块的类推机制也会受一定规则的限制，但是可以通过类推快速掌握语言表达形式，增加词汇量。所以，通过引导学生进行框架语块的学习来掌握常用汉语学术语块，继而掌握论文写作常用的学术语言是一个有效、快速的方法。

2.5.2　功能类型

Hyland（2008）根据功能把英语学术语块分为三大类：研究导向、文本导向和参与者导向。其中，研究导向语块表达研究内容和结果；文本导向语块是文本的组织手段，构筑了文本的衔接和连贯；参与者导向语块指向文本的作者和读者，包括立场语块和参与语块。根据 Hyland（2008）对英语学术语块的分类，我们将汉语学术语块也按功能分为研究导向、文本导向和参与者导向三类。

2.5.2.1　汉语研究导向语块及特征

研究导向语块表达研究内容和结果，着眼于描述真实世界中发生的活动与经历，帮助作者建构他们在真实世界中的活动和经历。Hyland（2008）将研究导向语块分为了表时间和地点的定位语块、程序语块、量化语块、描写语块和与研究领域相关的主题语块等。

第一，定位语块。在英语学术语块中，定位语块有"at the beginning of，at the same time，in the present study，（in）this paper（we）"；在汉语学术语块中，只有确定研究范围、研究对象、研究方法的语块，例如"本文以……为考察范围、本文/本课题以……为研究对象、本文的调查形式是"等。定位语块明确了时间和地点，使论文更加清楚明白。确定研究范围、研究对象、研究方法的语块，也可以使论文清晰明了，方便读者把握论文研究思路。

第二，程序语块。在英语学术语块中，程序语块有"the use of the, the role of the, the purpose of the, the operation of the"，这些都是名词性的短语；在汉语学术语块中，表程序的语块有"参考……本文""通过……来"，主要是动词和介词性质的。

第三，量化语块。英语学术语块中量化语块有"the magnitude of the, a wide range of, one of the most"，表示大小、多少。汉语学术语块主要出现在数据分析上，例如"……数量最多，占比最大，达到百分之……；……次之，占百分之……；……排第三，占百分之……"，可以细分为"……数量最多，占比最大，达到百分之……""……次之，占百分之……""……排第三，占百分之……"。

第四，描写语块。英语学术语块中描写语块有"the structure of the, the size of the, the surface of the"，都是名词性词语；汉语学术语块中有"第……部分/章总结概括了/归纳了/界定了/分析了""第……章通过……对……进行深刻的剖析，从而揭示"等，通过动词来描写。

第五，主题语块。英语学术语块中表示与研究领域相关的主题语块有"any questions about, in relation to"等。汉语学术语块有"本文主要对……进行研究；从……的角度对……进行研究/分析/描写/解读；本文对……进行……结合……理论来阐释；本文参考……对……进行分析与归纳；从……我们可以看出/发现；关于……和……问题，没有从……角度"等语块，与之相对应的关键词有"从……方面、关于……、对……进行……"等。

综上所述，通过将英语学术语块与汉语学术语块相对比，可以发现汉语学术语块中关于研究导向的语块更倾向于描述研究过程和对象。

2.5.2.2 汉语文本导向语块及特征

文本导向语块是文本的组织手段，构筑了文本的衔接和连贯，侧重于构筑语篇的框架并组织逻辑与层次。在文本导向语块中，Hyland（2008）将其分为四个子类，包括"过渡标志"（transition signals）、"结果标志"（resultative signals）、"结构标志"和"架构标志"（framing signals）。

第一，过渡标志，表示在要素间建立附加或对比关系。其一，表附加的语块，一般是"除了……还有"这样的关联词，可以起到补充说明的作用。表附加的语块在英语学术语块中也存在，如"as well as, in addition to, addition to the, in addition the"，但比重较低，仅占 4%。我们并没有将类似的语块放在汉语通用学术语块表中。其二，表比较或对比的语块常常用于将自己的研究发现与已有的研究结果相比较，来寻找异同点，以此说明他们自己的研究或印证、反证已有的研究发现。在英语学术语块中，以"same、consistent、different"为核心词的语块，占到了 14%，而汉语学术语块中没有此类。

第二，结果标志，标志要素间的"推断"（inferential）和"因果"（causative）关系。其一，表推断关系的语块在英语学位论文中大量使用，用于表达他们对相关数据的解读或者用于强调作者及读者都能够从研究中推断的结论。英语学术语块中常用包含动词"indicate、suggest、show、seem、appear"的语块表示推断。汉语学术语块中只有"鉴于目前的研究/某种情况，我们认为"有推测意味。其二，表因果关系的语块是语块表达中出现较多的一类，具体有"通过分析/对……进行分析/上面的分析/以上分析，可以发现/得出以下结论；从……我们可以看出/发现；根据/按照……的观点/情况，我们可以看出；经过对……进行分析，我们发现；这从侧面证明了；运用……理论对……进行分析，归纳出；本文的研究表明；基于……/基于对……的分析，我们发现"。这些语块用关键短语"发现、证明了、得出以下结论"表明结果，体现了学术论文以探究现象本质为主旨的科学研究性质。不过在表因果逻辑关系的英语学术语块中，常见的关键词汇为"result、effect、impact"等，汉语学术语块中没有此类。

第三，结构标志，主要是组织语篇或在文本中引导读者的回指标志。王景丽（2017）指出文本指示类语块经常用于：①提及作者上文已述内容或下文将要陈述的内容；②指示表格、图表、例证等；③直接指示读者参看相关的参考文献。英语学术语块中，文本指示类语块的结构特点有：①介词短语多，典型的有"in this chapter、in this section"等；②动词被动语态+介词短语片段，如"shown in table、seen in figure"等。汉语学术语块中，表文本指示的语块主要为"上文/前文/前面/下文、第……部分/章、在本文/本节中、以上、上述、上/下一章、这里、如图/下表/下图所示、如上所述、试看下面几句/下面几个例子、试举一例、具体情况见下表、过程/分析如下"等。总之，文本指示是一种显著的语篇行为，在两类学术语篇中都大量存在。

第四，架构标志，主要是通过明确限制条件将论证情景化，包括引用文献或支撑性数据的语块，展现观点、事实、结果的报道语块，说明目的和介绍作者意图的语块等，在这里主要指引用和呈现观点的语块。其一，在英语学术语块中，表引用的有"as shown in, is consistent with, consistent with the, as discussed in, show that the, suggests that the, argue that the, found that the, as described in"，占9.7%。我们提取汉语学术语块时，并没有收录"正如许多人解读的、正如……一样"这些语块，因为其在一般议论文学习阶段已经被基本掌握。其二，在英语学术语块中，表呈现观点的语块有"the fact that, fact that the, the fact that the, the findings of, show that the, the hypothesis that, showed that the, have shown that, argue that the, suggest that the, this suggests that, found that the, results showed that"，一共13个，占14%。在汉语学术语块中，表呈现观点的语块有"某某（年份）论述了/讨论了/分析了/探讨了/总结了/归纳了/界定了/梳理了/提出了/借鉴了、某某指出/提出/认为/借鉴/考察、某某在某书中对……进行了、某某运用……理论提出了、某某从……出发指出、对于……某某指出/认为"。

综上，表过渡标志的语块，在英语学术语块中占很少一部分，而汉语学术语块中则没有收录，因为在一般议论文写作阶段，学生已经基本掌握了常用的表过渡的关联词和表比较、对比的语块，如"和……一样""和……不同"等，不需要再教学；表结果标志的语块，在汉语学术论文中出现较多；表结构标志的语块，在汉语学术语块中，是比较有特点而且比较简单的语块，不必作为教学重难点；表架构标志的语块，在汉语学术语块中，主要以呈现观点的形式大量出现，这也是论述的一个重要环节，需要学生重点掌握。

2.5.2.3　汉语参与者导向语块及特征

参与者导向语块指向文本的作者和读者，还包括表达作者态度与评价的立场语块以及与读者形成直接互动的参与语块。Biber（2006）将学术立场语块分为认知立场语块、态度/情态语块两个范畴。Simpson-Vlach和Ellis（2010）在此基础上增加了模糊语、评价等子范畴，并将类似范畴合并，拓展至6个范畴，分别是模糊语语块、认知立场语块、强制与命令语块、能力与可能语块、评价语块及意图语块等学术立场语块。我们据此对英语学术语块和汉语学术语块中的立场语块进行了分类分析。

第一，模糊语语块。模糊语语块用来表达某种程度的限定条件、缓和语气及试探性立场。英语学术语块中，这样的语块有"to some extent, appear to be, be likely that, likely to be, more likely to, it may be, appear to have, be more likely, it be likely, it appear that, it can be"，我们看到，在英语中会出现大量以"appear、likely、may、can、some"为关键词的表不确定的语块。汉语学术语块中，这样的语块有"本文针对……进行……，以期对……提出一定的参考意见和建议；鉴于……文章的分析论证还比较浅显，有待进一步完善/提高/研究；对于……还有待进一步考证；关于……问题还有待进一步解决"，其中，"一定的参考意见""比较浅显""进一步"等模糊语，在一定程度上体现了学术语言的严谨性。但是在学术语篇中其使用率并不高，正如王敏、刘丁（2013）指出的那样，模糊限制语使用率低的主要原因是学习者对这些功能范畴在学术语篇中的作用缺乏了解，认为学术语篇中的信息应该客观、准确，所以权威、确凿的语气更适宜。另外，为了维护所谓面子，也尽力减少模糊限制语的使用。

第二，认知立场语块。认知立场语块用来表述观点或展示立场，表达确定或不确定的信念、想法和观点。英语学术语块中，该类语块有"have shown that, be（not）the case, according to the, the fact that, suggest that the, show that the, indicate that the, be shown to, point out that, result shows that, have been shown, result indicates that, study suggests that, as illustrated in, which suggest that, have shown that, this means that, be shown in"。在汉语学术语块中，该类语块有"某某论述了/讨论了/分析了/探讨了/总结了/归纳了/界定了/梳理了/提出了/借鉴了；某某指出/提出/认为/借鉴/考察；某某在某书中对……进行了；某某运用……理论提出了；某某从……出发指出；对于……某某指出/认为；鉴于目前的研究/某种情况，我们认为"。认知立场语块的出现频率较高，是因为认知立场语块主要用于表达作者对信息的态度、信念，是说出自己见解的部分，十分重要。因此即使语块掌握数量较少，学习者也会通过高频使用个别熟悉的语块来实现语言表达的目的。通过检索我们发现，认知立场语块在论文中出现的总数为 143 次，其中"某某指出/认为"出现 81 次，占使用总频次的 56.64%。

第三，强制与命令语块。强制与命令语块表示对读者行为加以引导，引起对某种现象或结果的注意。英语学术语块中，该类语块有"take into account,（it should）be noted"等。汉语学术语块中，该类语块有"本文在此不作详细解释、此不赘言"等。学术论文中较少使用强制与命令语块，主要是因为在学术论文中使用强势的指令语，有悖于礼貌原则，也会影响作者和读者间的互动关系。

第四，能力与可能语块。能力与可能语块表示组织或引介某种可能或真实的行为、命题。英语学术语块中，该类语块有"can be used（to），it is possible（that /to），be able to，the ability to，the ability of"；汉语学术语块中有"通过分析/对……进行分析/上面的分析/以上分析，可以发现/可以得出以下结论；从……我们可以看出/发现；根据/按照……的观点/情况，我们可以看出"等。

第五，评价语块。评价语块表示对重要性、难易度、价值等的评价。英语学术语块中，有"it is important（to），（it）is clear（that），be important to，be not significant，the importance of"等表达研究重要性的语块；汉语学术语块中，有"本文主要以……为主，辅以……，但……不够充分；对于……的研究主要集中在……而关于……的研究相当薄弱；关于……和……问题，没有从……角度分析其形成原因以及发展现状；对于……的问题，本文没有做更深的研究；本文以……为主，没有对……进行细致描写；本文没有涉及；限于……本文；对……的认识也仅限于；由于……有限，对……关注程度不高；缺乏对……详尽而系统的描写；本文缺乏对……的比较；对于……缺乏关注；本文不足之处在于"等表达本文写作不足之处的语块。Ädel 和 Erman（2012）指出学术英语中评价语块使用过多，如"it is clear / difficult that / to"建构明确的立场，并且关键词"clear，difficult"口语化程度较高，与学术写作体裁不符。Ackermann 和 Chen（2013）指出评价语块主要由评价性形容词充当关键词，如"important，necessary，clear"等。这些词大多属于强化形容词（intensifying adjectives），能够凸显作者的态度立场。汉语学术论文中，评价语块多用"没有、缺乏、限于、由于、不足"等关键词，以论述写作的优缺点。

第六，意图语块。意图语块表示作者的意图或对读者意图作询问。英语学术语块中，有"to do so，we do not"；汉语学术语块中，有"本文旨在；本文的调查主要采取……方式，目的在于；本文拟从……方面进行阐释/分析，以期；本文试图……以期对……有些帮助；本文针对……进行……以期对……提出一定的参考意见和建议"等，用"旨在、目的在于、拟、以期"来表达写作意图，但是未见对读者意图的询问。

此外，通过分析，我们发现在英语学术语块表（AFL）中出现了 40 个立场语块，约占语块总数的 14%；在汉语学位论文通用学术语块表中有 30 个立场语块，约占总数的 21.9%。立场在论文中非常重要，杰拉尔德·格拉夫等（2012）认为成功的论文写作即概括"他们认为"的内容，从而提出"我认为"的内容。而"他们认为、我认为"不仅实现了与他人观点的有效交流，而且运用这种模型可以开拓思路，找到需要表述的内容。"我"和"我们"在学术论文中不仅仅是人称代词单复数的区别，更代表着作者立场、说话态度的区别。而"认为"和"觉得"虽然都可用来阐释观点，但"认为"比"觉得"更加正式。在某些情况下可以避免使用第一人称代词，例如"迹象表明"等。

根据汉语学术认知立场语块，我们检索了立场语块在语料库 30 篇论文中出现的次数，主要统计摘要、引言和结语三部分（如表 2-12 所示）。

表 2-12　立场语块在论文各部分中的分布差异

	模糊语	认知立场	强制与命令	能力与可能	评价	意图
摘要	5	17	8	7	6	9
引言	9	30	14	11	13	7
结语	6	13	3	5	14	18

从表 2-12 可见，引言部分与摘要部分中认知立场语块使用频率最高。不同部分中认知立场语块使用差异与其写作目的密切相关。如论文摘要部分主要是概括所研究的内容、目的、研究方法、主要成果和特色，不会对论文内容做详细的诠释或者是评论，对认知立场语块的使用有一定限制。引言部分的写作目的是回顾前人研究、确定空白等，需要对文献进行评价与综述，因此会频繁使用认知立场语块。结语部分主要呈现研究发现，并对研究发现进行评估和评价等。为了实现这些功能，作者会有意识地使用不同类型的认知立场语块，但结语部分也阐述研究成果、不足及意义，这使得该部分的写作风格较客观，导致认知立场语块出现频率较少。

2.6　学术汉语写作教材语块编写设计

语块在写作教材中的性质相当于词汇，Lewis（1993）在阐述词汇教学法的重要原则时指出："语言是由语法化的词汇组成的，而不是词汇化的语法。""把语法和词汇分开来讨论是无效的，大量的语言是由多词构成的'块状物'所组成的。"这些"块状物"就是语块。Lewis不仅肯定了语块是语言组成的基本单位，也明确了语块应该作为词汇进行教学的原则。

2.6.1　同类教材的启示

陈晟（2008）指出好的学术写作教材能够在得体的语篇表达的指导下，对写作的各个相关因素进行系统的安排和合理的规划，有利于写作教学的循序渐进，从而达到良好的教学效果；好的学术汉语写作教材能针对写作过程中涉及的语言应用和表达形式等方面的问题做出说明，使学生将写作的表达功能和相应的语言形式联系起来，有利于学习效果的提高；好的学术汉语写作教材能为学习者提供与目标任务相关的基本范例，并对范例作出说明和归纳。

我们考察了李英、邓淑兰的《留学生毕业论文写作教程》、陈新仁的《学术英语写作实用教程》、李向武的《英语学术论文写作教程》中语块的呈现时机、呈现方式、练习形式，根据陈晟（2008）提出的好的学术写作教材的标准进行评价，总结三套教材在语块教学上的成绩和不足，为汉语学术写作教材编写提出建议。

下面简要介绍三套论文写作教材对语块的处理。

《留学生毕业论文写作教程》全书共16课，每课包括学习目标、阅读与讨论、写作知识、范例/范文和练习。其中有6课给出了语块（见表2-13）。在呈现方式上，采用的是先列举常用的语块，再举出典型例句的形式，如结尾部分，给出语块"通过以上/前面的分析，笔者/本文认为……"，举例为"通过以上分析，笔者认为，中越饮料广告修辞手法主要有以下异同"。在范文部分有提问练习，如找出某段表示总结的句式或表达形式有哪些。在练习部分，有请根据摘要/引言/结语部分的写作方法重新排序并适当增删词语这样的练习。

表 2-13　《留学生毕业论文写作教程》的语块分布情况

课次	语块的呈现形式		
	表并列	表比较	表总结
第 6 课 过渡与照应	在……方面；一方面……，另一方面；第一……，第二……，第三；首先……，其次……，再次……，最后；在……上；同样地；此外；还有；另外；除此之外，同样重要的还有	比较而言、相比之下、相对而言	总之；总而言之；总的来说；综上所述；从……可以看出；通过以上分析，可以看到；可见；由此可见
第 8 课 引言	本文着重要分析的是；拟/将从……（角度/方面）探讨/分析/研究；本文将通过……探讨/分析；本文将在已有研究的基础上，对……进行分析/调查/解释/研究；本文拟（将）以……为研究对象/为例，讨论/探讨/分析；本文拟/将对……进行分析		
第 9 课 结尾	通过以上/前面的分析，笔者/本文认为；通过以上分析，可以看到；本文的研究表明；综上所述；总而言之；总的来说；本论文从……方面对……进行了分析；通过分析，可以看出		
第 10 课 摘要	鉴于这种情况，本文从……方面/角度探讨了；本文以……为研究对象/范围，对……加以/进行讨论/探讨/分析；本文讨论/探讨/分析了；文章认为/指出		
第 12~13 课 数据与分析	指出调查范围、对象、目的、方式等		引出调查结果
	本次的调查对象为……，其中；本次的调查形式是；本次调查主要采取……，目的在于；本文针对……进行，……以期对……提出一定的参考意见和建议		调查表明/显示、从/由……可以看出

陈新仁的《学术英语写作实用教程》在 In-class activities 板块列举了常用语块，其以节选的学术论文实例为依托，讨论了与学术论文写作相关的语言表达有哪些。第 3 单元列举了摘要部分的典型表达式，例如用于描述背景信息的框架形式："While language aptitude has been investigated actively within second language research，there is a current dearth of research on the effects of aptitude in case of attrition"；用于表示目的的框架形式："The main purpose of the study was to…，The purpose of the article is to…，In order to…"等。第 4 单元列举了引言部分的典型表达式，第 5 单元列举了表示研究重要性的不同语言表达形式，第 12 单元

列举了表示总结的不同语言形式，第 13 单元列举了表示含义与限制的典型语言形式，第 14 单元列举了表认知的典型语言形式。在 Post-class tasks 板块，主要是结合本单元的知识点，提供各类形式的练习任务，巩固所学知识。语块相关的练习形式有根据期刊论文摘要、引言、结语等的典型片段，分析出现的语步有哪些，没有出现的语步有哪些和选词填空。

李向武的《英语学术论文写作教程》总结了英语学术论文写作的常用表达训练及其测试。简单列举了表对比、举例、转折、总结的语块有哪些，在最后一章有重写和选择题练习来加深对一些句式和搭配的理解。

以上教材在语块处理上存在以下几个问题：

第一，语块数量多寡不一，语块类型不全。《英语学术论文写作教程》主要列举关联语块，每类下面有 4~10 个不等；《学术英语写作实用教程》虽然按照各板块进行了细分，但没有按照学术论文各部分写作要求来划分；《留学生毕业论文写作教程》对摘要、引言和结语部分的常见语块，有的进行了粗略划分，有的没有再进行分类，语块数量少则 2 个，多则 10 个。

第二，过于重视知识性介绍，而练习实践比较缺乏，练习题型不够丰富。如《英语学术论文写作教程》集中于某一章列举常用语块，但没有针对性的练习。《学术英语写作实用教程》中，有关练习多为在阅读材料中辨识语块。《留学生毕业论文写作教程》多用适当增删词语的练习，这样的练习较难培养学生对语块的灵活运用能力。然而高级写作教材对于议论文的语块练习就丰富得多了。上述三套教材中议论文语块练习题型共有 9 种："选词填空；修改下列句子；解释下列词语；用上面所给的词语编写会话；按照语义顺序排列下列句子，并画出表示……的词语；用下列词语造句；模仿造句；把在自由写作和集体讨论中遇到的有关这篇文章的词语填入下列表格，注意尽可能使用书面语语汇；用上面刚学的词语和语言表达形式，写出……"这些练习方式都可以借鉴到学术汉语写作教材的编写中。

2.6.2　语块的呈现方式

在学术汉语写作教学中引入语块教学具有可行性，但也有局限性，所以在学术汉语写作教材的编写过程中也不应过分夸大语块的价值。不管是语块的呈现方式还是练习方式，都应服务于论文写作，准确来讲，是服务于论文语言表达的规范性要求。我们认为，教材中语块的呈现可有三种方式：

第一，在讲解部分通过语境呈现语块。在范文中通过加粗等方式呈现语块，在语言点讲解时通过例句给出常见语块。例如在引言的研究设计部分，可以列出表示研究基础和研究目的的语块，如：

（1）表示论文研究所立足的基础的语块：

本章立足于功能语言学和语法化学说，认为叙实词语处在动态的发展之中。

以上这些语法位置都是**基于**"这""那"对举得出的分类结论。

本文**在**前人研究**的基础上**，对自己收集的语料进行指示代词"这""那"回指功能上的分类和论述。

（2）表示论文研究目的语块：

本章试图用博弈论来对指示代词"这""那"的回指确认进行分析和讨论。

但是在搜集的语料当中，也有在指示代词"这""那"和名词之间加入一些修饰性的成分，**目的在于**对先行项进行进一步细致的说明和解释，或者为了突显先行项。

由于**本文旨在**讨论重叠词语的修辞作用，故将语法重叠也并入重叠词语的讨论范围，以重叠词语统言之。

第二，在练习中呈现语块。练习除了能够照应材料中出现的语块外，还可以做适当的扩展与延伸。例如通过替换与扩展练习、选词填空等呈现词级语块；通过完成句子、造句、改错等呈现句级语块；通过在阅读材料中找出语块等方式呈现语篇语块。语篇构建工作是所有练习的重点和最终归宿，可以通过设计片段写作来实现。

第三，在词汇表中呈现语块。语块是一个整体，无法或不适合拆开来理解，可以把经常使用的重要的语块通过语块表的形式整体呈现，作为教材的附录供学生查询，如表 2–14 所示。

表 2-14　词汇表中的语块

典型形式	变式
通过	通过……引出、通过……进行、通过与……对比/结合、通过……而来、通过……可以、通过……了、通过……从而、通过对……进行分析来梳理……进而、通过上面的例子我们也可以从侧面看出、通过……使、通过……来
以……为	本文以……为考察范围、本文以……为研究对象

　　词汇表有其自身的优缺点。一方面其简单明了，便于查找背诵；另一方面其只是单纯呈现音、形、意，广度和深度的阐释还不够。而在学术汉语中，语块的数量较多，尤其是框架语块和带介词短语的语块数量庞大，其填充性和可替换性也较强，还很好地解决了词语搭配的问题。因此可以采取两相结合的方法，在词汇表呈现方式中增加语块表以作为补充。

2.6.3　语块的练习题型

　　Salazar（2014）基于语块列表设计了十四项教学活动以促进学生相关能力的发展。其中包括提高学生注意语块、提取语块和产出语块的能力的练习。对于常用汉语学术语块，我们可以借鉴该研究设计相应练习。

2.6.3.1　注意类语块练习

　　该类题型是提醒学生注意并提取有关语块的练习。这是一种识认型的练习，目的是使学生通过观察、比较来辨识语块。注意语块的练习可以培养学生的语块意识，加深学生对学术语言规范性的认识，例如：

　　样例 1：下面两段话都是对某两种现象进行对照和比较，请注意画线部分，找出哪些表达方式可以用来对照和比较？

　　例句（11）至（13）是"还"作为位移动词单独使用的情况，此用法与"归"相同。二者稍有不同的是：一方面，"归"的终点一般是"家"或者"国"，但"还"只单纯表示回到原处或来的地方，并不仅限于"家、国"；另一方面，"还"侧重于强调"沿着去路返回"，"归"并没有这一特征。

在材料中可找出表对照的语块"与……相同",表示对比的语块"稍有不同的是"。这样的训练可以使学生意识到语块的重要性,加深对该语块使用条件的理解。

2.6.3.2　提取类语块练习

提取类语块练习指的是要求学生将记忆中的语块知识提取出来。该练习可以促使学生从记忆中提取储存的语块知识,从而加深对语块的认识,有助于实现语言输入和产出过程中的形式与意义匹配。可以选择的练习题型有补全语块题,例如:

样例 2:选词填空:从、通过、根据、受、基于、拟。

(1)(　　)上面的分析,我们发现……

(2)(　　)这个角度来看……

(3)(　　)该情况,我们可以总结出……

样例 3:请把以下语块填入下面合适的空格中,使段落保持完整。

换言之、以……为例、结果表明、实际上、正如……所言、一般情况下、总的来看

(1)动量词前的"一"的省略问题,目前研究不多。_____,动量词前的"一"的省略现象也十分普遍。_____"V一声"中"一"的省略情况_____:路上不管遇到老的小的,都要打(一)声招呼,递上一支烟,说上几句话。

(2)同文的绝大多数是一些音义相通的字,_____,同文的基本特点是音近义通。《说文同文》性质为同源字,属于字源学的范畴。

2.6.3.3　产出类语块练习

产出类语块练习,指的是独立运用语块输出句子或篇章的练习。在练习形式上,可以有替换、改错、模仿写句或段等。

语块替换练习,是把高频出现的典型语块作为基础语块,其余的语块则作为"替换与扩展"或"词汇联想"的训练材料,把标注的语块用同义的语块进行替换,例如:

样例 4：请根据提示改写句子。

（1）这篇文章的内容是比较中国与越南的除夕文化。（对……进行比较）

（2）我也通过这次的分析，知道了这样几个道理。（通过……，本文得出以下结论）

（3）希望学汉语的留学生通过我的论文能够对颜色词的内涵有一个清楚的认识。（通过……对……有所认识）

改错练习，通过纠正错句中的错误来巩固正确的语块使用规则，例如：

样例 5：下面的句子在表达上都有些问题，请进行修改，使其更符合学术论文的语言特点。

（1）本文针对不同输入方式对语块习得的影响，进行了一系列实验研究，就是为了对如何展开语块教学提出一定建议。

（2）本文的研究对象是三年级的学生，研究范围是北京附小，主要对课外读物的种类进行分析。

模仿写作是词汇练习的常见方式。对于框架性的语块，尤其是篇章语块，教学者可有意识地引导学生观察范文，发掘构句性强、具有固定语用功能的常用语块和与特定话题密切联系的语块，并做整体学习、记忆和使用。

因此，在模仿练习的时候，教学者首先要给学生提供操作性强的写作模板。杰拉尔德·格拉夫等（2012）指出模板的使用实际上有助于写作更具原创性和创造力，因为即使是最具创造性的表达方式也要依赖既定模式和结构才能发挥作用。创造力的产生不是避开已有的模式而是在使用时加入想象力和融会贯通。由此熟练掌握和使用某一学术领域的特色语块框架很有必要。其总结的表示反对或赞同的语块模板为本文整合语块框架提供了很好的借鉴。

（1）表示反对并解释理由的语块模板有：

××的看法是错误的，因为_____。

××声称的_____是基于_____这一可疑的假设。

我不赞同××认为_____的看法，因为最近的研究结果显示_____。

××只关注_____的问题，而忽视了更深层次的问题，即_____。

（2）表示赞同所使用的语块模板有：

关于_____，××无疑是正确的，因为最近的研究已表明_____。

××关于_____的理论极具价值，因为_____。

（3）表示部分赞同的语块模板有：

尽管我在某种程度上表示赞同，但是_____。

尽管我不同意××所说的大部分内容，但完全赞同他得出的最终结论，即_____。

尽管××提供了足够的证据表明_____，但××和××关于_____的研究更具有说服力。

样例6：请根据提示，模仿给出的范文，写一段话。

现代汉语主宾互易句是现代汉语语法体系中的一个组成部分。从20世纪50年代至今，语法学者们对现代汉语主宾互易句的性质、类型进行了描写分析，对其互易的动因进行了探讨阐释。但是主宾互易句的研究中仍然存在着分类标准不统一，动因阐释不系统，专题性文章较少等问题。本文将结合前人的研究详细考察现代汉语主宾互易句各个方面的相关问题。

"从……至今，……对……进行了描写分析，对……进行了探讨阐释。但是……仍然存在……问题。本文将结合前人的研究详细考察……"

综上，注意语块、提取语块和产出语块的练习可以由易到难、层层递进，最终达到构建学术语篇、提高学术语言规范性的目的。相比较而言，带介词短语的语块，适合选词填空一类的练习；框架语块更适合模仿写作；研究导向、文本导向和参与者导向的语块适合引导学生识认并进行分析练习。

第3章　汉语学术语篇外壳名词的用法及教学

3.1　引言

3.1.1　问题的提出

"外壳名词（shell nouns）"指的是一类特殊的抽象名词，其具体意义只能通过上下文的语境信息来确定，因此能够实现句际、句中以及篇际衔接（Schmid，2000）。

（1）Levinson 的分析实际上是主张首词重复构式是一种语言共性现象，与具体语言无关。这种观点被称为"激进语用观"。（陈满华《类型学视野下的首词重复构式》）

在例（1）中作者使用"观点"来回指前文所介绍的"首词重复构式是一种语言共性现象，与具体语言无关"。"观点"就是一个外壳名词，通过对上文信息的"打包"，起到衔接连贯的作用。

外壳名词虽然在所有的篇章类型中都存在，但是对于学术语篇具有更重要的意义。近年来关于学术语篇语言特点的研究发现，以短语性修饰为主导的名词短语才是学术语篇独特的语言特点，而且是句法复杂性的重要测量指标之一。张赫等（2020）对汉语 6 个学科学术论文中词汇使用的调查也指出，在汉语学术语篇中，名词是使用频次最高的，且名词"增加的数量是非常可观的"。而作为具有衔接作用的特殊类型，外壳名词在学术语篇中的地位更加重要。外壳名词使用恰当与否直接关系到学术语篇的连贯性，影响到语篇的质量。（娄宝翠，2013）

我们在指导留学生进行汉语学术论文写作的过程中，发现学生缺乏正确使用外壳名词及其概述回指用法来进行篇章衔接的意识，即使用了外壳名词及其概述回指结构，也常常出现冗余问题，如例（2）；残缺问题，如例（3）；使用不当问题，如例（4）和例（5）。

（2）＊在高程度上，地域政府的政策及"一带一路"倡议，这些因素促进了旅游业快速地发展。（留 17①，"这些因素"多余）

（3）＊已经在北美和欧洲得到认可的 LG CNS 的智能工厂技术，可以创造釜山港的附加值和扩大 LG 集团的事业，这两种都可以创造出巨大的利益。（留 18，"这两种"后面缺少外壳名词）

（4）＊这些早期网络漫画在作家个人网页或博客上免费公开，无条件共享和传播。综合门户网站发现网络漫画的这一吸引力后，纷纷建立专门网络漫画平台。（留 3，"吸引力"使用不当）

（5）＊漫画的质量是核心，只有漫画的质量和水平达到一定程度才能吸引更多的消费者。而这方面的相关人才是非常稀缺的。（留 3，"方面"的先行语并不明确）

这说明，在面向国际学生的学术汉语写作教学中，外壳名词是一个重要的教学内容。那么教学者需要教哪些外壳名词、怎么教呢？本章拟对这些问题进行探讨。

3.1.2 相关研究综述

3.1.2.1 关于汉语外壳名词的本体研究
关于汉语外壳名词的本体研究不多，存在于对"统称词"（如廖秋忠，1986

---

① 序号为表 3-2 留学生汉语学术语篇语料库所使用文章中留学生语料的序号，下同。

等）、"抽象名词"（如方清明，2020；苏宁宁，2014 等）的研究中。

方清明对汉语抽象名词进行了深入的系列研究，不仅有单个抽象名词的功能研究，如"问题"（方清明、彭小川，2011）、"程度"（方清明，2014）、"原因"和"结果"类（方清明，2019）的研究，也有整体上的类的研究，如方清明（2015）提出许多抽象名词具有概念化和衔接功能，方清明（2020）研究了33类高频易混抽象名词的形式搭配。不过该系列研究所针对的是通用语篇中的抽象名词，没有对学术语篇中使用的抽象名词进行专门研究。

一些学者研究了外壳名词的搭配，如苏宁宁（2014）研究了"经验""看法"等抽象名词，按照意义可分为知识、情感、见解、方针等六类，探讨了它们和不同种类名词的搭配类型；吴剑（2018）研究了能够出现在"很+名词"这一结构中的抽象名词；赵燕霞（2018）、陈鹤（2019）研究了量词和抽象名词的搭配情况；张大强（2020）研究了"N$_{抽}$+着"的事件化。

另外，伍斌等（2018）和陈胜男（2018）通过自建学术论文语料库分析了英汉写作中外壳名词的分布、频率、结构特征等。刘萍（2019）研究了汉语外壳名词在词典中的释义情况，发现汉语和英语外壳名词在词典中释义的构式有不同。

综上，包括外壳名词在内的汉语抽象名词已经得到很多学者的关注，也取得了很多成果，但是专门针对学术语篇中的外壳名词的研究还不多见。

3.1.2.2　关于汉语外壳名词的教学研究

教学方面的研究主要体现在偏误研究和词汇教学上。在偏误研究方面，刘宝（2012）指出泰国学生在叙述体语篇衔接中过度使用泛指词"东西"和"人"。屈慧（2012）发现留学生使用泛指词的频率很低，不善于使用泛指词进行写作。许秦竹（2014）、陆莹（2018）、范丽娜（2020）分别注意到日本、泰国、蒙古国留学生在概括词使用上存在冗余、误用、遗漏、表意不清等问题。

在词汇教学方面，孙燚兵（2011）、刁文瑛（2012）提出应该重视抽象名词与量词的搭配问题。刘婷（2014）指出在教抽象名词时应该注意词频和语素，还要注意结合具体场景使用搭配法、对比分析法、字形释义法、语素分析法等进行教学。曹爽（2015）指出抽象名词的教学一直是重点也是难点，重点在于学生对抽象名词的使用水平直接反映其语言能力，难点在于抽象名词本身抽象难以理解，学生难以掌握。

3.1.2.3　英语外壳名词及教学研究现状

相较之下，英语外壳名词及教学的研究成果相当丰富，值得借鉴。

在英语外壳名词本体研究上，丛丽君（2011）研究了回指概念外壳名词实现评价功能的两种连接构式；姜晖等（2014）分析了英语外壳名词的语用功能、修辞功能和篇章功能；李健雪等（2014）研究了 N-be-that 结构中处于 N 槽位的外壳名词和整个构式的互动关系；龚卓如（2015）指出外壳名词不仅有助于语篇的逻辑表达也有助于读者对文章信息进行记忆；姜峰（2016）从"外壳名词+补足语从句"这一结构出发，探讨了外壳名词的立场表达功能与人际功能。刘新宇（2019）基于自建的英语学术语篇语料库分析了八个外壳名词构式的语篇功能。源可乐（2006）、张宏等（2007）则研究了外壳名词的词典释义问题。

在习得和教学领域，主要是学习者和母语者学术语篇中使用外壳名词的对比研究，并提出相应教学建议，如牛倩倩（2012）对比了两种语篇中 15 个高频外壳名词的使用频率和语法构式，发现学习者存在使用频率低、误用、指代不明等问题；娄宝翠（2013）主要研究了包含"This/That+外壳名词"的结构；陈丽丹（2015）比较了商务英语学术论文"N+that"外壳名词的频数、语类分布及功能；宋超、陆国君（2015），刘芹等（2016），孙海燕（2017），修月（2017），吴滕滕（2019）等也都进行了此类研究。

3.1.3　研究内容和研究方法

"专门学术汉语运用的熟练程度是区别某专业领域内新手与专家的重要依据之一。因此，针对汉语学术语体的词汇、句法特征研究具有较高的理论与实践意义。"（张赪等，2020）我们希望对面向留学生的外壳名词教学进行研究，将主要讨论以下三个问题：第一，母语者在写作汉语学术论文时使用了哪些外壳名词，其使用规则和类型有哪些？第二，留学生在写作汉语学术论文时，如何使用外壳名词，存在哪些问题？第三，在面向留学生的学术汉语写作教学中，在外壳名词教学上，教什么、怎么教？

在研究方法上，我们采取语料库分析法，分别为汉语母语者和留学生建立汉语学术语篇的语料库。建库原则是：第一，母语者的语料来源于在中国境内公开发表的、具有一定学术影响力的期刊。留学生语料尽量原汁原味，避免其他因素的干扰；第二，限定论文发表时间；第三，语料具有有效性，只保留所收论文正文中的文字部分。

由于针对来华留学生的汉语教学以汉语言专业为主体，因此，我们主要选取社科类学术语篇为研究对象。母语者汉语学术语篇语料库选取了 2020 年《中国社会科学》杂志中的全部文章，共 115 篇论文，以及 2021 年《语言教学与研究》中的 10 篇关于二语教学的论文，论文主题涉及经济、政治、历史、文学、语言教学、法学、哲学、马克思主义、社会学、新闻传播学、学术评论、国际关系等12 个领域。去掉摘要、注释、图表、公式和参考文献部分，共计 2 194 796 字。具体领域和篇数如表 3-1 所示。

表 3-1　母语者汉语学术语篇语料库中语域分布情况

领域	篇数	领域	篇数	领域	篇数	领域	篇数
历史学	16	法学	15	语言教学	10	政治学	8
哲学	15	文学	14	社会学	9	其他	11
经济学	15	马克思主义	12				

留学生运用汉语写作的学术论文，虽然在中国知网上可以搜到，但是这些论文不能保证没有受其他因素的影响，因此，为了保证"原汁原味"——是留学生自己的写作成果，我们使用了 2020 年秋季中国人民大学"汉语写作"课程的课程论文初稿构建了留学生汉语学术语篇语料库。中国人民大学"汉语写作"课程是面向专业学位的一年级研究生新生开设的论文写作课，以高增霞编著的《高级汉语写作：论文写作》（暨南大学出版社，2019）为教材，每次课 3 学时。在教学过程中学生在教师的指导下经过选题，定题，搜集、查阅、整合资料，最终写出一篇不少于 3 000 字的汉语学术论文。学生的汉语水平均为 HSK 5 级以上，专业有国际汉语教育、新闻、外交、经济和金融。2020 年秋季"汉语写作"课堂留学生的论文初稿共 38 篇（见表 3-2），去掉摘要、注释、图表、公式和参考文献等内容，共 146 868 字。

表 3-2　留学生汉语学术语篇语料库所使用文章

	论文题目		论文题目
1	以宁德时代为例的新能源公司估值与股价分析	2	论中国传统文化中的"仁义礼智信"

（续上表）

	论文题目		论文题目
3	韩国网络漫画发展现状与趋势分析	21	中国和西班牙的酒文化的对比
4	关于三星电子全球价值链现状的研究	22	韩国农业政策及其对中国的启示
5	星巴克在中国市场的营销策略与未来发展方向	23	中国企业投资巴西铁路市场机遇与挑战
6	中美商务沟通中的文化差异问题	24	迪士尼电影《花木兰》不同版本的比较研究
7	蒙中人际距离跨文化比较	25	对于网络谣言的研究
8	印度尼西亚木皮出口中国的现状与展望	26	《鱿鱼游戏》为何能火
9	"孔子学院"韩译问题	27	分析近代中国女性意识觉醒对现代女性的影响
10	泰国高中生汉语语法补语分析——泰国汉语高考PAT7.4语法题的错误研究	28	中国社交网络平台营销方式研究
11	印尼青少年学生习得汉语结构助词"的、地、得"偏误分析	29	收入差距对犯罪活动影响的实证分析——基于中国1990—2017年的数据
12	德州扑克与人生课程	30	穆斯林国家汉语教育过程中的跨文化冲突
13	关于波动率估计的预测精度	31	汉日同形异义词的感情色彩比较
14	零基础韩国儿童汉语单字上声调课堂活动设计	32	如何看待中美货物贸易不平衡
15	尼泊尔LRI国际学校孔子课堂汉语教学现状调查	33	中国人民大学学生食堂消费习惯分析及建议
16	汉韩词汇"可能"的对比研究	34	中韩"牛"字习语对比研究
17	2013年以来滨海边疆区的旅游业发展研究	35	浅析西班牙国有经济发展过程和经验启示
18	釜山港的劣势因素给LG公司带来的机会	36	中美摩擦背景下韩国三星电子的困境
19	中意人民疫情防疫中表现出的文化差异	37	2020—2021年俄罗斯农副产品出口对华规模增长原因浅析
20	顺丰快递的运营策略研究	38	EVA模型和FCFF折现模型在企业价值评估中的比较研究

3.2 母语者汉语学术语篇中的外壳名词

3.2.1 判断标准

Schmid（2000）指出外壳名词应具有三大功能，即描述功能、联系功能和临时概念化的认知功能；廖秋忠（1986）认为指同表达类型可以分为同形表达式、局部同形表达式和异形表达式，异形表达式还可以分为同义词、指代词、统称词和零形式或省略式等。其中统称词即外壳名词，经常用来指某一事件、状态、行为、过程等，其前面通常还有指示代词。方清明（2016）则提出外壳名词通常出现在抽象名词词串如"这+量词+N$_{抽}$"中。

在参考借鉴上述研究的基础上，本书将外壳名词主要限定为具有概述回指用法的抽象名词，界定如下：

第一，本书考察的是小句间的衔接，所以小句内外壳名词的用法不在考察范围内。关于小句有很多争议，如陈平（1987）认为用标点符号如"逗号""句号"等断开的语段就算作小句，而徐赳赳（2003）认为一个小句应该是一个独立的主谓结构。为了便于统计，考虑到学术语篇写作比较规范，我们采取陈平的观点，先行语和回指语之间的线性距离可长可短。

（6）实际上掩盖了马克思揭示的资本主义生产方式条件下只为资本增殖这一有限**目的**，与其以社会生产力无条件发展为增殖手段之间相互冲突的对抗性，使得生产过程雇佣劳动与资本的阶级对立，这一导致周期性经济危机的根本**原因**成为不可知的。(张衔《对置盐定理的批判性解构》)

该例中"目的"不在我们的考察范围内，而"原因"可以算作外壳名词，其概述回指形式是"这+一+定语+外壳名词"。

第二，本书考察的外壳名词以概述回指用法为特征。如下例中的"上述"将指称范围定位到前文，"问题"则是对具体回指内容的陈述和"打包"，这个"问题"是我们考察的对象。

（7）总之，日益"脱离人的控制"的技术究竟是处于一种可"回归"的"异化"状态，还是走上了一条"去人化"的不归路？上述问题对于当代思想者来说显然唯此为大。（李河《从"代理"到"替代"的技术与正在"过时"的人类?》）

第三，必须同时具备 Schmid（2000）所说的三项功能，即描述功能、临时概念化的认知功能以及联系功能。

（8）第三，话语语境控制（control）话语的产生和理解。此结论是范戴克语境理论在话语语境当中的延伸。（殷杰、孟辉《社会科学解释的话语语境模型》）

该例中"结论"是一个外壳名词，具有 Schmid 所说的描述功能，描述了前文的复杂信息，同时将概念进行打包，意义得以明确，最后"结论"和前文的内容联系在一起。

第四，根据廖秋忠（1986）的分类，要排除其他几种回指类型，例如同形表达、局部同形表达和同义表达等。

（9）对于纵向控股并购，特别是刚好达到临界比例的并购，主观上可能出于并购企业促成市场合谋的目的；即便并购企业无此意图，客观上该并购也存在引起潜在市场合谋的风险。（叶光亮《论纵向并购的反竞争效应》）

该例中"意图"不在考察范围内，因为前一小句已经出现了"目的"一词，"意图"和"目的"是近义词的关系。

第五，剔除掉《现代汉语词典》中没有出现的词。

（10）例如，如果个体的文化图式强调性别与家务之间的"刻板化"联系（如女性做家务）。那么该个体对于强调女性独立的信息有可能"视而不见"，反而更加容易注意到（甚至片面强调）那些操持家务的女性。基于这一分析进路，我们可以认为……（胡安宁《社会学视野

下的文化传承：实践—认知图式导向的分析框架》)

这里"进路"并不在《现代汉语词典》内，表明这个词在现代汉语中一般不使用，其他还有如"向度""场域""音声""经话"等。

3.2.2 外壳名词表

根据以上界定的研究范围在母语者汉语学术语篇语料库中进行搜索，共搜索出 278 个外壳名词，如表 3-3 所示。

表 3-3　母语者汉语学术语篇外壳名词表

词汇	频次	词汇	频次	词汇	频次	词汇	频次	词汇	频次	词汇	频次	词汇	频次	词汇	频次	词汇	频次
问题	157	方法	26	观念	17	形式	12	行为	9	范畴	7	主题	6	区别	5	要求	4
点	142	角度	26	认识	16	定义	12	政策	9	取向	7	例证	6	状态	5	立场	4
意义	126	结果	25	关系	16	部分	12	标准	9	事	7	设计	6	传统	5	消息	4
过程	106	逻辑	24	机制	16	结构	11	条件	9	特点	7	要素	6	范围	5	举措	4
方面	75	说法	24	体系	15	作品	11	视角	8	主张	6	变量	6	意思	5	指标	4
观点	68	做法	23	看法	15	理念	11	方向	8	命题	6	词	6	原理	5	环节	4
情况	67	因素	23	理论	15	趋势	10	基础	8	倾向	6	句	6	制度	5	层面	4
话	52	结论	21	模式	14	事实	10	原因	8	规则	6	范式	6	进程	5	差别	4
现象	50	状况	20	变化	14	文字	10	矛盾	8	语境	6	见解	5	类型	5	地方	4
时期	49	概念	20	思路	14	成果	10	框架	8	措施	6	时候	5	数据	5	格局	4
背景	44	领域	18	差异	14	条款	9	形态	8	期间	6	原则	5	环境	4	秩序	4
情形	34	诗	18	前提	13	工作	9	内容	8	视野	6	言论	5	断言	4	事件	4
方式	31	特征	18	阶段	13	论断	9	路径	7	例子	6	意见	5	学说	4	事业	4
规定	27	思想	17	目标	12	判断	9	局面	7	话题	6	态度	5	提法	4	技术	4

（续上表）

词汇	频次	词汇	频次	词汇	频次	词汇	频次	词汇	频次	词汇	频次	词汇	频次	词汇	频次	词汇	频次
性质	4	方案	3	声音	2	僵局	2	错误	2	往事	1	诗句	1	结局	1	悬疑	1
地位	4	理由	3	途径	2	现实	2	项目	2	用法	1	缺陷	1	异象	1	路向	1
功能	4	需求	3	论调	2	属性	2	句子	2	误解	1	悖论	1	困局	1	坐标	1
假设	4	序列	3	史实	2	贡献	2	建议	1	共识	1	思潮	1	乱象	1	格调	1
意识	3	成就	3	法令	2	优势	2	宏愿	1	神话	1	困境	1	表象	1	困难	1
论证	3	时局	3	假说	2	偏向	2	高论	1	成说	1	风格	1	缺憾	1	规范	1
道理	3	图景	3	举动	2	题目	2	时段	1	路	1	挑战	1	物品	1	要义	1
评价	3	潮流	3	故事	2	特质	2	戒律	1	认知	1	信息	1	本能	1	内涵	1
语句	3	语词	3	经验	2	线索	2	推论	1	想法	1	现状	1	病症	1	事例	1
法则	3	任务	3	道路	2	含义	2	宗旨	1	使命	1	词语	1	机理	1	论点	1
不足	3	目的	3	窘境	2	历程	2	情节	1	实情	1	元素	1	轨迹	1	成分	1
路线	3	特性	3	能力	2	反差	2	指示	1	情势	1	定式	1	语汇	1	格式	1
对象	3	空白	3	缺失	2	后果	2	规矩	1	总结	1	行程	1	顺序	1	例	1
维度	3	程序	2	难题	2	论题	2	言辞	1	思维	1	鸿沟	1	层次	1	动作	1
术语	3	计划	2	单元	2	情景	2	宣言	1	走势	1	权利	1	效果	1	假定	1
议题	3	趋向	2	风尚	2	身份	2	准则	1	运动	1	称呼	1	意象	1	系统	1
重任	3	评论	2	证据	2	时代	2	理路	1	条令	1	主体	1	缘故	1		

3.2.3　语义类型

Schmid（2000）将英语外壳名词根据其所指向内容的性质进行了语义分类，共分为六类，包括 Factual、Linguistic、Mental、Modal、Eventive 和 Circumstantial，具体说明如表 3-4 所示。

表 3-4　Schmid（2000）英语外壳名词语义分类表

语义类别	概念	举例
Factual	Speakers use factual shell nouns to create conceptual shells for abstract states of affairs and facts.（Schmid, 2000: 92）	thing, point
Linguistic	Uses of linguistic shell nouns allow speakers to portray linguistic activities and their contents and products in a number of different ways.（Schmid, 2000: 131）	news, message
Mental	Mental shell nouns can be used to report ideas.（Schmid, 2000: 184）	idea, notion
Modal	Speakers use modal shell nouns to express their subjective judgments as to the degree to which it is possible, probable or certain that the facts they shell are true or the events they shell will take place.（Schmid, 2000: 231）	obligation, need
Eventive	The term event is not only defined in contradistinction to fact, but also to action, act and process, roughly as a term for activities in which agents are backgrounded.（Schmid, 2000: 261）	act, measure
Circumstantial	This chapter deals with nouns referring to situations, times, locations, manners of doing things and conditions for doing things.（Schmid, 2000: 275）	situation, way

　　张高远等（2004）评价该分类方法时指出外壳名词的语义分类更具有操作意义，因为是以语用为标准，所以观察、鉴别起来比较简单。现有的一些涉及汉语外壳名词的语义分类研究基本也是沿用 Schmid（2000）的标准，比如伍斌等（2018）、陈胜男（2018）、吴丹苹（2021）等，使用的汉语译名一般是：事实类、言语类、心理活动类、情态类、事件类、环境类。总体上看，事实类外壳名词具有静态和客观性特征，通常用来指那些抽象的内容。言语类外壳名词是指描述语言的名词，包括话语、语言活动和话语的结果等。心理活动类外壳名词可以用来表达思想和心理状态，一般表示心理活动的结果。情态类外壳名词主要描述事态或事件发生的可能性、概率、必要性等主观判断。事件类外壳名词描述行为、事件和变化等，具有动态性、时空性和可观察的特点。环境类外壳名词表明时间、地点、方式等。据此我们将母语者学术语篇所使用的外壳名词语义分类如表 3-5 所示。

表 3-5　母语者汉语学术语篇外壳名词语义分类表

分类	词汇	数量
事实类	变量、差异、结果、原因、错误、缺陷、特征、矛盾、方面、不足、空白、因素、关系、部分、结构、指标、项目、框架、方向、内容、区别、缺失、领域、例子、单元、环节、范畴、对象、主题、传统、风格、挑战、信息、范围、数据、维度、元素、作品、形态、证据、例证、重任、行程、体系、层面、鸿沟、僵局、属性、称呼、差别、主体、功能、贡献、结局、地方、取向、格局、秩序、特性、特点、优势、物品、事业、进程、成果、病症、机理、要素、轨迹、特质、线索、序列、顺序、层次、反差、效果、意象、性质、成就、缘故、后果、地位、图景、悬疑、路向、潮流、坐标、格调、程序、困难、类型、身份、设计、内涵、点、机制、成分、格式、系统、例、情况、时候、角度、事实、基础、现象、状况、阶段、局面、乱象、实情、情节、史实、往事、情形、窘境、状态、困境、现状、风尚、现实、异象、困局、表象、时局、背景、条件、前提、道路、路、情景、视野、视角	133 47.8%
言语类	文字、消息、语句、故事、神话、诗句、话、诗、词语、语汇、语词、词、句、句子、说法、定义、话题、提法、言论、言辞、宣言、高论、成说、断言、建议、评价、评论、声音、术语	29 10.4%
心理活动类	看法、见解、思想、命题、目标、理念、理论、宏愿、结论、逻辑、思路、观念、计划、道理、观点、学说、主张、推论、判断、宗旨、立场、目的、意见、论调、意识、假说、假设、误解、认知、想法、总结、态度、经验、思维、假定、论断、认识、共识、论证、论点、问题、理由、意义、意思、概念、标准、难题、悖论、思潮、议题、论题、要义、原理、含义、缺憾、理路、题目	57 20.5%
情态类	工作、任务、规定、戒律、原则、要求、规矩、准则、政策、使命、条款、法则、条令、指示、法令、规范、方案、制度、能力、权利、本能、需求	22 7.9%
事件类	变化、事件、行为、举动、运动、举措、措施、事、事例、做法、过程、趋势、动作、历程、倾向、趋向、走势、偏向、情势	19 6.8%
环境类	时期、路径、方法、方式、环境、语境、形式、时段、期间、途径、模式、技术、路线、规则、范式、用法、定式、时代	18 6.5%

可见，母语者汉语学术语篇中事实类的外壳名词是最多的，其次是心理活动类外壳名词，言语类外壳名词排第三，环境类外壳名词最少。

吴丹苹（2021）对 23 期《22 度观察》电视访谈文本中的概指名词（即本文所谓"外壳名词"）的语义类型进行了统计，结果如表 3-6 所示。

表 3-6　吴丹苹（2021）电视访谈文本中概指名词语义分类表

语义类型	概指名词数量	百分比/%
事实类	77	46.7
言语类	9	5.5
心理活动类	30	18.2
情态类	3	1.8
事件类	32	19.4
环境类	14	8.5

比较可知，无论是学术语篇还是电视访谈，使用最多的外壳名词都是事实类，不同的是，占比第二位的在学术语篇中是心理活动类，而在电视访谈文本中则是事件类；言语类、情态类外壳名词在学术语篇中占比高居第三、第四，而在电视访谈文本中的占比则位居倒数第二和倒数第一；事件类、环境类外壳名词在学术语篇中的占比分别是倒数第二和倒数第一，而在电视访谈文本中则高居第二和第四。这说明，无论是哪种体裁的文本，主要用来"打包"回指前文信息的，都是事实类外壳名词，而学术语篇由于是以文字表达进行逻辑论证，因此用于表达思想观点的心理活动类和组织语言的言语类使用较多；电视访谈文本以事件报道和评论为内容特征，因此事件类、心理活动类外壳名词使用较多。

刘冬雪（2021）对英语语言学学术语篇中所使用的外壳名词的语义类型进行了统计，发现在英语语言学学术语篇中，使用最多的是事实类外壳名词，其次是事件类、言语类和环境类，心理活动类以及情态类最少。（见图 3-1）

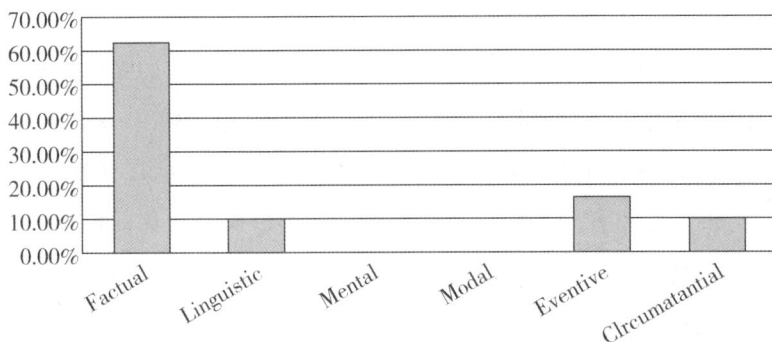

图 3-1　刘冬雪（2021）英语语言学语篇中高频外壳名词语义分类图

比较可知，英汉学术语篇在外壳名词的使用上，事实类外壳名词都占绝对优势，不同之处是，汉语学术语篇中心理活动类外壳名词占比约 20%，情态类外壳名词也接近 8%，而英语学术语篇中心理活动类、情态类外壳名词都几近为零。虽然这个结果与调查对象的选择有很大关系，但是也可以看出，除了事实类外壳名词，汉语学术语篇中比较习惯使用心理活动类外壳名词，而英语学术语篇则比较习惯使用事件类外壳名词。

3.3　母语者汉语学术语篇中外壳名词概述回指用法

3.3.1　外壳名词的概述回指用法

外壳名词的特征之一是其概述回指用法，即和指示代词或其他结构等组成短语在篇章中发挥回指上文的衔接作用。

"概述回指"这个术语是 Michel Charolles（2002）首次使用的。他注意到，有一种回指不能简单地列入名词回指或代词回指，因为这种回指主要在于抽象并总结前文表达的思想、概念或事件，而不是重复某一个具体的词，因此将这类回指称为概述回指或者概念回指。"概述回指"所指的现象，很多学者也都注意到了，例如吕叔湘（1985）归纳"这、那"的指示用法时，指出其主要形式为"这、那+量词+名词"，并进一步细化为三小类"这、那+名""这、那（一）个+名""这、那（一）量+名"，其中就包括名词为抽象名词的概述回指结构。

Asher（1993）把用名词短语 "…this requirement" "…this question" 等回指说话者言语行为的方法，叫事件性回指（event anaphora）。胡壮麟（1994）将指称的具体类型分为人称指称、社会指称、地点指称、时间指称和语篇指称，其中语篇指称的对象不是具体的人或事物而是语篇中的某一陈述。屈承熹（2006）认为"回指短语"比如"这件事""鉴于以上情况"等可以用来指称前面整段文字，并且以"这件事"举例，说明其回指信息是一种事实，同时涉及观点的转换和作者的评论。王道英（2006）指出"我们把这类用泛指概念替代的先行项称为总括型隐性回指。跟包括型隐性回指中的上下义关系不同，总括型回指词一般是语义极其空泛、抽象度极高的总概念。"这些研究成果，虽然没有使用"概述回指"这个术语，但是所看到的现象都是同样的性质。

"概述回指不仅意味着指称追踪，还意味着对信息的再次处理，有一个概念化过程，有事先导入的信息和后台的认知激活之间的共指关系。"（王秀丽，2011）与普通的重述重在对前文解释不同，概述回指需要更多的认知注意以促进文章结构的推进，因为概述回指中的抽象名词不仅总结前文内容，还预示着前文话题的终结和新话题的展开，以"满足说话人或作者主动构建其思想情感的需要"（周小涛、王军，2014）。因此，概述回指一般存在以下特点：第一，回指的是句子，而不是某一个具体成分；第二，指称的对象是前文信息的认知操作和概括性总结；第三，主要手段是"概述性指示代词（领属名词）+ 抽象名词"；第四，概述回指是不忠实性回指，因为指示词是前文没有出现过的；第五，概述回指着重总结而非评价；第六，概述回指可以是零回指；第七，概述回指的语义来源可以是语境（王秀丽，2011）。

概括起来说，概述回指是一种特殊的指示用法，在形式上包含指示代词和外壳名词，语义空泛，不忠实回指，可推动话题转换，包含作者态度。

3.3.2　外壳名词的概述回指用法的结构形式

关于外壳名词概述回指用法的结构形式，一些学者已经进行了研究，比如方清明（2016）整理了概述回指的具体形式类别，他以"这+量词+$N_{抽}$"这一形式为主，共整理出 9 种实现形式，包括"这个 $N_{抽}$""这种 $N_{抽}$""这类 $N_{抽}$""这些 $N_{抽}$""这点 $N_{抽}$""这次 $N_{抽}$""这一 $N_{抽}$""以上 $N_{抽}$"和"上述 $N_{抽}$"。常颖

（2019）在研究概述回指时，指出了回指语为名词短语的结构，主要有"这/此/该+（数）+（量）+（定语）+抽象名词""这样（的）+（定语）+抽象名词"等。张静（2020）将概述回指语分为单纯指代词式回指语和短语式回指语，在短语式回指语中指出其常见形式主要为"指示代词+量+抽象名词"，并列出了一些变体形式，包括"指示代词+数+（量）+抽象名词""指示代词+数+（量）+（定）+抽象名词"等。从以上成果可以发现前人对于概述回指用法的结构已经进行了有益探索，但是问题在于结构研究不够全面，比如没有基于某一语料库穷尽列举出现的所有概述回指结构，研究重点也仅限于包含指示代词的结构上，没有注意其他结构，比如包含"上面"的结构等。下文主要基于母语者汉语学术语篇语料库穷尽列举所出现的概述回指结构，以对概述回指用法的结构形式做到全面观察。

3.3.2.1 包含指示代词的概述回指结构

这一类概述回指结构主要是由指示代词和外壳名词构成的。在母语者汉语学术语篇语料库中，在概述回指时，与外壳名词搭配使用的指示代词有"这"（包括"这样"）、"此"、"该"三个，其中"这"的实现形式是最为丰富的，共发现 11 类，"此"有 6 类实现形式，"该"有 3 类实现形式，如表 3-7 所示。

表 3-7 母语者汉语学术语篇中外壳名词概述回指用法含指示代词结构类型表

结构类型		例句	频次
"这"类概述回指结构	这+量+外壳名词	同时，身体也是一切自由活动的承担者和一切行为可能性展开的视域。一方面……，但另一方面……这个例子恰好可以对应到我们的文化世界。（王俊《从作为普遍哲学的现象学到汉语现象学》）	727
	这+数+外壳名词	置盐认为，马克思通过总资本以价值形式瓜分总剩余价值量计算一般利润率，即 $r=mc+v$，这一方法并不正确。（张衔《对置盐定理的批判性解构》）	579
	这+量+定+外壳名词	即使偶有人提出异议，如有论者认为欧美实行遗产税乃"救国富之弊"，而"吾国贫也，非富也"，不能效法。……这种公开反对的声音比较微弱。（雷家琼《清末民初遗产税的引入》）	201

（续上表）

结构类型		例句	频次
"这"类概述回指结构	这+数+定+外壳名词	但是，"新黑格尔派马克思主义"……从而把《资本论》与黑格尔的《逻辑学》等同起来。**这一理论错误**在阿瑟这里表现得最为突出。（卜祥记《〈资本论〉理论定向的阐释维度》）	123
	这样+的+（定）+外壳名词	则置盐的一般利润率 r 就会由 64% 进一步上升至 81.9%。**这样的结果**与置盐的期望完全相反。（张衔《对置盐定理的批判性解构》）	98
	这+数+量+（的）+外壳名词	前者包括利润和税金，后者不包括**这两个项目**。（许宪春《中国国民经济核算核心指标的变迁——从 MPS 的国民收入向 SNA 的国内生产总值的转变》）	77
	这+外壳名词	由于战争过于频繁，记录战争成了加洛林时代编年史家和年代记作者的日常主要工作。……反映出**这方面情况**。（倪世光《骑士制度与西欧中世纪战争》）	55
	这+数+量+定+外壳名词	这些文献存在两个重大缺陷。第一，没有意识到……；第二，没有涉及……**这两个重大缺陷**为本文提供了深化研究的空间。（张衔《对置盐定理的批判性解构》）	16
	这样+数+量+（定）+外壳名词	按照伽达默尔的观点，诠释学应是一种哲学，而不只是方法，**这样一种观点**如何与我国有着漫长历史的经学相结合？（洪汉鼎《诠释学的中国化：一种普遍性的经典诠释学构想》）	14
	这+定+外壳名词	如此理解，以"良知"为模型的道德意识就提升为意识本身的源初整全化状态，而胡塞尔意义上中性的、无伦理关切的"自知"和意向行为只是**这统一的心理过程**的一个抽象角度。（王俊《从作为普遍哲学的现象学到汉语现象学》）	4
	这样+定+外壳名词	"绿色文学"……是一种崇尚生命意识的文学，崇尚人与自然生命力活跃的文学，崇尚人与自然和解与和谐的文学。**这样比较宽泛的定义**无疑忽视了生态文学产生的特定历史语境。（王光东、丁琪《新世纪以来中国生态小说的价值》）	4

（续上表）

结构类型		例句	频次
"此"类概述回指结构	此 + 外壳名词	周人正是通过卦爻辞建构起明晓天道的内在路径。在**此过程**中……其形式则表现为以卦爻辞来梳理卦象间的阴阳之序。（刘震《从史巫之士到易儒合流——"易家"思想的演进路径》）	158
	此 + 量 +（定）+ 外壳名词	而《清华简》中有"四季吉凶"一节，也是将六子卦象与四季相结合，其与传世的卦气说基本一致。究其思路，**此种论断**本质在于将卦与四季相对应。（刘震《从史巫之士到易儒合流——"易家"思想的演进路径》）	32
	此 + 定 + 外壳名词	汉代之后，特别是在大汉帝国所设立的中央一统的政治体系，以及对于政权合法性的论证诉求下……**在此历史背景**下，孔子所推重的"周易"之教化作用及其对天道的论证顺理成章地成为新王理论体系的核心。（刘震《从史巫之士到易儒合流——"易家"思想的演进路径》）	6
	此+数+量+（定）+ 外壳名词	但我们19世纪以来的西方哲学传播是否中国化了呢？……是否有真正的"中国的现象学""中国的诠释学"呢？……这里的原因在于何处？**此三个问题**，按照我的看法，其实有两个问题已经有了答案。（洪汉鼎《诠释学的中国化：一种普遍性的经典诠释学构想》）	2
	如此 + 外壳名词	如《西厢记》"琴心"……**如此题目**可谓"枯淡窘缩"之至，写无可写，但杂剧家发挥、铺写六七百字之多。（沙红兵《中国古代文学批评的分析性思维》）	3
	此 + 数 +（定）+ 外壳名词	故而，考察这一时期各教之行情涨落，会发现基督教于民初呈现迅速传播与发展之势，而儒教则呈现没落之态。**此一行情变化**，自然与西学之强势地位相关。（薛玉琴、刘正伟《国教运动与近代话语转向》）	2
"该"类概述回指结构	该 + 外壳名词	2019年6月国务院启动了教育领域的财政事权改革，本文的研究结论对**该政策**的具体措施有一定的借鉴意义。（范子英《财政转移支付与人力资本的代际流动性》）	58
	该 + 定 + 外壳名词	表5显示了国际金融危机期间……可以发现，**该风险事件**使得我国资本市场剧烈震荡。（杨子晖《金融市场与宏观经济的风险传染关系——基于混合频率的实证研究》）	8
	该 + 量 + 外壳名词	再如《野生动物保护法》第27条第2款确认，因科学研究、人工繁育、公众展示展演、文物保护或者其他特殊情况……依据**该款规定**……就是该项买卖合同。（王轶《行政许可的民法意义》）	5

观察语料可以发现有些概述回指结构是有某些特殊性的，比如能进入"这+外壳名词"结构的外壳名词多为"方面""部分""时候""期间"等。

"这+数+外壳名词"中，数词多为"一"，而且"这一点"比较常见，除此之外还有"这一过程""这一成就""这一问题"等，在这种结构里"一"不再单纯指数量，还和后面的外壳名词更加凝练为一个整体。杨云龙（2020）认为"数名"除了表达基本的数量关系外，还将被描述的名词当作一个整体来修饰，他指出抽象名词是没有量的，数词"一"在表达具体数量方面又比较微弱，所以可以把抽象名词当作一个整体，前面的数词只能是"一"。

和这一结构比较，"这+数+量+外壳名词"不再强调整体性而是更注重计数，可以对比上文表格中的例子"这一方法"和"这两个项目"以及"这两个重大缺陷"，明显后面两个例子中的计数功能更突出，而且数词确实和先行语涉及的外壳名词的数量相匹配。

"这+量+外壳名词"实际上可以看作"这+数+量+外壳名词"的省略，当数词为"一"时，因为经济性原则就会将数词省去，比如"这个例子"和"这个项目"。在频次统计中，我们发现"这+量+外壳名词"比"这+数+量+外壳名词"更为常见，汉语中两个或者三个音节都可以成为一个独立的音步，贾舒婷（2016）认为"指量名"结构都是三个音节，"指数量名"是四个音节，所以在可以表达同等语义的情况下，"指量名"结构比"指数量名"结构更符合韵律规则。

"这样+的+（定语）+外壳名词"这一结构前面可以出现"按照""根据"等词语组成短语，如"根据这样的原则"。外壳名词是"背景""状况""环境"时，该结构可以出现在介词短语中，如"在这样的背景下"。

观察包含"这"的概述回指结构和包含"此"的概述回指结构发现，两者非常相似，比如"这/此+量+外壳名词""这/此+数+外壳名词"等，这是因为"这"的语法功能是在"此"的基础上发展起来的，"这"在"此"的基础上发展并逐渐替代了"此"，"此"比"这"的书面性更强。在语料中观察"此+外壳名词"结构，发现这一结构一般紧挨先行语，一般不做小句主语，这一结构中外壳名词"意义""过程""背景""情况"等较常出现，一般组成"在此+外壳名词+下/中"等结构放在小句句首，如上文"在此过程中"，在例句中紧挨先行语，处在小句句首转换了话题延伸的方向，由"周人"转而说到"建构起明晓天道的内在路径"的过程，在句子中作状语，这是这个结构在语境中比较特殊的用法。

根据李小军（2008），"该"在明代就已经出现了，随着语言发展，直到近二十几年，才出现"该+抽象名词"的用例，"该"的指代义发展较晚，最初只是修饰"人""地"等具体名词，这可能是包含"该"的概述回指结构比较少的原因。

3.3.2.2 其他概述回指结构

外壳名词除了和指示代词组合进行概述回指之外，还可以和"上述/前述""以上/如上/上面的"组合进行概述回指。"上述"是形容词，表示"上面所说的"，可以将回指范围直接定位到前文中。"前述"表示"前面所陈述的"。"以上"是方位名词，也可以将回指的范围限定在前文的叙述中。"如上"有举例子的含义。具体使用情况如表3-8所示。

表 3-8 母语者汉语学术语篇中外壳名词概述回指用法其他结构类型表

结构类型		例句	频次
"上述"/前述"类概述回指结构	前述/上述+外壳名词	在社会生产价格 Ps 一定时，个别资本可以通过改进技术提高劳动生产率，降低个别生产价格，然后按社会生产价格出售商品获取超额利润。……为分析方便，以下将单个资本之间部门内和跨部门的错综竞争简化，假定**上述过程**从部门 j 开始。（张衔《对置盐定理的批判性解构》）	74
	前述/上述+数+量+（定）+外壳名词	通过"父子关系"号召"后代为家庭血脉延续而行动"，实现家族血统和利益的纵向传承；通过"父亲—统治者"之间的真正关系实现支配者之间的横向联合如联姻。**上述两种方式**相互依存，共同形塑和拱卫近代国家建制。（肖瑛《"家"作为方法：中国社会理论的一种尝试》）	25
	上述+定+（的）+外壳名词	因此，马相伯指出，儒教并不具有宗教所应有的普世救赎性质。……所以，马相伯虽为天主教徒，但他**上述持论的立场**，却非来自天主教。（薛玉琴、刘正伟《国教运动与近代话语转向》）	20
	上述+的+外壳名词	二是对郡县制的实行与"隶农"——农业生产者身份的形成——国家力量是如何导致其身份性质改变的，没有具体的揭示。……**上述的矛盾**是不难解决的。（臧知非《战国秦汉土地国有制形成与演变的几点思考》）	2

（续上表）

结构类型		例句	频次
"以上/如上/上面的"类概述回指结构	以上/如上/上面的+外壳名词	也就是说，判断诗人、歌女和教师的劳动在资本主义生产体系中是否属于生产劳动，必须视其能否创造剩余价值并在商品交易中实现资本增殖。……根据**以上观点**，马克思对于作为精神生产的文艺活动与生产劳动的关系作了进一步辨析和鉴别。（姚文放《两种"艺术生产"：马克思"艺术生产"理论新探》）	19
	以上+数+（量）+（定）+外壳名词	第1条中……，第2条……从**以上两条例证**可以看出，行状变为塔铭之后，不仅文体、语言等发生了变化，而且所述事实也发生了相应的变化，有些事实被有意或无意地忽略了。（冯国栋《"活的"文献：古典文献学新探》）	9
	以上+（的）+定+外壳名词	其中"非实质性异文"，如：1. 卷2"第二十二祖摩挐罗"……由**以上数例**可以看出，"非实质性异文"是在刊刻流传过程中由于字形、字音等因素形成的异文。（冯国栋《"活的"文献：古典文献学新探》）	8

"上述""前述""以上""上面"等都不是指示代词，本身不能单独指示前文，只是作为外壳名词的定语，说明外壳名词先行语的范围。

"上述/前述"或"以上/如上/上面的"都是从言语行为角度进行的回指，而这种形式，是英语学术语篇中缺少的，具有鲜明的汉语特色。

3.3.3　篇章功能

关于概述回指用法的功能，也已经有学者注意到，并做了研究，比如王秀丽（2012）指出概述回指能够追踪并再次处理信息，可能会改变篇章的推进方向，周小涛等（2014）发现概述回指结构有独特的篇章语用效果，需要语义推理才能完成回指，同时也具有意象构建以及转移概念的功能。方清明（2016）指出概述回指的功能包括概括与经济性原则、改变篇章推进方向等。方清明（2019）指出概述回指能够把先行语包含的具体信息联系起来，有利于语篇的整体构建。常颖（2019）总结出概述回指的功能包括概念功能、人际功能和篇章功能，并对每一功能又做了详细划分。吴丹苹（2021）详细描述了概述回指的话语功能，包括语义功能、语用功能、评价功能和认知功能等。前人对于概述回指用法的功能已经做了较为详细的说明，总结起来，主要包括概念功能或整体构建功能、人际功能或评价功能、篇章功能等。我们主要在前人研究的基础上，将这些功能结合母语者汉语学术语篇语料库进行整理说明，同时补充新的研究发现。

3.3.3.1　语篇功能

语篇功能就是指在语义层中，将零散的语言成分组织成篇章的功能。语篇功能主要是通过主位—述位结构、信息结构和语义上的前后衔接来实现的。（胡壮麟等，1994）概述回指用法的语篇功能包括话题转换和衔接两大功能。通过分析语料，我们发现概述回指结构处在小句句首和非句首时体现出不同的功能，当概述回指结构处于小句句首时，既有推动话题转换的功能，也有衔接功能；当概述回指结构处于非句首位置时，只有衔接功能，和先行语进行上下文衔接。具体分析如下：

第一，概述回指用法推动话题的延伸。按照 Ariel（1990）的说法，"此"构成的指示词语形式上比单独使用的"此"复杂，因此其提供的信息量也相对要大，对上下文语境的依赖程度不如单独使用时的"此"强，也就是说，从形式上看，"此"构成的指示词语的连续性较弱。周小涛、王军（2014）认为概述回指用法包括指称义和语用预设义，语用预设义用来开启新话题。在这种情况下，相比直接抛出新话题，使用概述回指结构时话题的推进会更加自然，不至于和前文脱节。尤其当概述回指结构出现在小句句首时，该表现最明显。

（11）在现代化的一般进程中，特别是在这一进程的展开之初，不同领域的推进往往是参差不齐的。这种**情形**只有在发展的特定阶段上才能被清楚地意识到，并且得到多方有效的整合。（吴晓明《"小康中国"的历史方位与历史意义》）

例（11）中"情形"和前文距离很近，而且就在小句的主语位置上，紧邻先行语，先行语共三个小句，表现了概述回指结构指称能力的强大。经过概述回指结构的打包，新的话题在"情形"的基础上展开，回指语"这种情形"是对前文事件的抽象概括，同时后面小句的话题发生了变化，篇章前进的方向也相应地发生了改变。但是新旧话题仍然有逻辑上的联系，保证了话题的转变和连贯。

概述回指结构可仅回指前文的某一个概念，指称的先行语不一定必须是小句或大于小句的成分。王秀丽（2012）等一些学者指出："概述回指回指的是前文的整个句子（或几个小句的集合），而不只局限在重提前文的某一个具体成分上。"但是通过分析语料，我们发现有些情况下，概述回指结构中的外壳名词可仅回指某一个小于小句的成分。虽然相对于抽象概括小句或段落来说，付出的认知努力要低，但是确实增加了新的描述和概念，在认知上，需要对这个词或短语进行重新打包，用一个外壳名词来代替。

（12）这里使用创业者的人大代表或政协委员身份作为其关系网指标。如果创业者具有这种政治身份，那么通过这些组织，其更有可能和政府以及其他企业建立更多联系。该变量设置为虚拟变量，是为1，否则为0。（朱斌、吕鹏《中国民营企业成长路径与机制》）

上例"变量"指向前文"具有这种政治身份"，通过"变量"对前文进行概念化打包，帮助文章的推进。

第二，概述回指用法也可以仅有概述指称功能，实现衔接，不推进话题。从认知上看，可以帮助总结内容。指示词"这"能够帮助读者确定先行语的范围，其中的外壳名词可以对上文语段信息进行概括、认知和加工，帮助实现语篇的精准衔接。由于我们的记忆是有限的，所以我们认识事物一般倾向于概括和抽象，概述回指用法的出现也是如此，都是为了语言的经济性考虑。阅读文章本身就是一个认知不断重组、不断构建的过程，读者要不断概括分析已经阅读的内容，而概述回指用法正是帮助读者进行了概括和概念化，能使读者更好地了解文章的前后逻辑。

（13）尽管在《资本论》中马克思反复阐述了生产方法选择上的资本主义局限性，但在分析一般利润率时，他没有考虑这个特征。（张衔、薛宇峰《对置盐定理的批判性解构》）

上例"特征"并没有出现在小句句首，而是作为小句的宾语出现，作用在于概括前文，补足句义。

第三，概述回指用法具有强调和平衡功能。姜晖等（2014）等认为"某种程度上就像是给出一个命题，然后引导出后面对命题的具体阐释。这样使用的好处便是能突出命题，使文章的结构脉络更加清晰，便于说理。"概述回指用法在语义上是笼统的，尤其在推动话题延伸时，可以将读者的目光和注意力进行集中，方便后续的描述。同时正是因为其"概述"功能可以将一系列复杂的信息打包，所以可以使句子尽量精简，防止某一成分过于冗杂。尤其在先行语是句子或者段落的时候，该功能更加明显。

第四，从文章表达来看，概述回指用法可以促进文章表达的活力。根据廖秋忠（1986）对于回指的分类，概述回指用法有其他回指不能比拟的作用。同形表达和局部同形表达都借用了原有表达，同义词也只是在原有词汇的基础上进行加工。零形式或省略式只能紧挨着先行语结构，没有词汇的使用。单纯的指示代词的回指只是使用指示代词。因此同形表达、局部同形表达、同义词回指容易造成写作词汇的匮乏，其他形式也没有新的词汇的介入。而学术论文写作中为了使文章结构逻辑更加严谨，往往需要变换词汇、引入新的词汇，以加强文章的说服力。

3.3.3.2　人际功能

胡壮麟等（1994）指出人际功能就是语言能够透露出作者的态度、评价等主观意识的功能。周小涛、王军（2014）也指出："语言是自我表达的载体，指称语言的选择不仅受指称功能的限制，同时也要满足说话人或作者主动构建其思想情感的需要。"学术语篇中必然涉及作者观点的表述，作者要明确表明自己的立场以及对其他人立场的评价，因此我们认为学术语篇其实是比较主观的写作，具有"主观性"特征。

首先，概述回指结构中的外壳名词就可以表达一定的立场，比如"悖论""错误"很明显传递了作者负面的评价，而"优势"和"愿景"等表现了正面的情感。即使一些外壳名词单看属于中性，但是如果先行语所表述的是一个积极的内容、思想或观点时，那回指语也会自然传达出积极的情感。其次，有时为了突出态度，概述回指结构中会加入修饰语来进行加强。

（14）中国作家应该以文明转型的自觉，*积极探索与生态文明社会相适应的生态审美修辞，为人类讲述瑰丽的中国生态故事，展示中国文*

学之美。我们期待这一理想文学形态在世界文学舞台上进一步展现出独特的"中国魅力"。 （王光东、丁琪《新世纪以来中国生态小说的价值》）

"形态"本来是中性词，但是从概述回指结构"这一理想文学形态"来看，其修饰语是"理想"，先行语很明显是建议，所以该概述回指语表达作者积极的态度。

3.4 留学生汉语学术语篇中的外壳名词

3.4.1 使用情况

按照汉语学术语篇中外壳名词的确定标准，我们在自建的留学生汉语学术语篇语料库中进行搜索，发现留学生共使用了52个外壳名词，如表3-9所示。

表3-9 留学生汉语学术语篇外壳名词表

词汇	频次	词汇	频次	词汇	频次	词汇	频次	词汇	频次	词汇	频次	词汇	频次
方面	14	部分	3	观点	2	定义	1	原则	1	原因	1	计划	1
词	13	例子	4	差异	2	传统	1	方式	1	道理	1	期间	1
情况	8	做法	3	过程	2	话题	1	状况	1	思想	1	时期	1
句子	8	因素	2	错误	2	局面	1	理论	1	理念	1	变量	1
问题	7	背景	2	结果	2	措施	1	优势	1	意思	1		
点	5	特性	2	变化	2	情势	1	类型	1	结构	1		
话	5	特点	2	事件	2	领域	1	结论	1	现象	1		
方法	4	内容	2	含义	2	事实	1	规矩	1	信息	1		

表 3-10　留学生汉语学术语篇外壳名词语义分类表

类别	词汇	数量
事实类	方面、例子、错误、特性、特点、差异、部分、内容、因素、优势、类型、传统、结构、结果、领域、原因、信息、变量、点、事实、现象、状况、局面、情况、背景	25/48.1%
言语类	句子、词、话、话题、定义	5/9.6%
心理活动类	道理、理念、思想、计划、理论、观点、结论、问题、含义、意思	10/19.2%
情态类	原则、规矩	2/3.8%
事件类	变化、事件、措施、做法、过程、情势	6/11.5%
环境类	方法、方式、期间、时期	4/7.7%

和母语者相比，留学生使用的外壳名词不够丰富，但是都同样使用一些高频外壳名词，如"方面""情况""问题""点""话"等。另外，留学生高频使用"词"和"句子"，而母语中高频使用的"意义""时期""情形"等在留学生语料库中处于低频或根本没有出现。如表 3-10 所示，从语义类别上看，事实类外壳名词都是占比最多的，其次是心理活动类外壳名词，母语者排名第三的外壳名词为言语类，而留学生排名第三的外壳名词为事件类。母语者语料库中言语类、心理活动类外壳名词的占比都略高于留学生语料库，而留学生语料库中事件类外壳名词的占比明显高于母语语料库。这说明，在行文时除了使用事实类和心理活动类外壳名词外，母语者擅长用言语类外壳名词来推动文章节奏，而留学生擅长通过描述行为、事件和变化等动态的内容来行文，这一点和前文研究母语者汉语学术语篇中外壳名词的语义类型时观察到的结果有相似之处。

3.4.2　偏误情况

留学生在使用外壳名词时出现的问题主要是选词不当、残缺以及先行语不明确等。

3.4.2.1　选词不当

这一类偏误共 33 例，留学生企图使用外壳名词，但是由于对前文内容概括不当或者不理解外壳名词使用的语境，所以在外壳名词的使用上出现了很大问题，如：

（15）﹡这些早期网络漫画<u>在作家个人网页或博客上免费公开，无条件下共享和传播</u>。综合门户网站发现网络漫画的这一**吸引力**后，纷纷建立专门网络漫画平台。（留3，"吸引力"可改为"途径"）

（16）﹡星巴克的忠实顾客对星巴克所做的一切都充满热情。<u>如果他们不满意，他们将向星巴克报告。每家星巴克门店都有一张"顾客意见卡"，顾客服务中心每年都会接到数千个电话。</u>通过这样的管理**系统**，可以对服务中出现的问题逐层处理，提高客户满意度。（留5，"系统"可改为"方式"）

3.4.2.2 残缺

这一类型共7例，主要是在应该使用外壳名词的地方缺少成分，比如：

（17）﹡已经在北美和欧洲得到认可的 LG CNS 的智能工厂技术，可以创造釜山港的附加价值和扩大 LG 集团的事业，**这两种**都可以创造出巨大的利益。（留18，"这两种"可改为"这两种结果"）

（18）﹡以上分析可以得出结论，如今国有经济的发展是畸形的，三十年前的私有化改革以及仓促地将企业上市，错误地定位了企业对国家民生的影响，以及没有提出具体的详细议案讨论如何通过宪法和规章制度的方式确立政府对于私有企业的约束力，**这些**都对今天西班牙的经济萎靡不振埋下了伏笔。（留35，"这些"可改为"这些问题"）

3.4.2.3 先行语不明确

这一类偏误较少，只发现2例。有些情况下外壳名词的先行语不明确，这会造成认知上的混乱。因为外壳名词本身具有一定的抽象性，所以先行语必须明确并且匹配其内容。

（19）﹡漫画的质量是核心，<u>只有漫画的质量和水平达到一定程度</u>才能吸引更多的消费者。而**这方面**的相关人才是非常稀缺的。（留3）

"这方面"回指的内容不太清晰，从文段来看，先行语应该是"漫画的质量和水平达到一定程度"，所以可以改为"漫画的质量是核心，只有制作高质量和高水平的漫画才能吸引更多的消费者。而这方面的相关人才是非常稀缺的"。

（20）＊中国社会最讲究人际关系"圈子"，圈内圈外有区别，交往距离是不一样的。因为家庭在于圈内，所以大部分中国人觉得家庭成员之间不用保持私人领域。从调查结果，可以看清楚**这种差异**。（留 7）

"差异"作为外壳名词进行衔接的话，前文应该出现两者的比较，但是前文只描述了中国的交际观念，没有论述比较对象的情况，所以先行语是不明确的，应该进行补充。

通过对以上偏误的分析，可以发现大部分留学生对于外壳名词没有清晰准确的认识，不能在撰写文章中根据前文语义性质定位到准确的外壳名词。所以在教学中不仅仅要教授外壳名词的字面含义，还要结合语境带领学生体会。

3.5　留学生汉语学术语篇中的外壳名词概述回指

3.5.1　结构类型

留学生汉语学术论文中所使用的概述回指结构主要有 16 种（见表 3-11）。

表 3-11　留学生汉语学术语篇中概述回指结构使用情况表

结构	例句	频次
这＋量＋外壳名词	LG 的其他子公司也可以抓住智慧城市的机会进行发展，这为釜山和 LG 的发展奠定了基础，具有重要发展意义。因此，本论文将利用**这个话题**，进一步探讨 LG 在釜山市场能够利用的机会。（留 18）	66
这＋数＋外壳名词	具体来说，将构建 5G 基础无人设备自动行驶技术升级、无人设备与 5G 网络基础设施联动、移动 Edge Computing 基础控制系统构建……不仅能节约港口运营费用，还能防止各种安全事故。通过**这一措施**……可以占据优势。（留 18）	20
这＋外壳名词	当时看过微观差异中西人际距离跨文化研究的书籍，但是还没找到有关蒙中人际距离跨文化比较的文献。在中国**这方面**的研究比较多。（留 7）	14

（续上表）

结构	例句	频次
该 + 外壳名词	Walter Ricciardi 与意大利病毒专家 Roberto Burioni，陆续发表了同一观点："普通人没必要戴口罩，它对健康人来说是完全无效的……"。**该观点**得到了电视媒体以及政府官员的宣传。（留 19）	12
这样 + 的 +（定）+ 外壳名词	由于出版漫画的生产和流通系统的不均衡，韩国漫画界开始谋求漫画创作的新平台和新媒体。在**这样的背景**下，网络漫画成为韩国动漫的救命稻草。（留 3）	8
上述 + 外壳名词	一位中国老师在一所塔吉克斯坦大学解释"你家有几口人？"的题目的时候，讲到了家里养狗的事，老师没想到在塔吉克斯坦没有在家养狗的习惯，因此让学生们感到尴尬和气愤。**上述例子**是跟生活习俗有关的。（留 30）	7
此 + 外壳名词	最后，2017 年以来的全球经济和金融下行对农业部门和农业政策的执行产生了直接和重大的影响……在**此背景**下，本文……研究将弥补该领域的不足。（留 22）	7
这+数+量+ 外壳名词	这是我们上课的地方；休息的时候再商量吧，**这两个句子**里面的"地方"和"时候"都不能省略，因为"地方"是处所，"时候"是时间。（留 11）	6
这+量+定+ 外壳名词	美方计算的对华货物贸易逆差实则包含了美国对韩、日等国家的部分货物贸易逆差，**这种统计方法**显然无法客观反映中美贸易失衡和价值分配的实际情况。（留 32）	5
这+数+定+ 外壳名词	对政府和社会来说，"义"的最基本含义是公平正义。政府作为社会的引导力量应当成为公平正义的化身并在自身行为及公权运用的各个方面，包括依法行政、加强权力监督、降低行政成本等，都充分体现**这一价值理念**。（留 2）	3
上述 + 定 + 外壳名词	孩子们一般好奇心强，所以喜欢有趣刺激的活动……由于**上述儿童的特性**，指导外语时要注意：使用能够充分利用该特性的指导内容、方法、技术等。（留 14）	3
上述 + 的 + 外壳名词	首先基于 2020—2021 年中俄农产品贸易数据总结其现状，接着研究西方对俄罗斯的制裁、与中国的摩擦，以及新冠肺炎疫情对中俄农产品贸易带来的影响，最后基于**上述的信息**讨论中俄农产品的前景。（留 37）	3

（续上表）

结构	例句	频次
以上+外壳名词	信：信者，信字从人言，言非曰，乃有定之文也，以今之概念定义可解为"学说""思想"……总结**以上含义**，总体来说仁义礼智信的意思是仁爱、忠义、礼和、睿智、诚信。（留2）	2
上述+数+量+外壳名词	案例一：一位中国老师在一所土耳其伊斯塔布尔市……案例二：一位中国老师刚来土耳其的时候……**上述两个例子**，都是跟饮食禁忌有关的。（留30）	2
此+量+外壳名词	"他可能按时到"**此句话**的"可能"是表示"估计"的意义。（留16）	1
以上+数+量+外壳名词	通过食堂整体评价和外卖消费情况不难看出，学生们最在乎的是价格、开饭时间、菜品的口感和菜品的多样性，对食堂的就餐环境整体上满意度较高，因此主要从**以上几个方面**给出建议。（留33）	1

与母语者相比，留学生使用最多的也是包含指示代词"这"的"这+量+外壳名词"和"这+数+外壳名词"两种结构。但是母语者的概述回指结构显然更加丰富，未出现在留学生语料库中的结构包括"这+数+量+的+外壳名词""上述+定+的+外壳名词""此+量+定+外壳名词""这+数+量+定+外壳名词""这样+数+量+（定）+外壳名词""这+定+外壳名词""这样+定+外壳名词""此+定+外壳名词""此+数+量+（定）+外壳名词""如此+外壳名词""该+定+外壳名词""该+量+外壳名词"，"以上+（的）+定+外壳名词"，以及包含"前述""上面""如上"的概述回指结构等。这说明留学生在概述回指结构的使用上比较局限，不会使用或者回避使用一些使用频次比较高的概述回指结构，比如"这+数+量+定"等。

3.5.2　偏误类型

观察留学生汉语学术语篇语料，可以发现留学生在概述回指结构的使用上存在结构使用不当、回指残缺或多余，以及外围部分句法错误等问题。

3.5.2.1　结构使用不当

在留学生语料中该类偏误一共11例，主要是针对概述回指结构，留学生可能遗漏了量词、数词，或者使用了其他的概述回指结构形式使得整个句子出现了语病，如：

（21）＊通过问卷调查法发现尼泊尔 LRI 孔子课堂主要存在着不清楚汉语学习者的学习动机、缺乏学生运用汉语的环境和课外活动的设计较为单调等主要问题。若该孔子课堂汉语教师志愿者能够考虑**这几方面**的问题，一定有助该孔子课堂汉语教学的持续长远健康发展。（留 15，"这几方面"可改为"这几个方面"）

（22）＊最多学生选择"有点儿害怕，但是会使用"，比例占 57.1%；比例占 28.6% 的学生选择"不太害怕，因为会使用"；比例占 14.3% 的学生选择"非常害怕，因为不会使用"。通过**这调查结果**可知学生虽然会有点儿害怕出错，但是还会使用这三个结构助词。笔者认为学习语言的时候不要怕出错，也许出错后能让我们更容易记住每个单词的意思和使用方法。（留 11，"这调查结果"可改为"这个调查结果"或者"这一调查结果"）

3.5.2.2 回指残缺或多余

这一类偏误共发现 10 例，主要是指留学生在学术论文写作中，丢掉了概述回指结构，使用其他指代不明的形式，或者在本不该出现概述回指结构的地方添加了相关内容。

留学生在需要用概述回指结构总结前文内容、转换话题的地方没有使用概述回指结构，而是使用了"这"等指称范围更加广泛的指示代词，造成表意不清，如：

（23）＊在中国，2020 年疫情发生后，三星电子副会长李在镕选择了中国作为首个海外出差地，并访问了中国西安工厂，讨论了疫情长期化带来的影响和对策，鼓励了员工。另外，还派遣了 500 多名技术人员投入工厂增设人力。**这**表明三星电子并不轻视在中国的投资和合作。（留 36）

有些情况下完全不需要用概述回指结构进行回指，如：

（24）＊在高程度上，地域政府的政策及"一带一路"倡议，**这些因素**促进了旅游业快速地发展。（留 17）

（25）＊此外，星巴克一直追求道德采购，**这**为咖啡种植区的种植者和出口商创造了一条健康的生产链。在**这种情况**下，它也降低了出口商的议价能力。（留 5）

3.5.2.3　外围部分句法错误

这一类偏误共 9 例，一些概述回指结构倾向出现在更大的结构中，比如"在这种情况下""在这一背景下"等，由于学生对外壳名词回指功能掌握不够，其所在的外部结构或小句出现偏误，如：

（26）＊韩国特别强调在紧急情况下需要有稳定可靠的大米生产能力。这种对主食自给自足作为粮食安全保障的重要性的坚定信念反映了战争和粮食短缺的记忆。（留 22）

该句冗长且不易理解，虽然用到了概述回指结构，但是并没有充分发挥其衔接和平衡作用，可以改为"韩国特别强调在紧急情况下需要有稳定可靠的大米生产能力，要将主食自给自足作为粮食安全的重要保障。这种坚定信念反映了战争和粮食短缺的记忆"。这样将所有的先行语放在一起，再在后一个小句中通过概述回指结构进行总结和话题延伸，整个句子就更加简洁明了。

此外还有概述回指所在介词短语结构的偏误，如：

（27）＊传播的人真的认为这件事情是真实发生过的。"谣言作为舆论出现，是众人传播虚假事件的行为，但多数传播者并不认为是假的。"（刘建明，2000）在**这一点上面**就引导出来了一个关于大家获得信息的渠道的重要性，和人们辨别真实和虚假的能力的问题。（留 25，"在这一点上面"可改为"从这一点上"）

3.6 学术汉语写作教学中外壳名词的教学研究

3.6.1 应重视外壳名词教学

目前针对留学生的学术汉语写作教学正引起学界重视，如邓淑兰（2017），高增霞、栗硕（2018），高增霞（2020），张全真（2020），亓海峰、丁安琪、张艳莉（2022）等。当前针对留学生学术写作的训练或教学有两个途径：在通用汉语写作教学中进行学术汉语写作教学，或者通过专门的学术汉语写作课堂进行教学。前者一般使用通用的汉语高级写作教材，是目前比较主流的做法；后者一般使用专门的学术汉语写作教材，目前这种课程正在建设中。就目前学术汉语写作教学情况来看，对于外壳名词的教学还没有引起足够重视。

为了解目前汉语高级写作教学中涉及外壳名词的教学情况，我们调查了三套高级写作教材，即《发展汉语·高级汉语写作》《汉语写作教程》以及《留学生毕业论文写作教程》。

岑玉珍主编的《发展汉语·高级汉语写作》（北京语言大学出版社，2006）是广泛使用的高级阶段写作教材，分上、下两册。上册写作知识部分涉及"指代词语的作用""句子之间的衔接连贯""段落之间的衔接连贯"等。在具体内容上，"指代词语的作用"中提到"如果上文提到一个具体名称，下文就可以用指代词语来替代这个名称，起到使文章简洁而又富于变化的作用"（第35页），并举例说明"这"和"它"的用法等。但是这些例子都比较简单，也只涉及前文是"具体名称"的情况。在"句子之间的衔接连贯"部分，介绍了主要手段，包括关联词语、句式、句子逻辑等，比如"我是意大利人，今年二十岁了，正在上大学二年级。我的专业是国际政治，特别喜欢研究亚洲地区的国际关系"（第58页），这一部分多涉及衔接的语言形式，不包括词语的衔接。在"段落之间的衔接连贯"部分涉及了词语的重复这种衔接手段，比如"长大后，我一直相信，热爱美事的人对生活也是充满热情的。真的，看着那些颜色鲜艳、散发着诱人香气的食物，……//我也一直相信……//我还一直相信……"（第47页）总体来看，这部教材有讲解句子和段落衔接的意识，但是涉及词语的衔接较少，基本没有涉及外壳名词。

下册更注重写作的方法和技巧说明。除了讲解议论文和评论写作外，第二十二单元和二十三单元还明确把毕业论文写作作为教学对象。这两个单元主要讲授的知识包括"毕业论文的性质与基本要求""毕业论文题目的选择""毕业论文的基本格式""毕业论文的结构"和"调查数据的意义"，由于篇幅限制，主要从宏观上介绍学术论文写作的普遍知识，练习上涉及文章结构分析、内容梗概写作、题目判断等，虽然也涉及词汇的讲解和练习，但是词汇练习多使用动词填空，比如在第二十三单元"毕业论文（二）"中，有一个填空练习"小调查：北京青年的择偶标准"，选段如下：

（28）随着时代的变化和经济（　　　），中国青年人的择偶标准也在变化。最近北京青年报社对北京单身青年（　　　）了一项择偶标准的调查。（第 90 页）

可见练习还是注重动词和语法，没有涉及外壳名词及其篇章衔接用法。

学术汉语写作中某些名词的运用已经和普通写作有了很大的不同，外壳名词在含义上要更加照顾前文内容，要选择合适的回指结构，还要注意使用的位置等。比如"毕业论文（二）"中第四部分的"例文"是《近年来流行歌曲歌词的特征》，其中一段话：

（29）哲理化是指流行歌曲对现实、人生以及社会的思考与概括，是人们内心深处灵魂的吟唱，是梦幻对现实的超越。所以，"诗是原初的哲学，哲学是本真的诗"，近年来很多歌词作者都在为实现这一高要求而努力。（第 94 页）

这里"要求"按照词汇讲解或者词典解释是指"所提出的具体愿望或条件"，但是在该语境下，"要求"的含义是"哲理化"。例文中的这种语言规则有必要单独呈现出来进行教学。

罗青松编的《汉语写作教程》（华语教学出版社，2009）衔接部分涉及了"关联词语"和"连接句子的方式"，在"连接句子的方式"部分，主要涉及

"省略主语"和"运用指代词语"。"代词指代"指出,在语段表达中,如果说话的对象在前面的句子或分句中出现过(通常是在主语、宾语或作为话题出现),可以用代词指代,例如:"我哥哥完全与我相反,他长着杏眼、扁鼻子、黑头发。"(第97页)可见该教材也着重教学主语省略和指代词语部分,同样没有涉及外壳名词这类特别的衔接方式。

李英、邓淑兰编的《留学生毕业论文写作教程》(北京大学出版社,2012)是首部专门为留学生毕业论文写作教学服务的学术汉语写作教材,其中一章涉及过渡与照应,讲解论文写作中关联词语、过渡段、过渡句的使用等。其中提到一种"表示总结的语言形式",在第82页的范文中采用颜色凸显的方式,突出了"以上种种因素"的回指作用,但是教材并没有进行特别的讲解,只是将它看作普通的总结形式。教材在这一部分的练习上设置了选词填空,考查学生对过渡语和照应语的使用,但主要练习的是关联词语、表比较的语言形式。可见该教材对外壳名词关注很少。

综上,几乎所有教材都将重点放在了指示代词、关联词语的衔接上,对于外壳名词及其用法关注不够。而根据前文留学生外壳名词使用中出现的结构使用不当、回指残缺或多余,以及外围部分句法错误的问题,说明留学生对外壳名词的掌握还比较薄弱,非常有必要对外壳名词进行专门教学。

3.6.2 外壳名词词表建设

研制相关的外壳名词教学词表有助于提高师生对外壳名词的教学意识和使用意识,提供教学内容和教学依据。

苏新春(2010)指出频次能反映一个词的通用度,但是如果数据库的语料数量庞大、类型差异比较大时还要考虑"分布"的因素,避免一个词在局部多次重复出现。社科类学科领域数量较多,性质相差较大,为了筛选出常用性比较高的词,需要将频次和分布情况都考虑在内。

苏新春(2010)指出分布率就是指一个词所出现的文本数占调查范围内总文本数的比率,计算公式为:$D_i = t_i/T \times 100\%$。其中,D_i为分布率,t_i为调查对象i出现的文本数,T为所有语料的文本之和。"使用度"计算公式为:$U_i = F_i \cdot D_i$。U_i是使用度,F_i是频率。为了保证筛选出的外壳名词使用较为普遍且教学词表尽可能精简以减轻学生和教师负担，我们将 $t_i \geqslant 6$ 的外壳名词全部筛选出来，共 69 个，之后将这 69 个词按照使用度进行排序，规定 $U_i \geqslant 8$ 为一级词，$1 \leqslant U_i < 8$ 为二级词，$U_i < 1$ 为三级词，制成"汉语学术语篇外壳名词使用度等级词表"（见表 3-12）。

表 3-12　汉语学术语篇外壳名词使用度等级词表

等级	词汇	个数
一级	问题、过程、点、意义、方面、观点、情况、现象、话、时期、背景	11
二级	方式、情形、方法、结果、角度、逻辑、因素、说法、做法、特征、概念、结论、规定、领域、状况、思想、观念、理论、机制、变化、看法、认识、差异、关系、思路、目标、模式、形式、定义、诗	30
三级	部分、体系、前提、阶段、趋势、事实、结构、标准、作品、理念、判断、视角、形态、工作、论断、政策、矛盾、框架、行为、条件、基础、路径、范畴、特点、倾向、措施、期间、主题	28

这些词在《国际中文教育中文水平等级标准》（简称《标准》）中的等级分布如表 3-13 所示。

表 3-13　汉语学术语篇外壳名词使用度与《国际中文教育中文水平等级标准》的对应情况

《标准》等级	外壳名词	一级使用度/%	二级使用度/%	三级使用度/%
一级	点、话、认识、工作	50.0	25.0	25.0
二级	问题、方面、观点、方法、结果、角度、做法、看法、部分、行为、条件、特点	25.0	41.6	33.3
三级	过程、意义、情况、现象、方式、概念、规定、状况、思想、观念、理论、变化、关系、目标、形式、事实、作品、判断、基础、标准	20.0	55.0	25.0
四级	背景、特征、结论、阶段、趋势、结构、措施、期间、主题、诗	10.0	30.0	60.0

（续上表）

《标准》等级	外壳名词	一级使用度/%	二级使用度/%	三级使用度/%
五级	情形、逻辑、说法、机制、模式、前提、形态、矛盾	0	62.5	37.5
六级	时期、因素、差异、政策、倾向	20.0	40.0	40.0
七~九级	领域、思路、定义、体系、理念、视角、框架、范畴	0	37.5	62.5
超纲	论断、路径	0	0	100

　　结合使用度和等级标准，最终得到汉语学术语篇外壳名词教学基本词表（如表3-14所示）、汉语学术语篇外壳名词教学词汇语义分类表（如表3-15所示）。

表3-14　汉语学术语篇外壳名词教学基本词表

等级	词汇	个数
一级	问题、过程、点、意义、方面、观点、情况、现象、话、时期、背景	11
二级	方式、情形、方法、结果、角度、逻辑、因素、说法、做法、特征、概念、结论、规定、领域、状况、思想、观念、理论、机制、变化、看法、认识、差异、关系、思路、目标、模式、形式、定义、诗	30
三级	部分、体系、前提、阶段、趋势、事实、结构、标准、作品、理念、判断、视角、形态、工作、政策、矛盾、框架、行为、条件、基础、范畴、特点、倾向、措施、期间、主题	26
四级	论断、路径	2

表3-15　汉语学术语篇外壳名词教学词汇语义分类表

类别	词汇	个数
事实类	方面、结果、因素、特征、领域、机制、关系、体系、差异、部分、结构、作品、形态、矛盾、框架、范畴、主题、点、特点、现象、情形、状况、事实、情况、背景、角度、前提	27
言语类	话、诗、说法、定义	4
心理活动类	观点、逻辑、思想、观念、结论、理论、认识、看法、思路、目标、判断、论断、理念、问题、意义、概念、标准	17

（续上表）

类别	词汇	个数
情态类	规定、政策、工作、	3
事件类	做法、变化、行为、措施、过程、趋势、倾向	7
环境类	时期、方式、方法、形式、阶段、视角、条件、基础、路径、期间、模式	11

3.6.3　外壳名词概述回指结构类型表建设

外壳名词最重要的用法即概述回指用法。这一用法主要体现在结构上。因此，在学术汉语写作教学中，对于外壳名词的教学，应该落实到概述回指结构的教学上，通过讲授概述回指结构，进行外壳名词教学。

在上文的调查中，我们发现在母语汉语学术语篇中共出现 27 种概述回指结构，但是不同结构出现的次数差异很大，如"这+量+外壳名词"共使用 727 次，而"上述+的+外壳名词"等只使用 2 次。而留学生在学术写作中，只使用了 16 种类型，一些在母语语料库中出现次数并不低的结构，比如"这+数+量+定+外壳名词"等，未发现用例。在使用上，由于不了解结构构成、使用语境、功能等，留学生也出现了一些偏误。尽管样本来源受限，在代表性上可能有一些偏差，但是留学生作为学术汉语写作的新手，其呈现的外壳名词概述回指用法结构类型不丰富的问题是有代表性的，有必要进行针对性教学。

因此，我们认为有必要建立汉语学术语篇外壳名词概述回指用法的结构类型表，以方便教学。

和外壳名词不同的是，概述回指结构并不会因为学科差异而在表现上有所差别，所以可以从频次上进行分类。根据前文在母语语料库中查找到的概述回指结构的频次情况，设置以下筛选标准：频次 ≥500 为一级结构，100≤频次<500 为二级结构，50≤频次<100 为三级结构，20≤频次<50 为四级结构，得到汉语学术语篇概述回指结构类型表（见表 3-16）。

表 3-16　汉语学术语篇概述回指结构类型表

等级	结构	高频语块
一级	这 + 量词 + 外壳名词	这个/种意义（在这个/种意义上）、这个/些/类问题、这种情形（在这种情形下）、这些/个概念、这个/些方面、这种情况（在这种情况下/中）、这段/些句话、这些政策、这种/些做法、这个过程（在这个过程中）、这种认识、这种/些现象、这些规定、这种/些看法、这个领域、这个/种/些观点、这个/种观念、这种/些说法、这种思想、这种形式、这个前提、这种状况、这种倾向、这种结构、这种变化、这种方式、这种关系、这种行为、这种方法、这首诗、这个角度、这种逻辑、这种形态、这些因素、这个结果、这些结论、这项/类工作、这些事实、这种背景、这些/部/类作品、这种理论、这种差异、这个阶段、这个基础、这个判断、这个标准、这些措施、这种矛盾、这些特点、这个定义
	这 + 数词 + 外壳名词	这一过程（在这一过程中）、这一问题、这一概念、这一时期、这一体系、这一目标、这一视角、这一主题、这一特征、这一说法、这一理念、这一倾向、这一关系、这一定义、这一领域、这一规定、这一判断、这一认识、这一观点、这一阶段、这一思想、这一现象、这一背景（在这一背景下）、这一意义（在这一意义上）、这一事实、这一思路、这一趋势、这一状况、这一结论、这一情况、这一工作、这一论断、这一角度（从这一角度）、这一看法、这一方式、这一做法、这一方法、这一结果、这一逻辑、在这一基础上、这一理论、这一观念、这一方面、这一范畴、这一差异、这两部分
二级	这 + 量词 + 定语 + 外壳名词	这种+定+方式、这种+定+形态、这个/些+定+问题、这个/种+定+过程、这些+定+事实、这种+定+形式、这种+定+差异、这种+定+思想、这种+定+方法、这种+定+逻辑、这种+定+理论、这种+定+变化、这种+定+现象、这种+定+机制、这种+定+模式、这个+定+框架、这种+定+关系、这些+定+特征、这些+定+结果、这些+定+措施、这些+定+因素
	此 + 外壳名词	此过程（在此过程中）、此意义（在此意义上）、此背景（在此背景下）、此期间（在此期间）、此问题、此框架、此情况（在此情况下）、此阶段、此诗、此观点、此情形、此现象、此规定、此说法

（续上表）

等级	结构	高频语块
二级	这+数词+定语+外壳名词	这一+定+过程、这一+定+思路、这一+定+问题、这一+定+方式、这一+定+观点、这一+定+逻辑、这一+定+背景、这一+定+变化、这一+定+体系、这一+定+现象、这一+定+方法、这一+定+特征、这一+定+结论
三级	这样+的+（定语）+外壳名词	这样的观点、这样的情形、这样的做法、这样的思路、这样的背景（在这样的背景下）、这样的机制、这样的状况、这样的现象、这样的认识、这样的基础（在这样的基础上）、这样的结果、这样的规定、这样的+定+结构、这样的+定+条件
	上述+外壳名词	上述问题、上述结果、上述理论、上述观点、上述结论、上述机制
	这+数词+量词+外壳名词	这+数+个方面、这+数+个问题、这+数+种观点、这+数+个特征
	这+外壳名词	这方面（在这方面）、这部分、这期间
	该+外壳名词	该理念、该诗、该理论、该问题、该领域、该方法、该规定、该定义
四级	此+量词+外壳名词	此种/类现象、此类问题、此类行为、此类情形
	上述+数词+量词+外壳名词	上述+数+个方面
	上述+定语+外壳名词	上述+定+问题、上述+定+过程、上述+定+结果

　　我们在整理概述回指结构时发现，虽然上述结构在母语者汉语学术语篇语料库中出现的频次较高，但是语块的丰富性也很强，所以某一特定语块出现的频次就相对来说比较低。因此在观察语料的基础上，我们将选取高频语块的标准设置为"频次≥2"。为了和外壳名词教学基本词表对应，方便系统教学，首先筛选出每一类概述回指结构中包含的高频语块，再根据"汉语学术语篇外壳名词教学基本词表"（见表3-14）进行删减，保证前后一致性以及高频语块的科学性。

3.6.4 外壳名词概述回指的语块教学

由于外壳名词在使用上具有模式化特点，因此可以通过语块进行外壳名词概述回指用法的教学。

3.6.4.1 在语境中呈现语块

在语境中呈现语块，主要可以和语块中外壳名词的语义类型结合起来，在合适的语义情境中展示语块，可以帮助学生更好地理解外壳名词的语义性质，明白什么语境下使用哪些具体语块。鉴于外壳名词是概述回指结构的核心，其先行语有一定的语义性质，且前文发现留学生在外壳名词的使用上存在结构使用不当、回指残缺或多余以及外围部分句法错误的问题，究其原因在于留学生对外壳名词的语义性质不熟悉。所以我们认为有必要对外壳名词的语义性质加以重视，并和语块结合，在具体语境中展示语块，帮助学生根据语境分类识记语块，减轻记忆负担。

在具体呈现上，可以根据不同的语境对高频语块进行分类。（见表3-17）

表3-17 汉语学术语篇概述回指结构高频语块语境分类表

语境特点	语块
描述抽象内容（静态、客观）	这个/些方面、这一方面、这+数词+个方面、这方面（在这方面）、上述+数+个方面、这个结果、这一结果、这些+定+结果、这样的结果、上述结果、上述+定+结果、这些因素、这些+定+因素、这一特征、这些+定+特征、这一+定+特征、这+数+个特征、这个领域、这一领域、该领域、这种+定+机制、这样的机制、上述机制、这种关系、这一关系、这种+定+关系、这一体系、这一+定+体系、这种差异、这一差异、这种+定+差异、这两部分、这部分、这种结构、这样的+定+结构、这些/部/类作品、这种形态、这种+定+形态、这种矛盾、这个+定+框架、此框架、这一范畴、这一主题、这些特点、这种/些现象、这一现象、这种+定+现象、此现象、这一+定+现象、这样的现象、此种/类现象、这种情形（在这种情形下）、此情形、这样的情形、此类情形、这种情况（在这种情况下/中）、这一情况、此情况（在此情况下）、这种背景、此背景（在此背景下）、这一+定+背景、这样的背景（在这样的背景下）、这一背景（在这一背景下）、这个角度、这一角度（从这一角度）、这个前提、这个阶段、这一阶段、此阶段、这一视角、这样的+定+条件、这个基础、在这一基础上、这样的基础（在这样的基础上）、这种状况、这一状况、这样的状况、这些事实、这一事实、这些+定+事实、这一点

（续上表）

语境特点	语块
描述语言	这段/些/句话、这首诗、此诗、该诗、这种/些说法、这一说法、此说法、这个定义、该定义、这一定义
描述思想、心理	这个/种/些观点、这一观点、此观点、这一+定+观点、这样的观点、上述观点、这+数+种观点、这种逻辑、这一逻辑、这种+定+逻辑、这一+定+逻辑、这种思想、这一思想、这种+定+思想、这个/种观念、这一观念、这些结论、这一结论、这一+定+结论、上述结论、这种理论、这一理论、这种+定+理论、上述理论、该理论、这种认识、这一认识、这样的认识、这种/些看法、这一看法、这一思路、这一+定+思路、这样的思路、这一目标、这一论断、这个判断、这一判断、这一理念、该理念、这个/些/类问题、这一问题、这个/些+定+问题、这一+定+问题、此问题、上述问题、这+数+个问题、该问题、此类问题、上述+定+问题、这个/种意义（在这个/种意义上）、这一意义（在这一意义上）、此意义（在此意义上）、这些/个概念、这一概念、这个标准
描述可能性倾向	这些规定、这一规定、此规定、这样的规定、该规定、这些政策、这项/类工作、这一工作
描述具体事件、变化（动态）	这种/些做法、这一做法、这样的做法、这种变化、这种+定+变化、这一+定+变化、这种行为、此类行为、这些措施、这些+定+措施、这个过程（在这个过程中）、这一过程（在这一过程中）、这个/种+定+过程、此过程（在此过程中）、这一+定+过程、上述+定+过程、这一趋势、这种倾向、这一倾向
描述事件发生的时间、地点、方式等	这一时期、这种方式、这一方式、这一+定+方式、这种+定+方式、这种方法、这一方法、这种+定+方法、这一+定+方法、该方法、这种形式、这种+定+形式、此期间（在此期间）、这期间、这种+定+模式

还可以使用各种方式突出语块，例如使用粗体、色彩或下划线等方式标出语块，吸引学生注意，说明这是一个整体，例如：

1. 描述语言

（30）前文提到，伊哈布·哈桑在 1976 年的论文中写到 "人是个<u>相当晚近的发明</u>"。**这句话**出现在《词与物》的最后一章。

（31）《咏声》以 "<u>太空恒寂寥</u>" 承接 "万物自生听"，意在表达宇宙虽然空旷却通过 "听" 将万物联系在一起。仔细琢磨**这句诗**可以发现宇宙中弥漫着寂寥。

2. 描述思想、心理

（32）福多通过"模块"（module）论做了回答，他将心灵看作一个复合系统，里面的子系统就是模块。他之所以坚持这样的观点，是因为他赋予了"模块"强意义。

（33）人们普遍认为，既然发达国家的公民都享有社会权利，那么其社会福利的分配应该是普遍和平等的。实际上这种认识是对资本主义福利国家的一种误读。

3. 描述具体事件、变化（动态）

（34）随着宋朝的建立，国家重新走向统一。禅宗如果要有所突破，在文化版图中与儒、道等教派分庭抗礼，就必须打破地域阻碍，走向统一。《景德传灯录》正是这一发展趋势的产物。

（35）这说明在牧区城镇化不可扭转的情况下，有必要进一步研究城镇化与草原生态之间的复杂关联，并重新审视牧民在这一过程中扮演的角色。

3.6.4.2 设置多种练习题型训练语块

练习可以分为机械练习和意义练习。其中机械练习可以采用填空、改错、连线、判断对错等方式。例如：

一、填空题。

他认为宪法应该规定三层内容，即国体、政体与人民的责任，并且认为国民教育问题不应在宪法中出现。他的＿＿＿＿＿＿，表明了教育单独立法的必要。

二、判断题。

"万物自生听，太空恒寂寥。还从静中起，却向静中消。"韦应物的这首诗是和夜相关的。（　　　）

意义练习可以考虑设置自由撰写类题目，给定学生关键词和写作要求，或者让学生自己从感兴趣的部分入手，撰写片段，如：

三、根据以下内容撰写文段。

主题：全球变暖

要求：

（1）分析全球变暖有哪些表现，设置描述具体事件、变化的语境。

（2）分析各学者观点，并进行评价，设置描述思想、心理的语境。

（3）分析我们未来应该怎么应对，设置描述事件发生的时间、地点、方式，以及描述可能性倾向的语境。

第 4 章　汉语学术语篇动词性据素及教学

4.1　引言

4.1.1　问题的提出

言据性（evidentiality）指篇章中说话人知识的来源以及对知识的态度或介入程度（房红梅，2006）。言据性在语法层面的表现形式是据素（evidential/evidential markers），包括形态据素和词汇据素。汉语由于缺乏形态变化，其言据性主要通过词汇据素表达。动词性据素作为言据性在语法层面上的主要表现形式之一，指作者在引用或谈到前人的研究以及陈述自己的观点和结论时所使用的动词或动词短语，如"认为""指出""表明"等。根据 Yang（2013）的统计，学术论文中的动词性据素超过六成，远超其他词性的据素，这说明规范使用汉语学术语篇中的动词性据素应成为学术汉语教学中的重要一环。

留学生在汉语论文中如果不能恰当使用动词性据素会发生大段摘抄、生搬硬套、语体色彩不当、使用单调、句法错误等问题，如：

（1）＊1960 年的美国市场营销协会给营销的定义：营销是主要产品或服务从生产者到消费者的企业营销活动。E. McCarthy 于 1960 年对微观营销进行的定义：（微观营销）是企业经营活动的职责，它将产品及劳务从生产者直接引向消费者或使用者以便满足顾客需求及实现公司利润。（使用冒号生硬连接）

（2）＊笔者<u>觉得</u>学生对该选项的态度不太乐观。（语体不当）

（3）＊美国社会学家特·希布塔尼<u>认</u>，谣言反映了群体的智慧，当正式渠道的信息不可信时，人们就会用非正式的猜测或谣言来补偿。他认为谣言的产生是"人们之间社会互动的过程及其结果"。他还<u>认</u><u>为</u>："造谣则包含了个人的心灵与世界，即社会间双向的话语投射过程。"（单调使用）

（4）＊文化在 A. L. Kroeber 和 Kluckhohn 的<u>观点</u>是明示或暗示的传达行为模式基于每个群体的特征。（句法错误）

目前有限的几本学术汉语写作教材更加侧重论文的结构范式，缺乏细节性知识的讲解，更未提供词表等教学资源来帮助学生进行论文写作。如《留学生毕业论文写作教程》（李英、邓淑兰，2012）按照论文写作的整体过程进行编排，对于动词性据素这种具体的写作要素则并未提及。《高级汉语写作：论文写作》（高增霞，2019）在部分章节中，给出了包含动词性据素的常用语块，但并没有指明动词性据素的言据性功能，也没有专门的讲解和练习。

运用动词性据素流畅地转述他人观点、表达自身观点既是学术论文写作的重要内容，也是高级阶段留学生在进行学术论文写作时容易出现问题的地方。因此，本章将聚焦于汉语学术语篇中的动词性据素，分析留学生使用动词性据素的问题，并给出针对性的解决对策。

4.1.2　相关研究综述

国外对英语学术语篇中的动词性据素展现出较高的关注度，研究内容有不同学科论文中动词性据素的语言特色、不同母语背景下的英语二语学习者的习得情况及教学方法等。近年来，国内学界逐渐开始关注中国学生在撰写英语学术论文时使用据素的问题，如徐昉等（2014）指出中国学生使用动词性据素不够灵活，在英语论文中避免直接表达个人观点；王淑雯（2016）对比中美硕士学位论文发现中国学生在撰写英语论文时使用了更多的感官据素，且出现了中介语特征。

而国内专门探讨汉语学术语篇动词性据素的研究才刚刚起步。崔林、程晓光（2014）借鉴了 Yang（2013）的分类方法，将汉语学术语篇中的动词性据素分为"论证类""思考类""表明和发现类"，在对比英语和汉语学术论文后发现：英语论文中使用最少的思考类，反而是汉语论文中使用最多的，尤其是"认为"。这些研究有利于教师预测留学生在使用动词性据素时可能出现的错误。

虽然直接相关文献不足，但国内关于学术语篇中转述动词的研究仍可以帮助我们窥见学术语篇中动词性据素的特点。转述动词，又称报道动词，用于引用或转述他人的观点、数据、图表等研究成果，既可以建立转述者的研究立场，又可以表达转述者对转述内容的态度（张凤婷，2020），是动词性据素在学术语篇中使用率最高的一类。对于汉语中转述动词的定义和分类，国内的研究者几乎直接采用了 Thompson 和 Ye（1991）的框架（苏梦莎，2015），缺少汉语自身的特点。卢芸蓉、朱军（2014）从不同的语体角度总结了汉语中的转述情况，发现学术语篇中的转述动词以研究动词如"认为""说明"等为主。杨洪娟（2013）通过对比英语和汉语语言学论文，发现引用观点时汉语学术语篇中使用转述动词的次数多于英语，但动词数量较少。总体来看，汉语学术语篇中转述动词的研究目前也较为零散，且动词性据素不仅包括指向他源信息的转述动词，还包括表达自身见解的部分，因此需要对动词性据素在汉语学术语篇中的各种情形进行全面、系统的讨论。

4.1.3 研究内容和研究方法

本章的目标是明确汉语学术语篇中常用的动词性据素及其用法。具体包括以下三个工作：提取和归纳汉语学术语篇中常用的动词性据素；对比留学生与母语者使用动词性据素的差异，总结出留学生使用动词性据素的问题；对教学和教材提出针对性建议。

语料主要源自两个自建语料库。"母语者汉语学术语篇语料库"选取社会科学领域的权威期刊中的 65 篇论文，其中 45 篇取自 2020 年 10 月至 2021 年 2 月出版的《中国社会科学》，20 篇取自 2021 年 1 月至 3 月出版的《语言教学与研究》，论文主题涉及经济、政治、历史、文学、语言学、教育学、法学、哲学、新闻传播学等多个领域，以尽可能确保语料的权威性和多样性。"留学生汉语学术语篇语料库"包含 43 篇留学生论文初稿[①]，论文作者均为中国人民大学的硕士、博士留学生，来自韩国、俄罗斯、尼泊尔、蒙古国、巴西、印度尼西亚、美国、西班

---

① 除表 3-2 中所列，还另外包括 5 篇：《共享价值创造（CSV）的新模式研究——以韩国 SK 集团的案例为例》《中日动漫创作比较》《新租赁准则对我国航空公司资产价值的影响——以春秋航空为例》《北京市海淀区中关村街道盲道现状研究》《哈贝马斯人权观念对中国的适用性》。

牙等多个国家，所学专业涵盖金融、国际商务、新闻与传播、汉语国际教育等多个社会科学类专业。所有论文均删去了标题、摘要、目录、参考文献、附录等部分，只保留正文内容，得到母语者语料 1 022 723 字，留学生语料 180 708 字。

4.2　母语者汉语学术语篇中的动词性据素

4.2.1　判断标准

据素是标记言据性的词汇集合。目前对据素的概念界定分为狭义和广义两大派别。狭义派以 Willett（1988）为代表，认为据素只是标记了知识的来源。以 Chafe（1986）为代表的广义派认可度更高，认为据素既指向了信息来源。也包括对知识的态度。国内学界在界定汉语据素时也普遍采用了广义观点，认为现代汉语的言据性指篇章中说话人知识的来源途径以及对知识的态度或介入程度，那些能够标记言据性的语言形式就是据素（房红梅，2006）。但目前对于动词性据素并没有十分明确且认同度高的判断标准。

现有研究中对动词性据素的界定主要分为两种情况：第一种是在选择了据素的狭义或广义定义后，简单说明动词性据素就是按词类划分出的一种据素，具备据素的语义特征和语用功能；另一种则直接总结了哪些动词能够表示言据性，成为动词性据素，如朱永生（2006），田建国、王冰琴（2010）等认为能表示言据性的动词主要是认知动词和言语动词，这些动词通常在投射小句中担任谓语。陈颖（2009）指出直接体现信息来源的动词性据素多为言说动词、感官动词和中动结构，动词中能够间接体现信息来源的主要为认识动词及少数助动词。还有学者认为，目前出现的"引述动词""转述动词""报道动词"等概念都在学术论文中表达了一定程度的言据性，因此都可以纳入言据性范畴。这种归纳型的方法并没有将动词性据素的范围界定清楚，遇到一个动词时我们不能因为它是言语动词或感官动词就认为它是动词性据素，因此本书选择第一种界定方法，突出动词性据素言据性的本质属性。

崔林等（2014）将动词性据素定义为"作者在引用或谈到前人研究以及陈述自身观点时所使用的动词或动词短语"。这个定义描述了动词性据素在学术语篇中的使用场景，凸显了学术语篇的独特性，但是还缺少具象化的判断标准。此外，动词性据素在不同语言中表现出的差异也提示我们在对动词性据素进行概念界定时需从汉语的实际情况出发。如英语中"can""may"等情态动词属于动词性据素，但在汉语中并不属于动词性据素范畴；英语中有大量"形式主语 it+动词性据素被动语态"的用法，而汉语一般按照"信息源+动词性据素+信息小句"的结构使用动词性据素。

综上，定义学术语篇的动词性据素既要明确动词性据素的言据性属性，又要体现其在学术语篇中的独特性。我们结合房红梅（2006）对现代汉语据素的定义，将汉语学术语篇动词性据素定义为：动词性据素指在篇章中能够直接标记所言信息的来源途径并蕴含说话人对相关信息所承担责任的动词性结构。在学术语篇中，动词性据素用于引用前人研究或陈述自身观点，主要包括感官动词、认识动词、言语动词等，多处于"信息源+动词性据素+信息小句"的框架中。如：

（5）在这一点上，笔者相信，坚持几百年来人文主义的那些积极的思想价值，坚持推动和实现真正意义的人类命运共同体，才是遏制技术"替代"和技术"为恶利用"的唯一得救之道。（李河《从"代理"到"替代"的技术与正在"过时"的人类?》）

（6）习近平总书记强调，只有物质文明建设和精神文明建设都搞好，国家物质力量和精神力量都增强，全国各族人民物质生活和精神生活都改善，中国特色社会主义事业才能顺利向前推进。（谢伏瞻《全面建成小康社会的理论与实践》）

例（5）中作者在陈述自身观点时使用了"相信"这个认识动词，"相信"直接指明前方信息源为人，作者通过认知思考获得观点并展现高确信度和高负责度。例（6）中作者转述习近平总书记的观点时使用了言语行为动词"强调"，标记出前方信息源以及通过他人言论获得信息的方式，同时将话语责任从作者转移到说话者身上，降低作者的命题参与度，使读者更易接受。

4.2.2 使用概况

根据上文定义，我们在母语者语料库中找到了 147 个符合条件的动词性据素，按频率高低排序如表 4-1 所示。

表 4-1　汉语学术语篇动词性据素汇总表

序号	词汇	频率	序号	词汇	频率	序号	词汇	频率	序号	词汇	频率	序号	词汇	频率
1	认为	0.192 4	31	意识到	0.005 8	60	反对	0.001 5	90	申明	0.000 8	120	判定	0.000 4
2	说	0.075 7	32	认识到	0.005 4	61	提及	0.001 5	91	希冀	0.000 8	121	验证了	0.000 4
3	表明	0.072 6	33	讲	0.005 0	62	观察到	0.001 5	92	批评	0.000 8	122	标示	0.000 4
4	指出	0.072 2	34	推测	0.005 0	63	看来	0.001 5	93	赞同	0.000 8	123	确证	0.000 4
5	发现	0.065 3	35	假设	0.004 2	64	推断	0.001 5	94	彰显	0.000 8	124	表示（转述）	0.000 4
6	说明	0.043 3	36	提示	0.003 9	65	推定	0.001 5	95	断定	0.000 8	125	印证	0.000 4
7	提出	0.030 1	37	预测	0.003 9	66	预示	0.001 5	96	宣示	0.000 8	126	明示	0.000 4
8	意味着	0.030 1	38	建议	0.003 5	67	声称	0.001 2	97	证实	0.000 8	127	支持	0.000 4
9	强调	0.026 3	39	注	0.003 5	68	写到	0.001 2	98	推论	0.000 8	128	得知	0.000 4
10	显示	0.024 3	40	假定	0.003 1	69	表达	0.001 2	99	诏令	0.000 8	129	期望	0.000 4
11	云	0.022 8	41	揭示	0.003 1	70	设想	0.001 2	100	问	0.000 4	130	标示着	0.000 4
12	看出	0.019 3	42	希望	0.003 1	71	认定	0.001 2	101	提道	0.000 4	131	抨击	0.000 4
13	证明	0.018 2	43	反映	0.003 1	72	倡导	0.001 2	102	道	0.000 4	132	倡议	0.000 4
14	规定	0.017 8	44	写道	0.003 1	73	赞成	0.001 2	103	问道	0.000 4	133	怀疑	0.000 4
15	曰	0.017 0	45	注意到	0.002 7	74	标志着	0.001 2	104	责问	0.000 4	134	赞叹	0.000 4
16	可见	0.015 4	46	说道	0.002 7	75	谈道	0.001 2	105	自问	0.000 4	135	猜测	0.000 4
17	看到	0.010 4	47	觉得	0.002 3	76	呼吁	0.001 2	106	挑明	0.000 4	136	声明	0.000 4
18	谓	0.009 3	48	否认	0.002 3	77	谈到	0.001 2	107	慨叹	0.000 4	137	确定	0.000 4
19	记载	0.008 5	49	表示（显示）	0.002 3	78	坚持	0.001 2	108	报告	0.000 4	138	标明	0.000 4
20	承认	0.008 5				79	期待	0.001 2	109	读到	0.000 4	139	体会到	0.000 4
21	可知	0.008 5	50	宣称	0.002 3	80	肯定	0.001 2	110	感到	0.000 4	140	预设	0.000 4
22	知道	0.008 1	51	印证了	0.002 3	81	报道	0.000 8	111	思考	0.000 4	141	赞美	0.000 4
23	言	0.008 1	52	暗示	0.002 3	82	祈祷	0.000 8	112	理解	0.000 4	142	深信	0.000 4
24	载	0.007 7	53	断言	0.001 9	83	鼓励	0.000 8	113	公认	0.000 4	143	讲到	0.000 4
25	称	0.007 3	54	体现	0.001 9	84	决定	0.000 8	114	觉察到	0.000 4	144	称颂	0.000 4
26	主张	0.007 3	55	论证	0.001 9	85	提倡	0.000 8	115	歌颂	0.000 4	145	推算	0.000 4
27	相信	0.006 6	56	估计	0.001 9	86	预见	0.000 8	116	认同	0.000 4	146	诏	0.000 4
28	以为	0.006 6	57	宣布	0.001 5	87	昭示	0.000 8	117	预估	0.000 4	147	追问	0.000 4
29	要求	0.006 6	58	宣扬	0.001 5	88	明言	0.000 8	118	猜想	0.000 4			
30	提到	0.006 2	59	提议	0.001 5	89	直言	0.000 8	119	判断	0.000 4			

4.2.3 使用类型

动词性据素的分类目前主要有两种方式。第一种是描写性分类法，如朱永生（2006）指出汉语中的动词性据素主要是认知动词和言语动词，陈颖（2009）认为汉语中的动词性据素主要包括言说动词、感官动词、认识动词等（如表4-2所示）。这种分类方法充分考虑了汉语的语言形式，但是不利于二语学习者学习：首先，这种分类没有明确不同类别动词性据素的功能，学生仍不知道什么情况下该用什么词。其次，分类不够细致。比如，"认为"和"推测"表达的对信息的确定程度非常悬殊，应该作出区分。

表4-2 陈颖（2009）对汉语动词性据素的分类

获得信息的方式	呈现方式		示例
直接体现信息源	言说动词		说、讲、声称、回答、宣布、强调、透漏、发誓
	感官动词	视觉	看、看见、观察到
		非视觉	听见、闻到、摸到
间接体现信息源	认识动词		认为、以为$_1$、看$_1$、觉得$_2$、想$_1$、感觉、知道$_1$、明白$_2$、猜、猜测、猜想、推测、想来、估计、估摸、考虑$_2$、打算、琢磨$_2$、认识（到）

第二种是借鉴英语学术语篇中的据素分类方法。杨林秀（2009，2015）在Willett（1988）、Chafe（1986）等的基础上，将英语学术语篇中的据素分为感官类、转述类、推断类和信念类四种，转述类还可以进一步划分为论证类、思考类、表明和发现类等。Francis等（1996）认为"动词+宾语从句"（verb + "that" clause）的形式表明了人类或非人类、特定或非特定的信息来源，并根据这些特征将动词性据素分成了九种类型，杨林秀（2009）在此基础上，将英语学术语篇转述类动词性据素分为论证类、思考类、表明和发现类三种，对应着论证动词、思考动词、发现动词和显示动词。转述类中的思考类和表示作者对论据的主观态度的信念类重合度非常高，可以合并为信念类。英语学术语篇动词性据素分类模式可总结如表4-3所示。

表 4-3　学界对英语学术语篇动词性据素的分类

类别	功能	呈现方式	示例
感官类	通过感官获得信息	视觉、听觉动词	see、hear
转述类	引用或论证观点	论证动词	argue、maintain、claim、report
	陈述事实或情况	发现和显示动词	indicate、find、show、reveal
推断类	推测和假设观点	情态动词	can、may、could、might、seem
信念类	作者对论据的态度	心理动词	think、believe、suppose、suggest

按照这种分类模式，也可以对汉语学术语篇中的动词性据素进行分类，如"看到、看出、可见、观察到、注意到、感觉"属于感官类；"讲、谈、称、谓、问、指出、提出、强调、重申、主张、声称"等属于转述观点类；"说明、表明、发现、反映、证明、显示"等属于转述事实或情况类；"认为、知道、认识到、假设"等属于信念类。崔林等（2014）、廉梦甜（2017）、杨佑文等（2019）在对比汉英学术语篇的言据性差异时，就对汉语动词性据素采用这种分类方法。

和描写性分类法相比，这种分类方法能够体现出获得信息的不同方式，也明确了各自的功能，对转述类的划分也更加细致。不过该分类方法对汉语学术语篇来说仍存在一些不适应的地方：

第一，表示用感官直接获取信息的感官类据素在汉语学术语篇中多用于表示推断，如：

（7）我一眼就看出他们是一对双胞胎。

（8）我们可以看出"怎么"与"责怪"有关。（张文贤《从会话序列看"怎么"问句的解读》）

第二，信念类内部存在较大的主观性差异，有表示对观点强烈确信的"相信""认为"等，有表达明确态度的"否认""承认"等，还有体现推断和思考的"推测""假设"等。

第三，转述类内部分类标准不统一。显示、发现动词并未体现出较强的言语性，其和论述动词最大的区别在于显示、发现动词前方的信息源多为图表、实验等客观事实论据，主观性较弱。这一点将它和论证、感官、心理动词区分开来，因此应将其作为一个单独的类别。转述动词内也有比较大的分化差异。"说""曰"等词后常是直接引用的某个观点，而"指出""强调"等词后的观点多经过作者的加工处理，这两类也应分开。

结合从汉语母语者语料库中筛选出的动词性据素样本，我们将汉语学术语篇中的动词性据素分为言语类、认知类、显示类三类，如表4-4所示。

表4-4　汉语学术语篇动词性据素的类型

类别		功能	示例
言语类	直陈类	直接引用观点，不加修改	说、云、曰、谓、称、说道、谈道
	转述类	引用或提出经过作者加工和分析的观点	指出、提出、强调、主张、要求、提到、建议、宣称、断言、论证、宣布
	书面引语类	引用史籍、报纸或法律条例	规定、记载、载、报道
认知类	信念类	表达说话者对信息的确信	认为、可知、相信、意识到、希望
	态度类	表达说话者对信息的主观态度	承认、反对、赞成、肯定、抨击
	推断类	通过思考推断出某个结论	看出、可见、看到、观察到、注意到
显示类		陈述事实或情况	表明、发现、说明、揭示、反映

4.2.3.1　言语类

言语类，即以表示说话行为的动词引用他人言论或论述个人观点。

其中直接引用观点，未经说话人二次加工的为直陈据素，包括"说、称、曰、谈道"等，一般情况下后接信息为他源。而经过作者的分析与组织，为阐述观点服务的动词性据素为转述据素，包括"指出、提出、强调"等。这类据素引出的信息既可以是自源的，也可以是他源的，如：

（9）《诗经·小雅·巧言》谓："悠悠昊天，曰父母且。"（罗新慧《春秋时期天命观念的演变》）

（10）习近平总书记还特别强调，全面建成小康社会，必须要把防风险摆在突出位置，力争不出现重大风险或在出现重大风险时扛得住、

过得去。（谢伏瞻《全面建成小康社会的理论与实践》）

书面引语据素，指从报刊书籍、新闻报道、法律条文等书面形式的信息源引用信息，包括"记载、规定"等，如：

（11）唐代《大历八年夏至大赦文》记载："关辅之内，农祥荐臻，嘉谷丰衍，宿麦滋殖。闾阎之间，仓廪皆实，百价低贱，实曰小康。"（谢伏瞻《全面建成小康社会的理论与实践》）

（12）我国《著作权法》第二十二条规定，个人为学习、研究、欣赏而使用作品的行为就属此类行为。（刘银良《著作权法中的公众使用权》）

4.2.3.2　认知类

认知类据素与认知情态有关，指言者通过认识活动表明观点或对观点的态度，可分为信念、态度、推断三种。这类据素指向的信息源多为人，既可以是自源，也可以是他源。

信念，即言论主体对观点本身的确信，这类动词性据素的主观性极强，包括"认为、相信、知道"等。态度则包括正面、负面两种明显的主观倾向，包括"肯定、批评、承认"等。推断表示言论主体依据一定的背景知识、常识、证据等，通过思考得出结论或进行假设。如：

（13）王国维认为，古雅虽然缺乏优美、宏壮的自然性和直观性，但艺术家乃至工匠的人工介入，则赋予了对象"不可言之趣味"。（沙红兵《中国古代文学批评的分析性思维》）

（14）梁启超在评论长沙抢米风潮时……批评清朝未能实施这些"足以均贫富之负荷者"的税制。（雷家琼《清末民初遗产税的引入》）

（15）本文推测是由于德国的医疗状况较好，并且德国的传染率较低，人口总数也较少，因此在出现一次波峰后，易感者人数减少许多，在较高的社交隔离程度下，后期感染人数逐渐减少。（黄梦瑶等《社交隔离对 COVID-19 的发展影响》）

4.2.3.3 显示类

显示类的信息源在学术语篇中主要是非人类的事物，包括客观性的数据及图表、他人的学术研究和科学实验、前文提到的论据等，显示类据素后的信息小句多为总结性的结论，如：

（16）图9表明，三个指数均出现了明显下降，股市与汇市风险的最大冲击强度分别在-0.20 至-0.30 间、-2.00 至-3.10 间不等。（杨子晖《金融市场与宏观经济的风险传染关系：基于混合频率的实证研究》）

（17）大量研究显示，新冠肺炎病毒颗粒可能具备气溶胶传播的性质。（吴家麟《新冠肺炎病毒颗粒在空调大巴中的传播与乘客感染风险》）

（18）天保改铸之后，日本的金本位特征明显，以金计算的金、银货铸造总量占93%，以银计算的铸造额只占7%，这一巨大变化，说明德川金银铜三货制度逐步向金银币一体化的方向演进，为日本近代金本位制的建立提供了条件。（仲伟民等《十六至十九世纪中日货币流通制度演进路径的分流》）

4.2.4 使用框架

前人曾对动词性据素所处的语句结构进行了总结，如 Halliday（1994）提出"投射小句"（projecting clause）的概念，初步描绘出言据性语句的结构为"讲话者+言语动词/感知动词"。朱永生（2006）借鉴了这个结构，根据信息源是否确定详细总结了汉语中言据性语句的基本结构：①信息源明确为讲话者：讲话者+感知动词/言语动词+信息内容；②信息源明确为除讲话者之外的人：第二方/第三方+感知动词/言语动词+信息内容；③信息源为不明确的人：某人+感知动词/言语动词+信息内容；④缺失信息源，只有信息内容。可以看出朱永生将信息源局限在人类，动词性据素也仅包括言语动词和感知动词，但是在学术语篇中信息源不仅仅可以是人类，也可以是书籍、图表、文件等，这时使用的动词性据素不仅可以是言语性的"说""提到"，也可以是引用性的"记载""规定"或显示性的"表明""体现"等。

一般来说，具备言据性功能的句子主要包含三大要素：信息源、信息内容与据素。在学术语篇中，使用动词性据素是为了引出观点并说明观点的来源，因此信息内容常常是一个完整的小句。该小句在全句中作宾语，小句的主语和谓语联系紧密。由此可以得到学术语篇中动词性据素所在的基本使用框架：

信息源　　　　+　　动词性据素　　+　　　信息小句

N1　　　　+　　　　V1　　　　+　　[（N2）+V2]

框架内包含两个表意中心，并具有层次性。第一层为 N1+V1，N1 作为句子的主语一般指代信息源；V1 为动词性据素，也是句子的谓宾动词，具有"承前"（指出信息源）、"启后"（引出信息内容）的作用。[（N2）+V2] 是一个主谓结构的信息小句，其本身也是一个表意中心，是整个句子的第二层结构，整体受动词性据素 V1 的支配，例如：

（19）刘月华 认为 询问原因的"怎么"含有诧异、困惑等意思。
　　　 N1　 V1　　　　 N2　　　　　　V2

通过这个使用框架可以筛掉很多看似动词性据素实则不是的词语，如：

（20）德里达还特别解说了莎士比亚《哈姆雷特》一剧中的幽灵角色。（吴晓明《"小康中国"的历史方位与历史意义》）

例（20）看起来符合"信息源+动词性据素+信息内容"的基本结构，但"解说"并不是一个动词性据素。因为"解说"是一个体宾动词，其后跟的不是信息小句而是一个名词短语，因此"解说"并不是动词性据素。

动词性据素在学术语篇中的使用框架还存在两种变式，一种是省略了信息源，一种是省略了信息小句中的主语，如表 4-5 所示：

表 4-5　汉语学术语篇动词性据素的使用框架

使用框架	符号表达	使用条件
信息源+动词性据素+信息小句	N1+V1+[N2+V2]	引用他源信息或论证自源观点

（续上表）

使用框架	符号表达	使用条件
能愿动词+动词性据素+信息小句	AUX.V +V1+[（N2）+V2]	论证自源观点时降低观点的主观性
信息源+动词性据素+省略了主语的信息小句	[N1+V1]+VP	信息源和小句主语同指
		从语境中能够推断出小句主语

4.2.4.1 省略信息源的使用框架

省略信息源的情况在日常交际和写作中经常出现，如下例省略了主语"我"：

（21）早上起床，赫然<u>发现</u>自己变成了一只甲壳虫。

在学术语篇中，省略信息源主要体现在信息源为自源的情况。作者在论述自身观点时，常常直接摆出观点，或者使用一些插入语，如"毫无疑问""总而言之""实际上"等，这就减少了动词性据素的使用频率。有一部分插入语，如"值得注意的是""必须正视的是"等，虽然包括"注意""正视"等感官动词，但是这些插入语的形态已经固化，位置更加灵活，不再属于动词性据素的范畴。

在学术语篇中使用了动词性据素且省略自源信息源的情况一般表现为"能愿动词+动词性据素"，该结构位于句首且不可拆分，共同传递言者态度与信息信度，如：

（22）<u>可以认为</u>，研究中国美学史，离不开对这三个方面的完整理解。（刘成纪《释古雅》）

（23）<u>应该看到</u>，前述各种风险和挑战实际上假定了一个前提，即人类以一如既往的缓慢速度进化，长期"稳定"在既有的智能水平之上，将人的本质或"类属性"固化下来了。（孙伟平《人工智能与人的"新异化"》）

4.2.4.2 省略小句主语的使用框架

当整个句子的主语也就是信息源与小句主语同指，或者小句主语可通过上下文语境推断而知，为避免行文重复可以省略小句主语 N2，如：

（24）<u>有人</u>声称更喜欢与单纯、忠实、守信的智能系统"打交道"。（孙伟平《人工智能与人的"新异化"》）

（25）<u>两位学者</u>指出，应当抛弃前一种算法解释方式。（丁晓东《论算法的法律规制》）

小句主语的隐现主要由三个条件决定：

（1）主语指向性。

在由小句作宾语的句子中，主句谓语和小句谓语各有自己的主语，两个主语是否同指影响了小句宾语中主语的隐现。苗守艳（2020）指出两个主语若是同指则小句宾语中的主语多被删略；如果两个主语异指，则小句宾语的主语多显现。在学术语体中的言据性话语里，信息小句多是陈述性观点，其主语多为与论题有关的概念，而主句的主语为信息源，多是观点的提出者或具体的文献，两个主语很难同指，因此信息小句中的主语多是显现状态。如：

（26）人们慢慢地从内心里觉得，<u>智能系统</u>比人更有知识、更加可靠、更有效率、更加公正。（孙伟平《人工智能与人的"新异化"》）

但也有少数因主语同指而省略信息小句主语的情况，如例（24）。

（2）上下文形成的认知语境。

在论述过程中，上下文交代的话题、话语主体、事件发展、言语行为等都构成了作者论述所需的认知语境。如果是在开启新话题的情况下，或者无法从上下文语境中获知小句主语的信息时，需要将小句主语显现出来。例（27）位于文章的开篇部分，概述全文的论证过程，信息小句主语无法从上下文语境中获得，必须显现。

（27）首先，本文对算法进行界定，指出<u>算法的本质</u>在于人机交互决策。（丁晓东《论算法的法律规制》）

如果信息小句的主语已经在前文中提到，或者可以通过上下文甚至言外信息推测得到，就可以将小句主语隐含起来。

（3）特殊句式导致信息小句断裂。

在一些特殊句式中，信息小句被拆分开来，信息小句主语提前，信息源和动词性据素被包裹在信息小句中间，这种情况下信息小句主语强制显现，如：

（28）有目的、有计划的劳动或实践活动曾被马克思断言为人与动物界的本质区别。（孙伟平《人工智能与人的"新异化"》）

本句中的信息源是确指的他者，使用了言语动词"断言"表示论述言语主体的观点，但信息内容却被字句拆分成前后两部分。为保证信息的完整性，小句主语作为信息主题不能省略。

4.3　留学生汉语学术语篇中动词性据素的使用情况

4.3.1　总体情况

我们将留学生学术语篇中的动词性据素提取出来，并与母语者使用情况进行对照，形成表4-6。需要说明的是，母语者语料中动词性据素的出现频次大于语料条数是因为存在一句话中多次使用动词性据素的情况；留学生语料中动词性据素的出现频次低于语料数量的原因是留学生出现了漏用动词性据素或误用了其他形式据素的情况。但是后文的计算均采用出现频次，不考虑语料条数，所以这一差异并不影响结论的准确性。

表4-6　母语者和留学生在学术语篇中使用动词性据素的总体情况

	语料/条	动词性据素/个	出现频次/次	每万字频次/次
留学生	439	50	400	22.22
母语者	2 495	147	2 589	25.38

从每万字使用动词性据素的次数来看，留学生比母语者仅低 12.45%，差别不大。这说明高级阶段留学生在撰写论文时已具有较好的使用动词性据素的意识，但深入对比具体的使用情况后可知，留学生仍存在部分常用据素掌握程度不高、使用类型不均衡、词汇丰富性欠缺等问题。

4.3.2　部分常用据素掌握程度不高

我们首先按照频次由高到低对筛选出的动词性据素进行排序，计算它们的出现频率和累加覆盖率，并绘制累加覆盖率分布图。累加覆盖率也称累加频率，通过计算每个词种与之前词种的频率之和反映该词种在全部词种中的位置。这种计算方式适合大规模的语言统计并能展现出规律性的构成趋势。（苏新春，2010）由于样本过多，我们采取系统抽样的方法，这样做既可以保持曲线的完整和稳定，又可以直观地比对坐标轴上的数据。

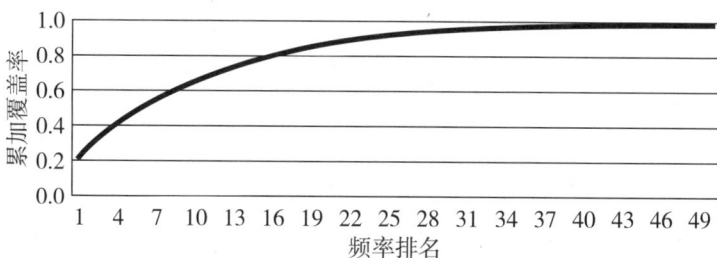

图 4-1　留学生使用动词性据素的累加覆盖率分布图

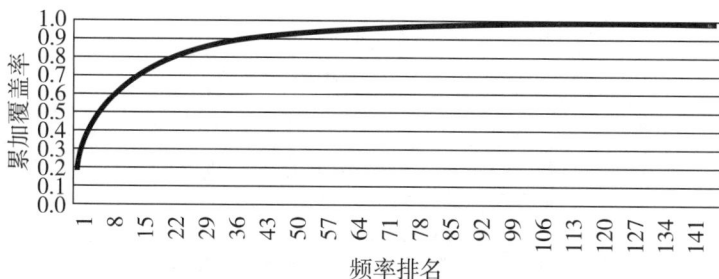

图 4-2　母语者使用动词性据素的累加覆盖率分布图

图 4-2 显示，母语者使用的前 15.6%（147 个中的 23 个）的动词性据素覆

125

盖了超过80%的使用情况，剩下的动词性据素虽然词种多但使用频率很低，呈现出典型的"长尾分布"特征。这意味着，如果以母语者的水平为标准，留学生掌握了这23个动词性据素的用法就可以满足绝大部分的相关写作需求。这一结论可以帮助对外汉语教师把握教学重点，由高频据素向低频据素进行教学。

对比图4-1和图4-2可以发现，虽然留学生使用动词性据素也出现了少数词汇覆盖大部分情况的态势，但曲线过于平缓，达到80%的覆盖率需要32%（50个中的16个）的动词性据素，"长尾"特征并不显著。由此可以推测，留学生可能出现了漏用高频据素或滥用中低频据素的情况。

我们将这些覆盖了80%使用频次的动词性据素定为常用据素，通过对比留学生和母语者使用常用动词性据素的具体差异验证上述假设。

表4-7　留学生和母语者常用动词性据素对照表

留学生常用据素	频率	母语者常用据素	频率	母语者常用据素	频率
认为	0.212 5	认为	0.192 352	看到	0.010 429
发现	0.09	说	0.075 705	谓	0.009 27
显示	0.06	表明	0.072 615	记载	0.008 497
希望	0.05	指出	0.072 229	承认	0.008 497
表示（转述）	0.047 5	发现	0.065 276	可知	0.008 497
表示（显示）	0.042 5	说明	0.043 26	知道	0.008 111
表明	0.04	提出	0.030 127	言	0.008 111
意味着	0.037 5	意味着	0.030 127		
说	0.035	强调	0.026 265		
提出	0.032 5	显示	0.024 334		
看出	0.032 5	云	0.022 789		
说明	0.03	看出	0.019 312		
指出	0.03	证明	0.018 154		
强调	0.025	规定	0.017 767		
假设	0.022 5	曰	0.016 995		
觉得	0.02	可见	0.015 45		

表4-7中留学生和母语者都经常使用的动词性据素有11个，分别是"认为、

说、表明、指出、发现、说明、提出、意味着、强调、显示、看出"。可以看到，有超过一半的母语者常用据素并不在留学生常用据素之列，这表明留学生未能较好地习得这些据素的用法。这些词有常用于引用古代文献的"云""曰""谓""言""记载"，也有用于引用法律条文等的"规定"，意味着留学生对一些有特定使用条件的动词性据素掌握程度不高。此外，留学生使用频率过低的动词性据素还包括"证明、可见、看到"等，存在过度使用情况的动词性据素包括"表示（转述）、表示（显示）、希望、假设、觉得"。"表示"的过度使用也反映出一个突出问题：留学生可能混淆了"表示"和"显示"的用法。回溯语料发现，"表示"和多个显示类据素发生了误代，这一问题将在后文偏误分析部分具体阐述。

4.3.3　使用类型不均衡

虽然高级阶段留学生在大部分情况下能够意识到需要使用动词性据素，但在具体的应用过程中难免会因习得程度的不同，出现一定的倾向性。因此需要从类别上更加细致地考察留学生使用动词性据素的特点。我们以母语者的数据为参照，对言语类、认知类和显示类据素的使用情况进行了统计，结果如表 4-8 所示：

表 4-8　言语类、认知类和显示类据素使用情况

类别	词种		占比 （词种/总词种）		频次		频率		每万字频次	
	留学生	母语者	留学生	母语者	留学生	母语者	留学生	母语者	留学生	母语者
言语	15	58	0.3	0.39	87	963	0.22	0.37	4.83	9.44
认知	26	64	0.52	0.44	185	900	0.46	0.35	10.28	8.82
显示	9	25	0.18	0.17	128	726	0.32	0.28	7.11	7.12

比较可知，母语者使用这三类动词性据素的情况较为均衡，而留学生使用这三类动词性据素的差距十分明显。留学生使用显示类据素的水平和母语者最为接近，使用认知类和言语类据素的水平和母语者相比出现较大差异。

留学生使用认知类据素的词种和词频远高于其他两类，从比例上看，认知类的占比大幅高于母语者，说明留学生易在论文中显露出过强的主观性。与此相反，留学生使用言语类据素的词种和词频都低于母语者，本应是使用频率最高的一类却排在了末尾。这说明留学生使用言语类据素不够熟练，甚至可能出现了回避使用的情况。

为了挖掘留学生使用动词性据素的具体特征，我们进一步统计了各二级分类下的词种和词频数据。结果显示（见表4-9），与母语者相比，留学生在直陈类据素的使用上问题最为突出，不仅少（只有1个）而且使用频率也远低于母语者，说明需要着力训练直接引用观点或论据的相关表达。而使用信念类据素的频率较高说明留学生对论据持有过高的确认情态，论证缺乏客观性。

表4-9　动词性据素各小类的使用情况

一级分类	二级分类	词种		占比（词种/总词种）		频次		频率		每万字频次	
		留	母	留	母	留	母	留	母	留	母
言语	直陈	1	18	0.02	0.12	14	410	0.04	0.16	0.78	4.02
	转述	11	36	0.22	0.24	69	463	0.17	0.18	3.83	4.54
	书面引语	3	4	0.06	0.03	4	90	0.01	0.03	0.22	0.88
认知	信念	10	25	0.2	0.17	132	649	0.33	0.25	7.33	6.36
	态度	5	16	0.1	0.11	6	55	0.02	0.02	0.33	0.54
	推断	11	23	0.22	0.16	47	196	0.12	0.08	2.61	1.92
显示		9	25	0.18	0.17	128	726	0.32	0.28	7.11	7.12

注："留"指留学生，"母"指母语者。

4.3.4　词汇丰富性欠缺

除了从类型分析、频率统计等角度总结留学生使用动词性据素的特点，词汇的丰富性也是一个重要的考量角度。国内外学者对词汇丰富度的内涵和分析维度做了深入探讨，目前的研究多从词汇多样性、词汇复杂性、词频概貌、词汇密度、词汇独特性、词汇错误等维度展开（肖莉，2018），其中词汇密度的有效性仍存在争议，词汇独特性适用于个案分析并不适合群体对比，词频分析已在前文叙述，词汇错误的部分我们将用单独的章节展开讨论，因此这里重点从词汇多样性和词汇复杂性角度考察留学生使用动词性据素的丰富程度。

4.3.4.1 多样性程度较低，表达过于单一

计算多样性的常用指标有两种：D 值和 U 值。D 值即类符形符比（type-token ratio），又称 TTR，其计算方式为类符/形符×100%。每出现一次语言单位就计作一个形符，不重复计数的形符数就是类符数，因此该计算公式也可以写为"$D=$词种/词次×100%"，值越接近 1 说明多样性越强。D 值容易受到文本长度的影响，不适用于大规模语料的数据分析。因此我们将主要采用 Jarvis（2002）提出的 U 值（Uber index）分析动词性据素的多样性，其公式为：

$$U = \frac{(\log Tokens)^2}{(\log Tokens - \log Types)}$$

统计结果证明 D 值的算法的确不适用于量级较大的文本数据，D 值和文本长度呈明显负相关，且留学生的书面引语类和态度类据素中出现了异常值。这两类 D 值因词种和词次都相对较少而远超其他类别，其数值信度较低，并不能证明这两类动词性据素更为多样。而 U 值展现的结果则更加科学，能够清晰地对比出留学生在词汇多样性上是不丰富、不均衡的。具体数值如表4-10所示。

表4-10 留学生、母语者使用动词性据素的多样性统计表

一级分类	二级分类	词种		词次		D 值		U 值	
		留	母	留	母	留	母	留	母
言语	直陈	1	18	14	410	0.07	0.04	1.146	5.029
	转述	11	36	69	463	0.16	0.08	4.240	6.405
	书面引语	3	4	4	90	0.75	0.04	2.901	2.824
认知	信念	10	25	132	649	0.08	0.04	4.013	5.592
	态度	5	16	6	55	0.83	0.29	7.647	5.648
	推断	11	23	47	196	0.23	0.12	4.433	5.647
显示		9	25	128	726	0.07	0.03	3.851	5.595
合计		50	147	400	2 589	0.13	0.06	7.497	9.351

注："留"指留学生，"母"指母语者。

结果显示，留学生使用各类动词性据素的 U 值大多低于母语者，直陈、转述和显示类据素的使用与母语者有较大差距，需要进一步扩充相应的动词性据素，学习更加丰富的表达。从分布情况来看，留学生各类别 U 值之间极差较大，和母语者较为均衡的分布形成鲜明对比。这启示教师需要关注学生是否存在"一个词用遍全文"的现象，在教学中可以引导学生使用意义和用法相似的近义据素。

4.3.4.2　复杂程度不足，依赖初、中级词汇

词汇复杂性（lexical complexity）可以测量学习者使用具有一定难度或较正式的词汇或词类的能力（张江丽，2020），常被用来区分母语者和非母语者。有学者指出，词汇复杂性越高表明使用者能够产出更多专业词汇，更加精准地阐述自己的观点。测量词汇复杂性常借助词汇的难度等级，观察初、中、高级词汇的分布和使用情况，计算高级词汇的词种与总词种之比，或者词次与总词次之比。

我们采用 2021 年 3 月发布的《国际中文教育中文水平等级标准》，该标准由教育部中外语言合作交流中心组织研制，包含 11 092 个词汇，将学习者的中文水平分为"三等九级"：1~3 级为初级、4~6 级为中级、7~9 级为高级。由于学术语篇的专业性和规范性较强，很多词汇并不在《标准》中，因此我们把高级词和超纲词都视为计算词汇复杂性的参数，并统一称为"复杂词"。参考吴继峰（2016）、肖莉（2018）、付梁琴（2020）等采用的方法，计算复杂词词次和总词次的比值公式为：

$$LC = \frac{(Tokens_{7\sim9} + Tokens_{超})}{Tokens_{总}}$$

LC 的数值越大，说明语篇的词汇复杂性越高，使用动词性据素的语义精确度也越高。根据表 4-11 可以计算出 $LC_{留学生}$ 为 0.052 5，$LC_{母语者}$ 为 0.124 8，且留学生掌握的复杂词词种也远低于母语者水平，说明留学生使用动词性据素的词汇复杂性和母语者差距较大。

表 4-11　留学生、母语者使用动词性据素词汇等级统计表

层级	等级	词种		占比（词种/总词种）		频次		频率		总词种占比		总频次总频率	
		留	母	留	母	留	母	留	母	留	母	留	母
初级	1 级	5	6	0.1	0.04	33	265	0.082 5	0.102 4	27 54%	46 31%	323 80.75%	1 947 75.2%
	2 级	7	14	0.14	0.10	183	1 005	0.457 5	0.388 2				
	3 级	15	26	0.3	0.18	107	677	0.267 5	0.261 5				
中级	4 级	8	11	0.16	0.07	21	120	0.052 5	0.046 3	16 32%	28 19%	56 14%	319 12.3%
	5 级	8	16	0.16	0.11	35	198	0.087 5	0.076 5				
	6 级	0	1	0	0.01	0	1	0	0.000 4				
高级	7~9 级	6	35	0.12	0.24	15	186	0.037 5	0.071 8	6 12%	35 24%	15 3.75%	186 7.2%
超纲	超纲	1	38	0.02	0.26	6	137	0.015	0.052 9	1 2%	38 26%	6 1.5%	137 5.3%

注："留"指留学生，"母"指母语者。

可见，留学生展现出对初、中级词汇更大的依赖性（86%），2 级词的使用频率出现了较为明显的上升，3 级词和 4 级词的词种占比明显高于母语者，反映出留学生可能因词汇量不足或用法掌握程度不高而回避使用复杂词，转而使用自己较为熟悉的初、中级词汇。这些说明在教学中应对相近语义或语用条件下的简单词和复杂词进行配对讲解，以扩充留学生的动词性据素词汇网络。

4.4　留学生汉语学术语篇中动词性据素偏误分析

43 篇留学生论文习作中有 37 篇出现了使用动词性据素的偏误，说明大多数留学生在使用动词性据素方面都存在一定的问题。在筛选出的 439 条包含动词性据素的语料中，正确语料 312 条，偏误语料 127 条，正确率为 71.1%。这表明留学生动词性据素的习得存在较大的提升空间。具体来看，这些偏误可分为遗漏、误代、滥用、句法错误和混合偏误五大类（见表 4-12）。其中误代最多，其次是句法错误和遗漏，有一半左右的学生出现，较为普遍。

表 4-12　留学生使用动词性据素偏误类型

偏误类型		频次	合计	占比/%	篇数	占比/%
遗漏	言据性缺失	12	34	0.268	19	0.442
	引用形式不当产生的漏用	7				
	逻辑错误产生的漏用	15				
误代	不同类别间的误代	12	41	0.323	23	0.535
	同类据素间的误代	21				
	口语词误代	8				
滥用	滥用言据性据素	3	6	0.047	4	0.093
	滥用同一动词性据素	3				
句法错误	成分残缺	18	37	0.291	21	0.488
	杂糅	9				
	冗余	4				
	搭配不当	4				
	语序不当	2				
混合偏误	误代与句法错误的混合	5	9	0.071	7	0.163
	漏用与句法错误的混合	4				

4.4.1　漏用

漏用动词性据素常发生在缺乏学术引用意识或引用知识不足的留学生身上，表现为三种情况：言据性缺失、引用形式不当产生的漏用以及逻辑错误产生的漏用。

4.4.1.1　言据性缺失

言据性缺失指留学生引用了其他观点或数据，但在整句话中并未使用动词性据素点明信息来源，包括直接摘抄他源信息和重复引用时未全部注明信息源。

绝大部分的情况是由于缺乏引用意识，直接摘抄原文，没有使用任何形式点明信息源。如例（29）源自《当代电影》2016 年第 7 期发表的论文《韩国网络漫画"WebToon"的现状与发展趋势》，作者为申铉善，但是在留学生的论文正文和参考文献中并未提供出处信息；例（30）使用了数据，但未指出数据来源。不标注信息来源容易有抄袭嫌疑，需要在教学或指导过程中着重强调。

（29）＊韩国网络漫画出现十多年之后，网络漫画以综合门户网站为基础，向有情节、有复杂叙事的长篇故事靠拢。漫画创作者讲故事的能力和导演水平有了很大的提升，作品的主题和内容也进一步丰富。受众热爱的作品大都呈现网络漫画的特色。

（30）＊直至2019年，美的实现了2 793亿的收入以及242亿的归母净利润，已然成了中国成熟的企业中的屈指可数的龙头企业。

言据性缺失的另一种情况是留学生在文中多次引用一篇文献的内容，但只在第一次引用时注明了出处，之后则不再注明，如：

（31）＊比方说，宋知原[1]研究了“一带一路”倡议的因素对两个国家的旅游合作有什么影响。

　　…………

　　为了保持和提高俄中旅游合作的水平要积极推进符合双方共同利益的合作项目。应当创新共同发展的旅游模式，加强两国旅游产业的合作，对双方的旅游公司和旅行社提供政策优惠和政策支持。

例（31）中，留学生在引言部分引用了宋知原2019年发表的论文《“一带一路”背景下中俄旅游合作影响因素分析》，但在论文第四章再次引用该文时却未注明来源。

4.4.1.2　引用形式不当产生的漏用

引用形式不当产生的漏用指留学生具有引用意识，但对学术语篇的引用格式掌握程度不足，使用了错误的引用形式而导致动词性据素的遗漏，如：

（32）＊同时当今韩国的家庭债务在世界40个主要国家中最高，目前已经超过国内生产总值的5%（《现象级韩剧〈鱿鱼游戏〉曝光韩国平民债务危机》）

例（32）中，留学生将引用来源置于句子之后，并且只标明了篇名，这种引用不仅信息不全，也不符合规范。

（33）﹡三星电子 GVC 和【Fig.6】一样，从商品技术和计划到设计、工程技术等所有价值链都由本部指挥和控制。

例（33）是文内图表数据的错误引用，这里留学生由于不熟悉解释和说明图表数据的表达方式，回避使用动词性据素，造成了上下文衔接不畅。应改为"图 6 说明三星电子从商品技术……"。

4.4.1.3 逻辑错误产生的漏用

有的遗漏是由于未使用动词性据素说明上下文的逻辑关系而导致语句衔接不畅，与认知类和显示类据素有关，如：

（34）﹡独特的地理位置决定了滨海边疆区的经济结构。基本产业是工业生产、建筑、批发和零售贸易、运输和通讯、农业、狩猎和林业、渔业、养鱼。目前，旅游业是一个初创的、有前途的行业。（画线部分可改为：可以看出，目前……）

（35）﹡三星电子中国苏州市 LCD 工厂的情况是，把市场指向型工程转移到市场优势较高的国家，三星电子越南北部智能手机工厂生产的计费工程转移到边际生产费用较低的国家。电子行业跨国企业偏好加入 WTO 的中国和越南，随着跨国企业 GVC 内进入新兴国家，通过技术转移，技术学习能力迅速提高。（画线部分可改为：这说明，电子行业……）

有一些遗漏是错用因果关系造成的。在通过一些论据得出总结或推断性的结论时，有些留学生总是习惯性地使用因果连词"因此"，而不使用显示类和认知类据素，如：

（36）﹡LG 商社对物流事业也进行了大规模投资。以全球物流企业为目标，提供海上事业和 W&D（Warehouse and Distribution）服务。为在物流部门中实现对韩利益最大化也倾注了很大的关心和努力。因此，LG 集团对釜山港的投资是积极利用 LG 商社构筑的全球网络的机会。（"因此"可改为"这反映出"）

（37）*以往的漫画以儿童为主要受众，网络漫画的主消费年龄进一步提高，由 10~30 岁的观众构成，这也是韩国最活泼的经济消费主体。因此，网络漫画成为一种适应韩国受众要求的新流行文化。（"因此"可改为"可见"）

该偏误集中出现在 5 名韩国留学生的论文中，共出现 12 次，反映出韩国留学生在这方面存在共性问题。

4.4.2   误代

在误代偏误中，同类据素误代的出现频率最高，说明留学生很难辨别形近或义近据素在语义和用法上的差异。

4.4.2.1   不同类别间的误代

显示类和认知类之间的误代反映了留学生在学术论文中过强的主观情态，如：

（38）*从调查结果来决定，蒙中人们交往时异性之间保持 0.7—1 米的间隔更合适。（"从调查结果来决定"可改为"调查结果显示"）

（39）*EVA 方法所得出来的计算结果表示美的集团在 2020 年实际创造的价值比企业自由现金流量要高，另外加上企业的初期资本投入，最后认为美的集团的估值实际上应该比 FFCF 所预估的价值更高。（"认为"可改为"证明"）

显示类和言语类之间的误代也比较常见，如：

（40）*这本书说明为了提高利益相关者的有利影响，也同时为了降低利益相关者的环境风险，企业一直需要探求基于利益相关者的理论。（"说明"可改为"提到/指出"）

4.4.2.2　同类据素间的误代

同类动词性据素的误代一般是由于语义相似而对使用条件产生了混淆，三类动词性据素中都会出现这种偏误，如：

（41）＊2018 年 6 月 11 日，深交所公告，宁德时代新能源科技股份有限公司人民币普通股股票创业板上市。（"公告"可改为"宣布"）

（42）＊本文预期收入差距与犯罪率呈现正相关关系。（"预期"可改为"推测/假设"）

（43）＊2020 年 6 月的民意调查表示，93.1%的中国调查对象对俄罗斯给予正面评价，在俄罗斯82.6%的调查对象对中国给予了正面评价。（"表示"可改为"表明"）

在三类动词性据素中，显示类据素之间的误代最多，其中"表示"和其他显示类据素间的误代是最突出的问题。

"表示"是学术语篇动词性据素中的一个特殊情况。它既可以作为言语类据素引用他人言论，又可以作为显示类据素解释现象或阐明观点。从语料来看，母语者并不常使用这个据素，留学生却频繁使用"表示"。（见表4-13）

表 4-13　母语者、留学生使用"表示"的数据对比

	表示（转述）		表示（显示）	
	出现频率	在该类中的排名	出现频率	在该类中的排名
母语者	0.000 39	40/58	0.002 3	10/25
留学生	0.047 5	1/15	0.042 5	3/9

留学生在转述类的"表示"上使用频率过高的原因主要是一个留学生在分析调查问卷结果时重复使用了 12 次"表示"，如果排除掉这个极端情况，留学生和母语者之间的差距会大幅缩小。显示类的"表示"则出现了与"表明""显

示""说明"等词的误代,如:

(44)＊从两个故事里的上帝及牛郎和织女的关系中可以看到,牛郎和织女都在上帝的统治下生活。这明显地<u>表示</u>,他们俩在封建社会里生活。

(45)＊花木兰已做好准备的心理代父从军,无论是在自身武功的技能上,还是在主角表情的表达上,能看到的是花木兰心意已决。这也可以<u>表示</u>,2020年真人版花木兰代父从军不只是为了保护爸爸,更多的是她想要用自己的能力为国家出一份力,但是碍于自己的性别而不能进入军营。

4.4.2.3 口语词误代

口语化倾向导致的误代与留学生对学术词汇的掌握程度有关。发生这种情况的留学生常常能够根据语境判断使用何种语义类型的动词性据素,但受学术词汇量不足的限制,使用了更加生活化的动词性据素,如:

(46)＊笔者<u>觉得</u>学生对该选项的态度不太乐观。

(47)＊通过图2<u>能看出来</u>,大多数学生的汉语学习策略以课堂教学为主。

(48)＊不过釜山市与釜山港口事务管理局<u>说</u>,全部换环保发动机设备,在财政方面是并不容易的事。

4.4.3 滥用

滥用偏误包括滥用言据性据素和滥用同一动词性据素两种情况。这一情形偶见于个别留学生论文中,个体性色彩强。其中滥用同一动词性据素的情况体现为某个留学生在论文中一直使用同一个动词性据素,这种使用习惯很多时候并不影响逻辑和表达的正确性,只影响了词汇多样性和文章的可读性。因此我们在统计时将一个动词性据素的所有滥用情况算作一个频次,避免数据虚高。

滥用言据性据素指语句中并未涉及引用或表达观点,却使用了动词性据素强加言据性，造成语句不通顺，如：

（49a）＊左边的第一张<u>显示</u>化妆品的开箱视频。

（49b）＊左边的第一张图<u>显示</u>影响力大的用户 KOC 上传了使用悦
诗风吟商品的体验。

上两例都是图片标题类的叙述，既无总结性的结论也没有根据图表得出的推
断，整句话无需体现言据性，更不需要使用动词性据素，可以改为"左边的第一
张图是⋯⋯"，或者直接将其改为图表的题注，不在正文中体现。

滥用同一动词性据素主要指在一篇论文中反复使用一个据素，降低了词汇丰
富度，也体现出作者词汇量水平不高，如：

（50）美国社会学家特·希布塔尼<u>认为</u>，谣言反映了群体的智慧，
当正式渠道的信息不可信时，人们就会用非正式的猜测或谣言来补偿。
他<u>认为</u>谣言的产生是"人们之间社会互动的过程及其结果"。他还<u>认</u>
<u>为</u>："造谣则包含了个人的心灵与世界，即社会间双向的话语投射
过程。"

4.4.4　句法偏误

在句法偏误中，因缺失主语而导致的成分残缺占比近50%，因使用多种据素
而导致的杂糅占比近25%，说明留学生对"信息源+动词性据素+信息小句"的
使用框架不够熟悉。

留学生论文中经常出现使用了正确的动词性据素，但所在句子缺失主语的情
况。有时漏掉的是动词性据素之前的主语，也就是信息源，有时漏掉的则是后面
信息小句的主语，如：

（51）＊当初，在美国对华为实施了集中制裁后，虽然<u>预测</u>华为的
下跌将带来三星电子的反弹效果。但是⋯⋯（"预测"可改为"各方预
测"或"各界预测"）

（52）＊另外，可以期待动员韩国快速、准确的 5G 技术力量，能够比任何港口都更快地提供众多利害关系者的信息共享服务。（"动员"可改为"釜山港动员"）

在使用动词性据素的过程中，留学生也出现了杂糅、冗余、搭配不当、语序不当等句法错误。

杂糅一般体现为对一个消息源或信息小句多次使用不同形式的据素，造成语句不通顺，如：

（53）＊依据丁崇明提出补语是谓词性成分后面补充说明的成分。

（54）＊翟中东（2005）从财产的外在因素与关系同犯罪行为进行了理论分析，得出发现贫困和感受到贫富差距是导致犯罪的原因。

冗余的情况包括言据性据素的冗余，也包括动词性据素后缀成分的冗余，如：

（55）＊我认为本论文通过阐述手机使用达到什么程度可以认为是正常使用或是使用多长时间可以被认为是过度使用或是中毒，可能会对预测引起社会广泛关注的重大问题时有所帮助。

（56）＊这表明着收入差距的拉大，会使得犯罪率上升。

留学生在使用一些言据性结构时常常缺失一部分，造成搭配不当，如：

（57）＊陈春良和易君健分别做了基本 OLS 估计和固定效应模型的估计，计量分析结果也得出收入差距的上升会导致犯罪率的上升。（句末"上升"可改为"上升的结论"）

语序不当常常是因为留学生没有理清动词对应的主语是谁，导致把信息小句的主句提前造成语义混乱，如：

（58）＊同时也应该看到仁义礼智信作为中国的传统文化对世界也产生着影响，因此，<u>本文的分析希望</u>能让更多的人认识到中国传统文化中仁义礼智信的重要意义。（"本文的分析希望"可改为"希望本文的分析"）

4.4.5 混合偏误

混合偏误指一句话中出现了两种或两种以上的偏误类型。在留学生语料中主要有两种情况。

第一种是误代与句法错误的混合。留学生在不清楚动词性据素具体用法的情况下很容易生搬硬套，造成句式杂糅、搭配不当等句法错误，如：

（59）＊政府<u>评价</u>在釜山港值得投资，从 2019 年开始确立了第 2 次新港口建设基本计划，并将海洋运输政策以 5 年为单位进行修订及更新，致力于海运发展。

例（59）"评价"后的信息小句缺失主语，应去掉"在"。并且"评价"的主观性不强，难以体现出政府因自身判断而做出一系列举动的语义，把"评价"改为"认为"更恰当。

第二种是遗漏与句法错误的混合，常出现在文内数据、图表的引用中。由于明显的回避策略，留学生将信息源生硬地置于信息小句中，造成成分残缺、冗余等句法错误，如：

（60）＊<u>在【Fig. 1】中推进</u>了电子产业 GVC 内的分工化，全球比较优势要素发生变化，电子产业在全球水平上重新形成。

例（60）"推进"缺失主语，"在……中"的结构适用于介绍图表内容，而非抽象的、升华了的结论，"在【Fig. 1】中推进"可改为"图 1 说明"。

4.5　汉语学术语篇动词性据素的教学研究

4.5.1　相关教学词表的研制

留学生在使用动词性据素时出现了不均衡、不丰富、正确率不高等一系列问题，目前的学术汉语课程更加重视训练留学生的篇章结构意识和学术规范意识，教材中也缺乏动词性据素这类细节性知识的讲解和训练。这导致留学生只能在例文里或课堂上总结的几个常用句式中接触到动词性据素的输入性知识，难以形成使用动词性据素引用和表达观点的能力。研制汉语学术语篇动词性据素教学词表则可以填补教学资源上的空白。和《汉语水平词汇与汉字等级大纲》《新汉语水平考试（HSK）词汇》《国际中文教育中文水平等级标准》等通用词表不同，汉语学术语篇动词性据素教学词表能够体现动词性据素在学术语篇中的特殊性，充分考虑到学生的学习需求和教师的教学需求，为学生学什么、教师教什么提供重要参考。

我们认为，汉语学术语篇动词性据素教学词表需要满足以下条件：①包含母语者在学术语篇中常用的动词性据素。②筛选出的动词性据素需符合留学生的语言水平。③学生能够快速找到特定功能下的常用据素或高级据素。④教师能够根据词表明确教学的重难点，预测学生可能出现的错误。⑤尽可能多地展现出不同表达需求下可以使用的动词性据素。其中前四条是教学词表需要满足的基本条件，最后一条可以根据实际情况进行调整。

根据以上认识，我们尝试研制了一个动词性据素词表。

4.5.1.1　词表的计量标准

一般来说，词频是大多数词表的计量标准，出现频次越高，词在词表中的次序越靠前。按照词频高低进行频段分级所形成的词频概貌能够区分学习者的水平高低，学习者的水平越高就越会使用低频词。但是在统计过程中，我们发现了一些出现频次较高的动词性据素仅集中出现在几篇语料中的情况。比如言语类"云"的频次比推断类"看出"的频次高，但"看出"出现的篇数却是"云"的近 2 倍。这说明"云"只是在少数论文中密集出现，如果单纯按照频次排序会让学生误认为"云"比"看出"常用，而事实绝非如此。再比如认知类"承认"的频次不到"云"的二分之一，但"承认"的出现篇数却是"云"的近 1.5 倍。如果按照频次排序，"承认"的排名会远落后于"云"。这说明只考虑频次并不能全面反映动词性据素的使用情况，我们还需要从"分布率"的角度进行考察。

分布率指一个词所出现的文本数占调查范围内总文本数的比率，分布率越高表示该词的通用性越强（苏新春，2010）。其公式为：$D_i = P_i/P_总 \times 100\%$。这种计算方式有效避免了类似"云"这样在少数文本中多次重复出现而成为高频词的情况。但是只考虑分布率也不够全面，我们以"使用度"为标准进行排序，可以从频次和分布率两个维度同时考察动词性据素的常用程度。使用度是按一定公式计算的压缩了的词次，从这个数值可以看出该词在语料中的使用程度和散布情况。我们参考《现代汉语频率词典》和苏新春（2010）总结的计算公式，确定了使用度的计算公式为：$U_i = T_i \times D_i$。使用度越接近词次，说明它的使用范围越广、常用程度越高。具体结果如表 4-14 所示。

表 4-14　母语者学术语篇动词性据素的词次与使用度

序号	词汇	频次	分布率	使用度	序号	词汇	频次	分布率	使用度	序号	词汇	频次	分布率	使用度
1	认为	498	0.969	482.677	14	云	59	0.154	9.077	27	讲	13	0.200	2.600
2	表明	188	0.708	133.046	15	曰	44	0.185	8.123	28	记载	22	0.108	2.369
3	指出	187	0.692	129.462	16	看到	27	0.262	7.062	29	推测	13	0.169	2.200
4	发现	169	0.738	124.800	17	规定	46	0.138	6.369	30	称	19	0.108	2.046
5	说	196	0.492	96.492	18	承认	22	0.231	5.077	31	言	21	0.092	1.938
6	说明	112	0.446	49.969	19	可知	22	0.169	3.723	32	谓	24	0.077	1.846
7	提出	78	0.508	39.600	20	主张	19	0.185	3.508	33	以为	17	0.108	1.831
8	意味着	78	0.431	33.600	21	要求	17	0.200	3.400	34	提到	16	0.108	1.723
9	强调	68	0.385	26.154	22	意识到	15	0.200	3.000	35	建议	9	0.108	0.969
10	显示	63	0.262	16.477	23	知道	21	0.138	2.908	36	提示	9	0.092	0.923
11	看出	50	0.323	16.154	24	相信	17	0.169	2.877	37	希望	8	0.108	0.862
12	证明	47	0.277	13.015	25	认识到	14	0.200	2.800	38	注意到	7	0.123	0.862
13	可见	40	0.323	12.923	26	载	20	0.138	2.769	39	反映	8	0.092	0.738

（续上表）

序号	词汇	频次	分布率	使用度	序号	词汇	频次	分布率	使用度	序号	词汇	频次	分布率	使用度
40	假定	8	0.092	0.738	67	倡导	3	0.046	0.138	94	鼓励	2	0.015	0.031
41	揭示	8	0.092	0.738	68	呼吁	3	0.046	0.138	95	祈祷	2	0.015	0.031
42	预测	10	0.062	0.615	69	肯定	3	0.046	0.138	96	宣示	2	0.015	0.031
43	否认	6	0.092	0.554	70	期待	3	0.046	0.138	97	彰显	2	0.015	0.031
44	假设	11	0.046	0.508	71	认定	3	0.046	0.138	98	昭示	2	0.015	0.031
45	写道	8	0.062	0.492	72	声称	3	0.046	0.138	99	诏令	2	0.015	0.031
46	觉得	6	0.077	0.462	73	赞成	3	0.046	0.138	100	报告	1	0.015	0.015
47	宣称	6	0.077	0.462	74	提议	4	0.031	0.123	101	标明	1	0.015	0.015
48	说道	7	0.062	0.431	75	宣布	4	0.031	0.123	102	标示	1	0.015	0.015
49	注	9	0.046	0.415	76	设想	3	0.031	0.092	103	表示$_2$	1	0.015	0.015
50	论证	5	0.077	0.385	77	谈道	3	0.031	0.092	104	猜测	1	0.015	0.015
51	体现	5	0.077	0.385	78	谈到	3	0.031	0.092	105	猜想	1	0.015	0.015
52	暗示	6	0.062	0.369	79	预见	2	0.046	0.092	106	倡议	1	0.015	0.015
53	表示$_1$	6	0.062	0.369	80	断定	4	0.015	0.062	107	称颂	1	0.015	0.015
54	断言	5	0.062	0.308	81	决定	2	0.031	0.062	108	道	1	0.015	0.015
55	印证了	6	0.046	0.277	82	明言	2	0.031	0.062	109	得知	1	0.015	0.015
56	反对	4	0.062	0.246	83	批评	2	0.031	0.062	110	读到	1	0.015	0.015
57	观察到	4	0.062	0.246	84	申明	2	0.031	0.062	111	感到	1	0.015	0.015
58	看来	4	0.062	0.246	85	提倡	2	0.031	0.062	112	歌颂	1	0.015	0.015
59	预示	4	0.062	0.246	86	推论	2	0.031	0.062	113	公认	1	0.015	0.015
60	提及	4	0.046	0.185	87	希冀	2	0.031	0.062	114	怀疑	1	0.015	0.015
61	推断	4	0.046	0.185	88	宣扬	2	0.031	0.062	115	讲到	1	0.015	0.015
62	推定	4	0.046	0.185	89	赞同	2	0.031	0.062	116	觉察到	1	0.015	0.015
63	坚持	3	0.062	0.185	90	证实	2	0.031	0.062	117	慨叹	1	0.015	0.015
64	估计	5	0.031	0.154	91	直言	2	0.031	0.062	118	理解	1	0.015	0.015
65	标志	3	0.046	0.138	92	写到	3	0.015	0.046	119	明示	1	0.015	0.015
66	表达	3	0.046	0.138	93	报道	2	0.015	0.031	120	判定	1	0.015	0.015

（续上表）

序号	词汇	频次	分布率	使用度	序号	词汇	频次	分布率	使用度	序号	词汇	频次	分布率	使用度
121	判断	1	0.015	0.015	130	提道	1	0.015	0.015	139	预设	1	0.015	0.015
122	抨击	1	0.015	0.015	131	体会到	1	0.015	0.015	140	赞美	1	0.015	0.015
123	期望	1	0.015	0.015	132	挑明	1	0.015	0.015	141	赞叹	1	0.015	0.015
124	确定	1	0.015	0.015	133	推算	1	0.015	0.015	142	责问	1	0.015	0.015
125	确证	1	0.015	0.015	134	问	1	0.015	0.015	143	诏	1	0.015	0.015
126	认同	1	0.015	0.015	135	问道	1	0.015	0.015	144	支持	1	0.015	0.015
127	深信	1	0.015	0.015	136	验证	1	0.015	0.015	145	追问	1	0.015	0.015
128	声明	1	0.015	0.015	137	印证	1	0.015	0.015	146	自问	1	0.015	0.015
129	思考	1	0.015	0.015	138	预估	1	0.015	0.015					

注："表示$_1$"指"表示"的显示义，"表示$_2$"指"表示"的转述义。

4.5.1.2　词表的筛选条件

研制汉语学术语篇动词性据素教学词表旨在帮助汉语学习者，尤其是来华留学生在撰写汉语学术论文时能自然流畅地引用和论述观点，同时帮助教师明确教学重难点。因此，词表中包含的动词性据素应考虑使用者的汉语水平和习得情况。汉语学术语篇动词性据素教学词表的筛选条件可以总结为：

首先，剔除掉词次为 1 且出现次数为 1 即使用度仅为 0.015 的非常用据素。为了更直观地区分动词性据素间常用性的差异，我们按照使用度由高到低划分出 5 个等级：1 级 $U_i < 0.1$，2 级 $0.1 \leqslant U_i < 0.2$，3 级 $0.2 \leqslant U_i < 1$，4 级 $1 \leqslant U_i < 10$，5 级 $U_i \geqslant 10$，使用度越高，常用等级就越高。这个常用等级也将直接体现在教学词表中。

其次，考虑到学习者的汉语水平，剔除根据《国际中文教育中文水平等级标准》（2021）1~3 级简单词汇和超纲词。不过结合使用度统计表和留学生出现的偏误，有一部分简单词汇和超纲词需要保留下来。一是本应熟练使用却出现偏误的简单词汇，如"认为""表明""指出""发现""说明""提出""显示""证明""看到""建议""宣布"等。二是难度较高但较为常用的超纲词。这类词有利于提升词汇复杂度，非常有学习和教学的必要。我们将常用等级在 4 级及以上的超纲词纳进来，包括"可知""载""言"等。

再次，剔除一些特殊的动词性据素，如在学术语篇中其后更常接名词短语而非信息小句的"表达""谈到"和"坚持";已固化成插入语,前方无须再加入信息源的"看来";不符合学术语体风格的"祈祷"等。

最后,共筛选出 50 个适合在学术语篇中进行教学的动词性据素:曰、称、言、谓、说道、注、指出、提出、建议、宣称、论证、声称、呼吁、宣布、提议、宣扬、载、记载、认为、意识到、期待、认定、承认、赞成、倡导、肯定、提倡、赞同、看出、可见、看到、可知、推测、假定、预测、假设、推断、估计、设想、预见、表明、发现、说明、意味着、显示、证明、提示、反映、揭示、暗示。

4.5.1.3　词表的构成和功能

教学词表分为主体词表、特殊标注和常用语块三个部分。

主体词表中词语的排列要尽量方便学生快速找到合适的词。因此,我们根据学生选择动词性据素的过程制定排列的原则,先按照表 4-4 的分类模式进行分类,再按照使用度、词汇等级和音序进行排序。每个类别中的动词性据素根据使用度由高到低排列,标注出不同的常用等级。为避免常用等级和词汇等级发生混淆,我们采用星号"★"标注常用等级,使学生能够更加直观地看到哪些是更常用的动词性据素。若两个词的使用度相同,则根据词汇难度等级由低到高再次排序;若使用度、难度等级皆相同则按照音序从 a~z 排列。

为了方便教师帮助学生更精准地使用这些常用的动词性据素,还需要把一些使用情况较为特殊的词标注出来。我们采用在教学词表下添加注释模块和在词表内用特殊符号标注的方法,具体分为两种情况:有特殊使用条件的动词性据素和易混易错的动词性据素。

特殊使用条件包括引用特定种类的信息源、处于特定的结构等。比如言语类据素中的"曰""言""谓"等多用于引用古代文献,常见于历史学科的论文中。我们在词表内使用下标的方式进行注明,如"言$_{古}$"。一些必须与构词成分组合使用的动词性据素,如"观察到""意味着""印证了"等,则在词表下方用注释的形式进行提醒。此外,论证自源观点时为降低主观性或避免重复会省略信息源,使用"能愿动词+动词性据素+信息小句"结构,其中常用的能愿动词有表示可能的"可以""能够"和表示必要的"应该""应当"。这个结构多用于总结观点或提出新观点,只有一部分动词性据素可以进入这个结构,如"看到""看出""发现"等。教师可以在讲解动词性据素的使用框架时帮助学生进行归纳。这些具有特殊使用条件的动词性据素如表 4-15 所示。

表4-15　汉语学术语篇中有特殊使用条件的动词性据素

使用条件		可以搭配的动词性据素
信息源为古代历史文献		云、曰、言、谓、注
与构词成分组合	"到"类	意识到、认识到、观察到、注意到
	"了"类	印证了、验证了
	"着"类	意味着
	"出"类	反映出
可进入"能愿动词+动词性据素+信息小句"结构	与"可以"搭配	看出、看到、发现、注意到
		认为、相信、肯定、确定、预见、假设、推测
	与"能够"搭配	看出、看到、发现
	与"应当/应该"搭配	注意到、看到、相信

　　另一种需要特殊标记的是容易发生误代的动词性据素，主要为了帮助教师预测学生可能出现的问题并针对这些问题设计针对性的讲解和训练。根据留学生的偏误语料，可以发现"提出"和"看出"、"看来"和"说明"、"提议"和"建议"、"判断"和"推断"、"表示"和"显示"之间都出现了2次及以上的误代偏误，在教学词表中，我们在动词性据素后加注"＊"作为警示。

　　最后，为了进一步增强教学词表的实用性，使学生能够在习得词汇的基础上掌握动词性据素在句子中的具体用法，我们在词表中加入了总结归纳的常用语块。第一步，从语料库中提取教学词表中涉及的动词性据素的语块；第二步，对相同结构的语块进行归纳整合，并剔除掉频次小于等于1的低频语块；第三步，将总结出的语块按照表4-4的分类模式放入词表中。

　　为方便学生根据表达需求选择合适的语块，我们进一步将总结出的语块按照引用他源信息和表达自身观点划分成两类，并根据灵活程度从高到低排序，灵活程度高的语块内部结构较为松散，信息源和动词性据素具有多种替换形式；灵活程度低的语块内部结构较为稳定，某些信息源和动词性据素甚至已经成了固定搭配。这具体分为5种情况：信息源和动词性据素都可替换，如"某人/某研究发现/揭示……"；信息源或动词性据素有多种形式，如"数据/调查/资料显示……"；信息源和动词性据素单一组合，如"某人在某书说道……"；信息源和动词性据素组成固定搭配，如"我们应该意识到……"；动词性据素自身或和能愿动词组成固定搭配，如"可以认为……"。

　　最终形成汉语学术语篇动词性据素教学词表（见表4-16）。

表 4-16　汉语学术语篇动词性据素教学词表

类型		语言形式	常用等级	难度等级	常用语块
言语类	直陈	曰_古	★★★★	7~9 级	某书/某文献曰/言/谓/称/说道……
		称	★★★★	5 级	某人（曾）曰/言/谓/注/称/说道……
		言_古	★★★★	超纲	某文物谓/曰……
		谓_古	★★★★	7~9 级	某报纸/某部门称……
		说道	★★★	7~9 级	某人某书言/称……
		注_古	★★★	7~9 级	某书引某文献曰……
	转述	指出	★★★★★	3 级	引用他源信息： 某人/某文献提议/建议/呼吁/宣扬…… 某人/某文献（明确/进一步/曾/还）提出/指出…… 某人声称/宣称…… 某人在书中/在……时提出/指出…… 某国家/某政府/某公司宣布…… 有人/有学者/研究/会议提出/指出…… 表达自身观点： 本文指出/提出…… 我们/笔者建议…… 前文指出/我们提出…… 本文将/试图/进一步论证…… 必须指出……
		提出*	★★★★★	2 级	
		建议*	★★★	3 级	
		宣称	★★★	7~9 级	
		论证	★★★	7~9 级	
		声称	★★	7~9 级	
		呼吁	★★	7~9 级	
		宣布	★★	3 级	
		提议*	★★	7~9 级	
		宣扬	★	7~9 级	
	书面引语	载	★★★★	超纲	某文献/某文物记载/载…… 某人某书记载/载…… 历史/史籍/文献记载…… 史载……
		记载	★★★★	4 级	
认知类	信念	认为	★★★★★	2 级	引用他源信息： 某人/某组织/某理论/某研究认为/认定/意识到 某文献认为/某人在某文献中认为 人们/时人/学界（普遍）认为/意识到…… 相当一部分人/大部分学者/一些学者认为…… 表达自身观点： 本文/我们/笔者认为/期待…… 我们（应该、必须）意识到…… 可以/一般认为……
		意识到	★★★★	5 级	
		期待	★★	4 级	
		认定	★★	5 级	

（续上表）

类型		语言形式	常用等级	难度等级	常用语块
认知类	态度	承认	★★★★	4级	引用他源信息： 某人/某组织/某理论倡导/提倡…… 某人/某组织（完全/不得不/也）承认…… 某人（不）赞成/赞同…… 某人在某文献中倡导/赞成…… 某法律条文（明确）肯定…… 表达自身观点： 本文/我们（不）赞成/赞同…… 我们（不得不）承认…… 必须承认，……
		赞成	★★	4级	
		倡导	★★	5级	
		肯定	★★	5级	
		提倡	★	5级	
		赞同	★	7~9级	
	推断	看出	★★★★★	5级	引用他源信息： 某人/某组织/一些学者预测/设想…… 某理论/某研究假定…… 表达自身观点： ……，可知…… 通过/从……可以看出/看到…… 从/由/据/某图表/某文献/前文/上文可知…… 我们/本文推测…… 我们假定…… 可以推测/预测/推断/预见，…… （可以）假定/假设…… 可见，…… 应该看到，……
		可见	★★★★★	4级	
		看到	★★★★	1级	
		可知	★★★★	超纲	
		推测	★★★★	7~9级	
		假定	★★★	7~9级	
		预测	★★★	4级	
		假设	★★★	7~9级	
		推断*	★★	7~9级	
		估计	★★	5级	
		设想	★	5级	
		预见	★	7~9级	
显示类		表明*	★★★★★	3级	引用他源信息： 某人/某研究发现/揭示/证明了…… 研究/结果/实验发现/显示/表明/说明/证明…… 经验/实践/事实表明/证明…… 数据/调查/资料显示…… 研究者/人们发现…… 表达自身观点： ……，表明/说明…… ……显示/表明，…… ……（可以）证明/反映出……
		发现	★★★★★	2级	
		说明*	★★★★★	2级	
		意味着	★★★★★	5级	
		显示*	★★★★★	3级	

（续上表）

类型	语言形式	常用等级	难度等级	常用语块
显示类	证明	★★★★★	3级	……（可以）证明/反映出…… ……（可能）提示/暗示…… ……（并非）意味着……
	提示	★★★	5级	表/图/例×/上表/上图显示/表明/说明/反映了……
	反映	★★★	4级	研究/结果/实验发现/显示/表明/说明/证明…… 这显示/表明/说明……
	揭示	★★★	7~9级	本文/研究发现/揭示了…… 数据/调查/资料显示……
	暗示	★★★	4级	我们（可以/不难）发现…… 这（就/并不）意味着……

注：①下标"古"的动词性据素用于引用古代文献中的观点。

②有"＊"标记的为错误率较高的易误代据素。

③部分动词性据素需要与"到""了""着""出"组合使用才具备言据性功能。除了词表中的"意识到""意味着"，还包括"认识到""观察到""注意到""印证了""验证了"。

4.5.2　写作教材中的编写设计

现有的学术汉语教材多注重培养学生的篇章结构意识和学术规范意识，按照撰写论文的过程，从选题、搜集文献、制定框架到写作论文的各个部分、讲解写作思路和写作规范，都很少关注词语的应用。我们统计了三本针对留学生的学术汉语写作教材，将包含动词性据素的内容总结如表4-17所示：

表4-17　动词性据素在三本学术汉语教材中的呈现情况

教材	章节数	讲解的知识点	涉及的动词性据素	呈现形式
《留学生毕业论文写作教程》（李英、邓淑兰，北京大学出版社，2012）	2	引用文献、结语写作	指出、认为、发现、看到、看出、表明	讲解知识点的例句、相关常用句型、习题

（续上表）

教材	章节数	讲解的知识点	涉及的动词性据素	呈现形式
《高级汉语写作：论文写作》（高增霞，暨南大学出版社，2019）	4	结语写作、引用文献、分析数据、学术语体意识	看出、反映出、发现、表明、认为、指出、揭示出、提到、显示、说明	讲解知识点的例句、相关常用句型、习题
《留学生论文阅读与写作》（下）（白鸽、高增霞，武汉科技大学出版社，2019）	5	概括论文内容或观点、结语写作、摘要写作	指出、说明、认为、提出、主张、显示、希望、知道、看出、强调、看到、表明、发现、反映	相关常用句型、习题

可见，虽然编者对动词性据素的关注不断增加，但教材中还是没有设置针对动词性据素的专门讲解，也没有强调这些动词具有引用或论述观点的功能，只是在讲解论文各部分的写作要点时，给出一些包含动词性据素的常用句式，或者在讲解论文写作知识点的例句和习题中零星出现一些常用的、难度较低的动词性据素，这显然不利于留学生习得更加多样和丰富的动词性据素。基于此我们提出以下建议。

（1）按论文部分以语块形式适当呈现典型的动词性据素。

根据动词性据素使用频率高、分布较广的特点，在讲解学术论文各个部分的写作方法时，把可以使用的动词性据素和相关句式融入进去，方便学生更好地理解动词性据素的使用场景。同时，由于动词性据素的使用具有模式化的特点，适合以语块形式呈现。在三本学术汉语教材和前文研究结论的基础上，我们总结出在教材各章节中适合加入的动词性据素的内容，如表4-18所示。

表4-18　学术汉语教材动词性据素的内容设计

章节	功能	类别	相关常用句式
摘要	陈述论文观点	显示类	本文/我们认为……；研究/调查发现……；统计结果显示……；本文结合实例/数据/语料说明了……

（续上表）

章节	功能	类别	相关常用句式
文献综述	引用他源文献	言语类	……说/说道/谈道……；……认为/指出/主张……；……承认/否认……；……基于……方法，提出……；……强调/声称/宣称/称……；……记载/规定……；……发现/证明……
主体	分析数据	显示类	从/由/根据图表/数据/上文可以看出/看到/发现……；×的上升/下降/波动表示/体现了/意味着/反映出……；图/表×显示……；结果/研究表明/说明……；结论暗示/预示……；我们注意到/观察到……；可以推断/推测/预测……
	论证观点	认知类	本文假设/推测……；应该看到/注意到……；……证明/揭示/证实/验证了……；可见/可知……
结语	总结结论	显示类 / 认知类 / 言语类	本文的研究表明/发现……；针对……问题，本文提出……；通过前面的分析/论证，笔者/本文认为……
	提出展望	认知类	本文/本研究希望/期待/相信……

（2）设计难度呈阶梯上升的针对性练习。

目前的学术汉语教材并没有出现关于动词性据素的专门练习，动词性据素多出现在练习题的题干中，或者偶尔成为选词填空中的备选词。我们需要在学术汉语教材中设计动词性据素的针对性练习。比如，针对易混据素可以设计选词填空或者改错练习，针对动词性据素的使用框架可以设计改写句子或连词成句的练习，针对动词性据素的语块在语篇中的应用可以设计按所给句型写句子、文段填空等练习。

练习的难度要有层次性。赵金铭（1997）指出，练习的编排应拉开层次，以帮助学习者循序渐进地掌握语言，提高交际能力。对于动词性据素而言，学术汉语教材中的习题需要根据练习目标设置不同难度的题型。汉语学术语篇中动词性据素的练习目标可以分为三种：明确各个动词性据素的意义（如替代、选词填空、改错等）；掌握动词性据素的使用框架和语块（如判断对错、按所给句型写句子、连词成句、补全句子、改写句子等）；能够在语篇写作中根据表达需求自如使用动词性据素（如概括语段内容、补全段落、看图写作、按要求写作等）。

第5章 汉语学术语篇模糊限制语用法及教学

5.1 引言

5.1.1 问题的提出

模糊限制语是"有意把事情弄得更加模糊或更不模糊的语言"（Lakoff，1972）。模糊限制语可以改变话语本身的模糊程度，使其变得更加模糊或更加精确，如"很""较""约""左右"等；也可以表达说话人对话语的模糊态度，如"可能""应该""我认为"等。在学术写作中，合理使用模糊限制语可以使语言表达趋向严密，从而更加确切地表达出作者的思想；也可以表示某一看法是作者的估计和推测，给读者留下探讨的余地，避免将自己的观点强加于人（杨慧玲，2001）。

来华留学生在写作汉语学术论文时，在模糊限制语的使用上呈现出与母语者不同的特点，如缓和型模糊限制语（如"我们认为""也许"）的使用比例较低，这样会让人感觉论断比较武断，还存在矛盾、冗余、误用等偏误，如：

（1）根据国内生产总值数据，近年来中国国内生产总值年均增长率达到 13.51%，保持了相对平稳较快的增长速度。（矛盾）

因此要提高留学生学术汉语写作水平，需要注意进行模糊限制语教学。那么，汉语学术语篇中如何使用模糊限制语？留学生在运用模糊限制语进行写作时具有哪些特点？如何在教材编写中体现模糊限制语的教学内容？本章拟对这些问题进行研究。

5.1.2　研究现状

模糊限制语在学术写作中不可或缺。如蒋跃等（2007）总结了模糊限制语在学术语篇中的功能。但汉语学术语篇中的模糊限制语缺乏专门的研究，多作为一个部分出现在英汉对比研究和学术论文立场标记语的研究中。如王舟（2008）对医学领域英汉学术论文摘要中的模糊限制语进行了比较，得出了汉语学术论文摘要中缓和型模糊限制语使用频率相对较低的结论；吴格奇、潘春雷（2010）统计了 30 篇汉语语言学学术论文结论部分的各类模糊限制语的分布情况，发现模糊限制语在结论部分分布较多，充分体现了论文作者的谨慎态度。

更多的专门研究是对英语学术语篇模糊限制语的研究。国内主要有两个研究领域：一是对英语学习者和母语者学术语篇模糊限制语的对比研究，如冯茵等（2007）。解淑暖、邵守波（2010）对比了中国作者和母语作者英语论文摘要部分中模糊限制语的使用情况，发现母语者更多、更灵活地使用了模糊限制语，尤其是缓和型模糊限制语，学习者的频率明显少于母语者。吴光亭（2015）、刘座雄等（2016）的对比研究则发现中国学生或中国学者在英语论文中使用模糊限制语的频率和总量都明显低于本族语者。二是对英语学术语篇模糊限制语的教学研究。如曾文雄（2005）、黄锦如等（2001）都提倡教师在教学中应当有意识地让学生认识模糊限制语及其语用功能，这会在潜移默化中提高学生的口头及书面表达能力。

综上所述，模糊限制语在学术写作中发挥着重要作用，同时模糊限制语也是二语学习者学习学术写作的难点之一。然而目前大多数研究聚焦于学术英语写作中的模糊限制语，面向学术汉语写作的模糊限制语研究则处于起步阶段，与之相关的汉语模糊限制语教学研究还没有得到足够的重视。

5.1.3　研究内容与研究方法

我们希望对汉语学术语篇中使用的模糊限制语有一个比较全面、清晰的认识，并为学术汉语写作教学中的模糊限制语教学提出建议。因此本章具体包括以下研究内容：整理母语者与留学生汉语学术语篇中的模糊限制语使用情况，为学术汉语写作教学建立一个汉语学术语篇模糊限制语词表，通过对比探寻留学生学术论文模糊限制语的使用特点，为教材编写提供建议和设计。

为了了解汉语学术语篇中模糊限制语的使用情况，我们分别为汉语母语者和来华留学生建立了汉语学术语篇的语料库。

在母语学术语篇语料库的建设上，由于针对来华留学生的汉语学术写作课程主要面向文科专业留学生，因此在学科领域选择上我们主要选择了社会科学各专业领域的期刊，共包括81篇学术论文，其中55篇取自2020年以及2021年1月至2021年4月发表在《中国社会科学》上的论文。由于我们搜集的留学生语料中经济学、语言学方面的论文比较多，我们又从同时间段的《经济研究》（6篇）、《法学研究》（6篇）、《世界汉语教学》（4篇）、《语言教学与研究》（2篇）、《外国语》（3篇）、《当代语言学》（2篇）、《汉语学习》（1篇）、《古汉语研究》（2篇）中随机选取了部分论文进行补充。语料库删除了论文的作者、题目、摘要、注释以及参考文献等信息，只保留正文部分，共1 273 007字，涵盖了社会科学各个领域，包括经济学（20篇）、语言学（15篇）、法学（14篇）、历史学（9篇）、政治学（8篇）、哲学（7篇）、文学（6篇）、传播学（2篇）。

留学生语料来自中国人民大学研究生"汉语写作"课程35篇[①]课程论文，包括经济学（17篇）、语言学（6篇）、社会学（6篇）、文学（3篇）、传播学（2篇）、公共管理学（1篇）。学生的国籍有美国、韩国、日本、尼泊尔、意大利、西班牙、蒙古国等。删除了作者、题目、摘要、注释以及参考文献等信息，只保留正文部分，共136 259字。

5.2 母语者汉语学术语篇模糊限制语使用情况

5.2.1 界定标准

研究者们对于模糊限制语的界定不一致，我们整理了引用率较高、比较有影

[①] 表3-2的篇目中缺15、27、29、34~37，加了《共享价值创造（CSV）的新模式研究——以韩国SK集团的案例为例》《中日动漫创作比较》《新租赁准则对我国航空公司资产价值的影响——以春秋航空为例》《北京市海淀区中关村街道盲道现状研究》4篇。

响力的文献中的定义，如表 5-1 所示。

表 5-1　已有文献中模糊限制语的定义

文献	定义	例子
Zadeh（1972）	限制模糊词的模糊程度	very, essentially
Lakoff（1972）	有意把事情弄得更加模糊或更不模糊的语言	roughly, often, he calls himself a…
何自然（1985）	令听话者得不到确切信息的词语和表达推测或不确定含义的词语	kind of, sort of, I guess, I think
Kopple（1985）	可用于表达作者对命题内容缺乏认同，即模糊限制语可以用来修饰整个命题，而不仅仅是对单个成分的精确度进行描写	perhaps, seem, may, to a certain extent
Hyland（1995）	为了避免对命题真值做出绝对承诺或避免把个人意见强加于人而使用的语言形式或策略	I believe, probably
Yule（2010）	用于表现出我们不太确定我们所说的话充分正确或完整的词或短语	might, it is assumed that…

由表 5-1 可知，学者们对于模糊限制语共同的认识是，从形式上看，模糊限制语包括词、短语、句式等语言形式；从功能来看，模糊限制语不仅作用于语义，限制被修饰成分的模糊程度，还作用于语用和语篇，表达说话人对话语的保留态度。根据上述研究，我们理解的汉语学术语篇中的模糊限制语是这样一类语言形式：能改变命题的模糊程度或表达作者对命题的模糊态度的语言形式。

关于模糊限制语的类型，目前存在多种分类方式，我们整理了比较有影响力的三种分类体系，如表 5-2 所示。

表 5-2　已有文献对汉语模糊限制语的分类

何自然（1985）		苏远连（2002）		赵英玲（1999）	
变动型模糊限制语	程度变动语（sort of, quite）、范围变动语（about, something between A and B）	变动型模糊限制语	程度变动语（十分、有点），范围变动语（左右、大致上），频率变动语（不时、经常）	倾向"准确"的模糊限制语	一般来说，大约，可能

（续上表）

何自然（1985）		苏远连（2002）		赵英玲（1999）	
缓和型模糊限制语	直接缓和语（我认为、依我看），间接缓和语（据报道、律师说）	缓和型模糊限制语	直接缓和语（as far as I can tell, seem）、间接缓和语（according to…, …say that…）	倾向"作者"的模糊限制语	根据史密斯博士所说，这些数据表明……
				倾向"读者"的模糊限制语	我相信，我们推断

从表5-2可以看到，何自然（1985）将模糊限制语分为变动型模糊限制语和缓和型模糊限制语，这一分类提供了一个比较清晰的框架，对模糊限制语研究具有普遍的指导意义。苏远连（2002）在变动型模糊限制语中增加了频率变动语一类。赵英玲（1999）则是从功能和限制的范围的角度对模糊限制语进行分类，将何自然（1985）的直接缓和语分为倾向"准确"的模糊限制语和倾向"读者"的模糊限制语。

以上三种分类都将"根据……""该研究者认为"等纳入模糊限制语范围内，我们认为在汉语学术语篇中，这类表达的主要功能是表示信息来源，而不是表示作者不确定的态度，因此在本研究中，我们不将这类表信息来源的表达归为模糊限制语。

综上，我们以何自然（1985）的分类为基础框架，参考苏远连（2002）、赵英玲（1999）等的研究，对模糊限制语两种类型的内部小类进行了调整：变动型模糊限制语，包括程度变动语、范围变动语、频率变动语；缓和型模糊限制语则包括主观观点类和犹疑态度类两种。

在实际操作中，有些词的辨识和归类比较特殊，说明如下。

一些词在某些语境下属于模糊限制语，在另一些语境下不属于模糊限制语，如"应该"具有"表示情理上必须如此"和"估计情况必然如此"两个意义，必要义不属于模糊限制语，但必然义表主观推测或估计（郭昭军，2011），属于缓和型模糊限制语。再如"比较"：

（2）比较金文中习见的"永宝用""永宝用之"一类话，"永寿用之""永寿用"中的"寿"似乎应看作是名词用作谓词性成分。（谢明文《承禄铍铭文小考——兼谈上古汉语中"成"的一种用法》）

（3）对于多小句结构体而言，如果内部小句结合得比较紧，整个结构偏向于单句一端，那它们共有的修饰限制成分就越多。（刘街生《双"了"连动句》）

例（2）中的"比较"是动词，不涉及模糊程度的改变，不属于模糊限制语。例（3）中的"比较"表示具有一定程度，对"紧"这一模糊词的程度进行了限制，属于模糊限制语中的程度变动语。

有的词分属两类模糊限制语，如"大概"：

（4）这在斯拉夫语族的语言中大概是可以这样理解的。（崔希亮《语气词与言者态度》）

（5）大概从元明时期开始，同义词"才"替换了"除非 X，方 Y"中的"方"等。（叶建军《"除非 X，不 Y"与"除非 X，才 Y"的来源》）

例（4）中的"大概"表示的是这一命题是作者自己主观的推测，带有一种犹疑、不确定的态度，体现的是作者本人对话题的评估，属于缓和型模糊限制语。例（5）中的"大概"表示一种不准确的估计，它给"元明时期"这个时间定出了一个模糊的范围，可能稍早，也可能稍晚，属于范围变动语。我们将前者记为"大概$_2$"，后者为"大概$_1$"。

有些词虽然可以归为同一词类，但应分属不同类别的模糊限制语，如"通常""往往""经常""时常""常（常常）"，虽然同属频率副词（周小兵，1999），但我们认为应该将"通常""往往"归为范围变动语，"经常""时常""常（常常）"归为频率变动语。

杨智渤（2013）对"常常"和"通常"进行了辨析，认为"通常"强调动作行为的规律性和稳定性，而"常常"则表示动作行为多次出现，但不一定具有规律性。《现代汉语八百词》比较了"往往"和"常常"，认为"往往"是对到目前为止的经验的总结，具有一定的规律性，"常常"单纯指动作的重复，不一定有规律性。可见，"通常"和"往往"用在句中会体现出动作行为的规律性，这一点同样体现在学术语篇中，如：

（6）因此，即使是在市场力量的刺激下，牧民<u>通常</u>也不会大量抓捕、采挖。（包智明等《牧区城镇化与草原生态治理》）

（7）由于种种原因，我们的文学史研究<u>往往</u>只重视那些从内容到形式全方位革故鼎新的"文学革命"。（程国君等《延安革命家的诗词创作实践及诗史价值》）

在以上例句中，"通常"和"往往"都表示对既往现象的总结，一般更侧重于表示行为或现象在"一般情况下"这个范围内会发生，很少有例外，因此我们认为"通常""往往"在学术语篇中的用法应属于范围变动语。

"经常""时常""常（常常）"在学术论文中则一般表示频率。如下面例句中的"时常"和"经常"就确实表示频率，表示行为或情况在一段时间内出现的次数比较多，属于频率变动语，如：

（8）党的十八大以来，习近平同志在出国访问期间，在讲话、报告、会谈中<u>时常</u>言及外国思想史的经典人物及其思想学说。（张文显《习近平法治思想的实践逻辑、理论逻辑和历史逻辑》）

（9）当然，负数的净支持率只有在社会分裂达到相当严重程度时才会出现，未必<u>经常</u>出现。（赵汀阳《一种可能的智慧民主》）

5.2.2　使用概况

根据上述对模糊限制语的定义和类型的理解，我们对母语者汉语学术语篇中模糊限制语的使用情况进行了调查统计。由于模糊限制语的数量较多，我们将那些在功能和意义上都非常相似的词或短语视为一个模糊限制语，如"至为"和"至关"，我们概括为"至为（至关）"；"或许"和"也许"概括为"或许（也许）"。通过这种方式，在母语者汉语学术语篇语料库中共收集到80个模糊限制语，如表5-3所示。

表 5-3　母语者汉语学术语篇中的模糊限制语

变动型模糊限制语（49）	程度变动语（22）	非常、颇、很、十分、相当、极（极其）、太、甚、尤、至为（至关）、特别、大（大大）、远（远远）、过、显著、明显、比较（较）、相对、一定、有所、稍、略
	范围变动语（19）	大概₁、约（大约）、近（将近）、介于……之间、左右、几乎、超过、不足、以上、以下、多、至多（最多）、至少（最少）、大致（大略、大体）、基本、主要、通常、往往、一般
	频率变动语（8）	不断、经常、时常、常（常常）、有时、时而、间或、偶尔
缓和型模糊限制语（31）	主观观点类（18）	我们发现、我们认为、我们注意到、我们推测、我们观察到、在我们看来、本文发现、本文认为、本文主张、在本文看来、笔者发现、笔者认为、笔者注意到、笔者观察到、在笔者看来、本研究认为、本研究发现、本研究表明
	犹疑态度类（13）	似（似乎）、大概₂、或许（也许）、未必、不一定、不见得、可望（有望）、恐怕、估计、应（应当、应该）、可（可以）、会、可能

王舟（2008）考察了汉语医学学术论文摘要中的模糊限制语，共找到 35 个，包括程度变动语 6 个："较、基本、有所、一定、大幅度、略"；范围变动语 5个："之间、之内、大于、小于、介于"；直接缓和语 7 个："会、可能、潜在的、或许、有望、推测、推断"；间接缓和语 17 个："实验结果表明、结果显示、结果表明、结果提示、研究表明、分析证明、研究发现、研究证明、本文、显示、说明、据此、文章、揭示、验证、提示、发现"。该研究对大部分模糊限制语的界定和分类与本研究相同，只是在个别模糊限制语的界定和分类上有差别，比如"潜在的""本文"等。汉语学术语篇中"潜在"的常见搭配包括"潜在价值""潜在风险""潜在的信息"等，我们认为该词主要表示某种价值（或风险、信息等）存在于事物内部，难以发现，而不体现作者不确定的态度，因此本研究不将其看作直接缓和语。该研究将"本文"划分为间接缓和语。间接缓和语指的是引用第三者的看法，从而间接表达说话者态度的模糊限制语（何自然，1985）。"本文"在汉语学术语篇中一般用于作者的自我指称，常见搭配有"本文发现""本文认为"等，表示作者个人持有某种观点，而不是表示引用他人观点，因此我们认为将这类模糊限制语划分为直接缓和语更为合适。

从频率上看，变动型模糊限制语共使用 5 562 次，每千字 4.369 次；缓和型模糊限制语共使用 4 234 次，每千字 3.326 次，下文进行具体说明。

5.2.3　变动型模糊限制语的使用

变动型模糊限制语属于语义范畴，其作用在于对被修饰成分的程度、范围、频率进行模糊性说明。变动型模糊限制语又可以分为三类：程度变动语、范围变动语以及频率变动语。根据我们的统计，母语者汉语学术语篇中程度变动语的使用频率最高，其次是范围变动语，使用频率最低的则是频率变动语。如表 5-4 所示。

表 5-4　母语者汉语学术语篇变动型模糊限制语使用频率

类型	个数	频数	频率（每千字）
程度变动语	22	3 337	2.621
范围变动语	19	1 716	1.348
频率变动语	8	509	0.400
总计	49	5 562	4.369

程度变动语模糊地说明一类事物中的某个成员在多大程度上接近该类事物的典型原型，一般修饰模糊词，可以减少被修饰成分的模糊性，达到语义逼近的目的，如：

（10）我们都知道在言语交际中，了解说话人的真实意图和态度非常重要。（崔希亮《语气词与言者态度》）

（11）在特朗普的演讲中，使用得较多的是体育类隐喻、冲突类隐喻和旅程类隐喻。（武建国等《政治话语的批评隐喻分析——以特朗普演讲为例》）

22 个程度变动语分为三类：表示程度高的，包括"非常""颇""很""十分""相当""极（极其）""太""甚""尤""至为（至关）""特别""大

（大大）""远（远远）""过""显著""明显"；表示程度相对适中的，包括
"比较（较）""相对""一定""有所"；以及表示程度低的，包括"稍"
"略"。从频率上看，程度高的程度变动语频率最高，表示程度适中的和表示程
度低的依次降低（见表 5-5）。

表 5-5　母语者汉语学术语篇程度变动语使用频率

类型	模糊限制语	频数	频率（每千字）
程度变动语	非常	145	0.114
	颇	41	0.032
	很	651	0.511
	十分	88	0.069
	相当	62	0.049
	极（极其）	183	0.144
	太	41	0.032
	甚	26	0.020
	尤	37	0.029
	至为（至关）	24	0.019
	特别	34	0.027
	大（大大）	50	0.039
	远（远远）	58	0.046
	过	66	0.052
	显著	305	0.240
	明显	193	0.152
	比较（较）	878	0.690
	相对	139	0.109
	一定	163	0.128
	有所	94	0.074
	稍	16	0.013
	略	43	0.034
	总计	3 337	2.621

程度变动语如"很"和"比较"在学术语篇中的使用频率很高,它们除了表义上的需求之外,还常具有完句作用,是句法结构上的成句条件(贺阳,1994),有时必须使用,如:

(12)不同的集体经济组织在土地利用方面的利益分化和沟通协调成本通常很高。(程雪阳《合宪性视角下的成片开发征收及其标准认定》)

范围变动语、频率变动语、犹疑态度类模糊限制语中也包括一些完句成分,这也是它们使用频率相对较高的原因之一。

范围变动语限制被修饰成分的变动范围。母语者共使用了 19 个范围变动语,可分为两类:一类修饰精确词,使其上下限变得模糊,包括"大概₁""约""近""介于……之间""左右""几乎""超过""不足""以上""以下""多""至多(最多)""至少(最少)"13 个,如:

(13)我们将特朗普的四篇演讲整理成文稿,文本共计约 10 090 个字。(武建国等《政治话语的批评隐喻分析——以特朗普演讲为例》)

(14)人文社科类学术汉语中的文学与法学高频虚词量分别为 147与 137,比地理、化学、心理等学术汉语多近 1/3,比医学学术汉语多近 1/2。(张赪等《学术汉语的词汇使用特征研究》)

另一类是对整个命题进行修饰,模糊命题的适用范围,包括"大致(大略、大体)""基本""通常""往往""主要""一般"6 个,如:

(15)散文的取材,一般都是与作者有着直接关联的、来源于作者个人的生活经历。(吴周文等《构建中国自主性散文理论话语》)

在范围变动语中,模糊命题适用范围类使用频率相对较高,模糊具体数值类使用频率则较低(见表 5-6)。

表 5-6　母语者汉语学术语篇范围变动语使用频率

类型	模糊限制语	频数	频率（每千字）
范围变动语	大概₁	6	0.006
	约（大约）	138	0.104
	近（将近）	60	0.045
	介于……之间	16	0.012
	左右	55	0.041
	几乎	66	0.050
	超过	29	0.022
	不足	7	0.005
	以上	68	0.051
	以下	26	0.020
	多	32	0.024
	至多（最多）	2	0.002
	至少（最少）	22	0.017
	大致（大略、大体）	55	0.041
	基本	170	0.128
	主要	581	0.436
	通常	139	0.104
	往往	138	0.104
	一般	106	0.080
	总计	1 716	1.348

在母语语料库中共发现 8 个频率变动语。频率变动语主要包括一些频率副词，其内部可以根据频率高低再分为高频变动语，包括"不断"；较高频率的变动语，包括"经常""常（常常）""有时"；较低频率的变动语，包括"时常""时而"；低频变动语，包括"间或""偶尔"。高频变动语使用频率最高，较高频率的变动语次之，较低频率的变动语更低，低频变动语最低（见表 5-7）。

表 5-7　母语者汉语学术语篇频率变动语使用频率

类型	模糊限制语	频数	频率（每千字）
频率变动语	不断	313	0.246
	经常	30	0.024
	时常	7	0.005
	常（常常）	119	0.093
	有时	29	0.023
	时而	7	0.005
	间或	1	0.001
	偶尔	3	0.002
	总计	509	0.400

频率变动语能够大致说明动作或事件发生频率高低或持续时间长短，如：

（16）美国在国际社会上的话语权和规则制定权不断被削弱。（武建国等《政治话语的批评隐喻分析——以特朗普演讲为例》）

（17）它的变体"呀""哪""哇"有时可以表达不同的态度。（崔希亮《语气词与言者态度》）

5.2.4　缓和型模糊限制语的使用

缓和型模糊限制语属于语用范畴，不改变命题的真值条件，只是为命题增加一个说明，指出命题是作者本人的看法，从而使肯定的态度趋向缓和，表达作者对话题的保留态度。

母语者汉语学术语篇中缓和型模糊限制语的使用频率呈现出两个特点：一是缓和型模糊限制语的整体使用频率低于变动型模糊限制语；二是缓和型模糊限制语内部使用频率差异较大。犹疑态度类模糊限制语是整个模糊限制语 5 个小类中使用频率最高的，而主观观点类模糊限制语则是使用频率最低的（见表 5-8）。

表 5-8　母语者汉语学术语篇缓和型模糊限制语使用频率

类型	个数	频数	频率（每千字）
主观观点类	18	158	0.124
犹疑态度类	13	4 076	3.202
总计	31	4 234	3.326

主观观点类模糊限制语使用频率整体偏低，"我们发现""我们认为""本文认为""笔者认为"使用比较集中，其余的使用频数基本为个位数（见表 5-9）。

表 5-9　母语者汉语学术语篇主观观点类模糊限制语使用频率

类型	模糊限制语	频数	频率（每千字）
主观观点类	我们发现	25	0.020
	我们认为	31	0.024
	我们注意到	3	0.002
	我们推测	1	0.001
	我们观察到	3	0.002
	在我们看来	1	0.001
	本文发现	5	0.004
	本文认为	32	0.025
	本文主张	1	0.001
	在本文看来	1	0.001
	笔者发现	1	0.001
	笔者认为	33	0.026
	笔者注意到	1	0.001
	笔者观察到	1	0.001
	在笔者看来	9	0.007
	本研究认为	1	0.001
	本研究发现	6	0.005
	本研究表明	3	0.002
	总计	158	0.124

主观观点类模糊限制语限制了作者对命题真实性的承诺程度，表示命题是作者的主观观点而非客观事实。Myers（1989）指出，科技知识往往被认为是放之四海皆准的，如果表明某个论断只是作者的个人判断，则会弱化该论断的力量，因此具有模糊限制的作用。使用表主观观点的模糊限制语表示作者的陈述并非绝对的、千真万确的观点，而是作者本人提供的可选择、可参考的观点。这在某种程度上使作者肯定的态度趋向缓和，给读者留下了讨论的余地，避免将自己的观点强加于人，如：

（18）基于以上对著作权法中公众角色的分析，<u>本文主张</u>赋予作品使用者即公众正当使用作品的权利，可称"公众使用权"或"使用权"。（刘银良《著作权法中的公众使用权》）

（19）通过对故意伤害案件中赔偿影响量刑机制的总结，<u>我们发现</u>法院在量刑时存在较强的功利主义思维。（高通《故意伤害案件中赔偿影响量刑的机制》）

有时作者在论文中会引用自己之前的论文或数据等。作者之前的研究数据、研究成果等虽然也属于作者本人的观点，但在引用时和引用他人观点本质上并没有区别，因此，被引用的作者自己的论文或数据也属于信息来源，其中所使用的类似主观观点类形式都不属于模糊限制语。

表示犹疑态度类的模糊限制语根据词性可分为两类：一类是动词，包括"可望（有望）""估计"以及助动词"应（应该、应当）""可（可以）""会""可能"；另一类是副词，包括"似（似乎）""或许（也许）""大概$_2$""恐怕""未必""不一定""不见得"等。犹疑态度类模糊限制语之所以使用频率最高，主要是助动词"可（可以）""会""可能"的使用频率高（见表5-10）。

表5-10　母语者汉语学术语篇犹疑态度类模糊限制语使用频率

类型	模糊限制语	频数	频率（每千字）
犹疑态度类	似（似乎）	95	0.075
	大概$_2$	13	0.010
	或许（也许）	62	0.048

（续上表）

类型	模糊限制语	频数	频率（每千字）
犹疑态度类	未必	38	0.030
	不一定	18	0.014
	不见得	2	0.002
	可望（有望）	13	0.010
	恐怕	19	0.015
	估计	4	0.003
	应（应该、应当）	100	0.079
	可（可以）	2 187	1.718
	会	849	0.667
	可能	676	0.531
	总计	4 076	3.202

在社科论文中，作者所作出的结论只是在某种程度上解释了各种社会现象之间的关系，这使作者的结论不可能绝对化（徐润英、袁邦株，2009）。犹疑态度类模糊限制语正是用来表示作者对命题的不确定态度，如：

（20）相比（10b-c），（11b-c）在语感上可能被一部分说话人接受。（崔璨、袁毓林《存在句中及物动词施事的隐现问题研究》）

（21）如果后世儒家都恪守孔子思想的原汁原味，如果没有韩愈、北宋五子和朱熹、王阳明等人对经典的重新解读，或许儒家思想未及唐代就已消失在佛老的背后。（胡翠娥《"殊德之仁"与"全德之仁"》）

缓和型模糊限制语有利于提高语言表达的客观性。作者使用"可能"等不确定表达作为一种学术写作策略（陈颖，2010），表明观点是作者个人持有的，不一定为客观事实，这使得作者对观点真实性的承诺程度变得模糊，观点的真实性从而也变得不十分明确。在没有完全把握的情况下，作者承认自己的观点可能具有主观局限性正体现了对客观性的追求（李战子，2001）。

在学术论文中使用缓和型模糊限制语可以起到自我保护的作用。这种自我保护体现在两个方面：一是缓和型模糊限制语使语言表达更加委婉，从而减少与他人的冲突。二是缓和型模糊限制语降低了作者对自己观点的承诺程度，使作者在承担或不承担责任之间有回旋的余地，这有利于减少作者受到的指责（张延君，2005）。

缓和型模糊限制语还可以体现出作者谦虚谨慎的礼貌态度，而这种态度可以增强文章的交流性，提高读者的参与度。Hyland（1998）认为，过分绝对的观点没有为作者与读者之间的协商留下任何空间，严重违反了交际中的礼貌原则。缓和型模糊限制语可以表示作者的观点不一定就是事实，这就给了读者选择的权利。

5.3 留学生汉语学术语篇模糊限制语使用情况

5.3.1 使用概况

在留学生语料库中共发现 59 个模糊限制语（见表 5-11），其与母语者对比情况见表 5-12。

表 5-11 留学生汉语学术语篇模糊限制语类型

变动型模糊限制语（44 个）	程度变动语（20 个）	非常、颇、很、十分、相当、极（极其）、太、尤、至为（至关）、特别、大（大大）、远（远远）、过、显著、明显、比较（较）、相对、一定、有所、一点儿
	范围变动语（18 个）	大概、约（大约）、近（将近）、介于……之间、左右、几乎、超过、以上、以下、多、至多（最多）、至少（最少）、大致（大略、大体）、基本、主要、通常、往往、一般
	频率变动语（6 个）	不断、经常、时常、常（常常）、有时、偶尔
缓和型模糊限制语（15 个）	主观观点类（8 个）	我们发现、本文发现、本文认为、笔者发现、笔者认为、我认为、本人认为、个人认为
	犹疑态度类（7 个）	似（似乎）、或许（也许）、未必、应（应当、应该）、可（可以）、会、可能

表 5-12　留学生与母语者汉语学术语篇模糊限制语使用情况比较

类型		母语语料库					留学生语料库					显著性
		频数	合计	比例/%	合计/%	频率(每千字)	频数	合计	比例/%	合计/%	频率(每千字)	
变动型模糊限制语	程度变动语	3 337		34.1			593		41.4			
	范围变动语	1 716	5 562	17.5	56.8	4.369	275	967	19.2	67.6	7.097	0.000***+
	频率变动语	509		5.2			99		6.9			
缓和型模糊限制语	主观观点类	158		1.6			21		1.5			
	犹疑态度类	4 076	4 234	41.6	43.2	3.326	443	464	30.9	32.4	3.405	0.631+

如表 5-12 所示，母语者与留学生使用各类模糊限制语的比例存在差异。具体来说，留学生使用变动型模糊限制语的比例高于母语者，使用缓和型模糊限制语的比例低于母语者。

虽然母语者和留学生使用变动型模糊限制语的比例都超过了缓和型模糊限制语，但留学生使用变动型模糊限制语的比例更高。留学生使用程度变动语和频率变动语的比例较高，可能说明两种情况。一是留学生在进行论文写作时更倾向于把话题描述得精确一些，二是留学生在论文写作过程中遇到了更多无法精确表达的情况，只能通过一些模糊限制语进行模糊性表达。

在缓和型模糊限制语中，留学生主观观点类模糊限制语的使用比例与母语者非常接近，犹疑态度类模糊限制语的使用频率则低于母语者。这说明留学生在论文写作中可能更倾向于直接地表达自己的观点，对于文章的交流性不够敏感，缺乏自我保护意识。

为进一步了解留学生模糊限制语的使用特点，除对比留学生与母语者各类模糊限制语使用比例外，我们还对留学生与母语者模糊限制语每千字出现的频率进行了对比，并使用方差和对数似然率计算器（Chi-square and Log-likelihood Calculator）来计算对数似然率，以检验同一类模糊限制语在两个语料库中的使用频率是否存在显著性差异（即 P 值）。P 值大于 0.05 说明留学生与母语者对该模糊限制语的使用无显著差异。P 值小于 0.05 说明留学生与母语者对该模糊限制语的使用存在显著差异。当 P 值小于 0.05 大于 0.01 时，说明留学生与母语者对该模糊限制语的使用差异存在显著性，标记为"*"；当 P 值小于 0.01 大于 0.001 时，说明留学生与母语者对该模糊限制语的使用差异存在较高的显著性，标记为"**"；当 P 值小于 0.001 时，说明留学生与母语者对该模糊限制语的使用差异存在很高的显著性，标记为"***"。与母语者相比，若留学生对该模糊限制语使用过度，则标记为"＋"，若留学生对该模糊限制语使用不足则标记为"－"。需要说明的是，在计算过程中，一些模糊限制语只出现在其中一个语料库中，其频数为0，在这种情况下无法计算两个语料库中该模糊限制语的对数似然率。

从表5-12中频率比较的结果看，留学生模糊限制语使用频率与母语者模糊限制语使用频率存在明显差异，留学生模糊限制语使用频率明显高于母语者。其中，留学生变动型模糊限制语使用频率显著高于母语者；留学生缓和型模糊限制语使用频率略高于母语者，但差异较小，不具有显著性。因此，留学生模糊限制语使用频率明显高于母语者这一现象主要是由留学生变动型模糊限制语使用频率显著高于母语者引起的。

5.3.2　变动型模糊限制语的使用

留学生语料库中筛选出了20个程度变动语，将其与母语语料库相比较（见表5-13），留学生程度变动语使用频率明显高于母语者，有显著差异。

表 5-13　留学生与母语者汉语学术语篇程度变动语使用情况比较

程度变动语	母语者		留学生		显著性	程度变动语	母语者		留学生		显著性
	频数	频率（每千字）	频数	频率（每千字）			频数	频率（每千字）	频数	频率（每千字）	
非常	145	0.114	67	0.492	0.000***＋	远(远远)	58	0.046	4	0.029	0.364－
颇	41	0.032	3	0.022	0.501－	过	66	0.052	20	0.147	0.000***＋
很	651	0.511	201	1.475	0.000***＋	显著	305	0.240	9	0.066	0.000***－
十分	88	0.069	14	0.103	0.189＋	明显	193	0.152	10	0.073	0.012*－
相当	62	0.049	6	0.044	0.811－	比较(较)	878	0.690	140	1.027	0.000***＋
极(极其)	183	0.144	19	0.139	0.899＋	相对	139	0.109	25	0.183	0.024*＋
太	41	0.032	15	0.110	0.000***＋	一定	163	0.128	17	0.125	0.918＋
甚	26	0.020	0	0	—	有所	94	0.074	15	0.110	0.171＋
尤	37	0.029	6	0.044	0.369＋	稍	16	0.013	0	0	—
至为(至关)	24	0.019	2	0.015	0.724－	略(略微)	43	0.034	0	0	—
特别	34	0.027	6	0.044	0.287＋	一点儿	0	0	5	0.037	—
大(大大)	50	0.039	9	0.066	0.176＋	总计	3 337	2.621	593	4.352	0.000***＋

在表程度高的程度变动语这一类中，留学生使用频率大多高于母语者使用频率。其中值得注意的是，母语者使用程度变动语时会相对比较均衡地涉及各个词，而留学生在使用程度变动语时会明显倾向于集中使用某几个词，对其余词的使用则很少。具体来看，留学生使用"非常""很"的频率非常高，使用"显著""明显"的频率则较低，还有一些词留学生极少使用甚至不使用，如"颇""甚"等。导致这一现象的原因可能有两个：一是留学生在进行汉语学术写作时语体意识还不够强，没有选择具有书面语色彩的模糊限制语的意识。二是一些具有书面语色彩的模糊限制语难度较高，留学生没有掌握这些模糊限制语的意义与使用方法。《国际中文教育中文水平等级标准》中，"很"和"非常"属于 1 级词汇，而"颇"属于 7~9 级词汇，"甚"则为超纲词，相对而言难度较高。

表示程度相对适中的程度变动语，留学生使用频率也高于母语者，也同样过于集中地使用某个模糊限制语，如"比较"，而较少使用"相对""一定"。

表程度低的程度变动语，留学生使用频率明显低于母语者。调查显示，"稍"和"略（略微）"在母语语料库中有一定的使用频率，但在留学生语料库中，却没有使用。从语料看，留学生语篇中同样也有程度低的表达，但偏好使用的方式不同，更倾向于使用口语化的"一点儿"来表达程度低。如：

（22）首先两国的敬酒方式有所不同，中国人很看重对方的地位，所以敬酒碰杯时晚辈或地位低的人会把杯子放低一点儿。

（23）由此可说中国人的公共距离比蒙古人的近一点儿。

留学生语料库中共使用了 18 个范围变动语，包括模糊具体数值的范围变动语"大概$_1$""约（大约）""近（将近）""左右""几乎""超过""以上""以下""多""至少（最少）""至多（最多）"，以及模糊命题的适用范围的范围变动语"大致（大略、大体）""基本""通常""往往""主要""一般"等。

表 5-14　留学生与母语者汉语学术语篇范围变动语使用情况比较

范围变动语	母语者		留学生		显著性	范围变动语	母语者		留学生		显著性
	频数	频率（每千字）	频数	频率（每千字）			频数	频率（每千字）	频数	频率（每千字）	
大概₁	6	0.005	1	0.007	0.697+	以上	68	0.053	16	0.117	0.009**+
约（大约）	138	0.108	23	0.169	0.062+	以下	26	0.020	8	0.059	0.611+
近（将近）	60	0.047	13	0.095	0.032*+	多	32	0.025	9	0.066	0.018*+
介于……之间	16	0.013	2	0.015	0.839+	基本	170	0.134	8	0.059	0.009**-
左右	55	0.043	9	0.066	0.262+	主要	581	0.456	111	0.815	0.000***+
超过	29	0.023	6	0.044	0.172+	通常	139	0.109	7	0.051	0.028*-
不足	7	0.005	0	0	—	往往	138	0.108	3	0.022	0.000***-
至多（最多）	2	0.002	1	0.007	0.261+	一般	106	0.083	30	0.220	0.000***+
至少（最少）	22	0.017	6	0.044	0.064+	几乎	66	0.052	18	0.113 2	0.001**+
大致（大略、大体）	55	0.043	4	0.029	0.429-	总计	1 716	1.348	275	2.018	0.000***+

　　整体来看，留学生范围变动语使用频率明显高于母语者（见表 5-14）。无论是在模糊具体数值类，还是模糊命题适用范围类中，留学生的使用频率均高于母语者，这一结果说明留学生在描写、分析数据、表达命题时更倾向于采取模糊表达，这可能是因为留学生对数据、命题缺乏信心或是在收集数据、论据方面有困难，因此在论文写作时比较小心，通过使用范围变动语模糊表达，从而尽量规避可能产生的错误。

　　在具体词语使用上，留学生使用最多的是"主要"，其次是"一般"，其他模糊限制语使用较少；母语者使用最多的也是"主要"，不同的是，其他如"大致""基本""通常""往往""一般"也都有一定的使用频率。

　　留学生使用的频率变动语共 6 个，包括高频变动语"不断"，较高频率的变动语"经常""有时""常（常常）"，较低频率的变动语"时常"以及低频变动语"偶尔"。

表 5-15　留学生与母语者汉语学术语篇频率变动语使用频率对比

频率变动语	母语语料库		留学生语料库		显著性
	频数	频率（每千字）	频数	频率（每千字）	
不断	313	0.246	44	0.323	0.101+
经常	30	0.024	11	0.081	0.001**+
时常	7	0.005	1	0.007	0.794+
常（常常）	119	0.093	24	0.176	0.008**+
有时	29	0.023	18	0.132	0.000***+
时而	7	0.005	0	0	—
间或	1	0.001	0	0	—
偶尔	3	0.002	1	0.007	0.375+
总计	509	0.400	99	0.727	0.000***+

总体来说，留学生频率变动语使用频率显著高于母语者，尤其是"经常""有时"（见表 5-15）。杨智渤（2013）认为，"常常"用在句中表示动作行为可能经常发生，但行为的多次出现并不一定具有规律性，而只是在短时间内密集出现。我们认为"经常""时常""有时"与"常常"相同，只表示行为多次出现，如：

（24a）早期的贸易<u>经常</u>和武装抢劫混合在一起，所以早期的法律（包括罗马法）包含了大量自力救济的因素。（张盾《马克思唯物史观视域中的法治问题》）

（24b）早期的贸易和武装抢劫混合在一起，所以早期的法律（包括罗马法）包含了大量自力救济的因素。

例句（24a）表示早期贸易和武装抢劫混合在一起是一种经常性的、有可能出现的现象，而例句（24b）去掉"经常"后，"早期的贸易和武装抢劫混合在一起"就成了一种绝对的、毫无例外的判断，表述变得十分肯定。因此"经常""常（常常）""有时"的使用频率偏高同样体现出留学生作为学术写作的"新手"，对所使用数据、命题不自信，因而倾向使用不十分肯定的表达。

5.3.3　缓和型模糊限制语的使用

表 5-16　留学生与母语者汉语学术语篇主观观点类模糊限制语使用频率对比

主观观点类模糊限制语	母语者		留学生		显著性	主观观点类模糊限制语	母语者		留学生		显著性
	频数	频率（每千字）	频数	频率（每千字）			频数	频率（每千字）	频数	频率（每千字）	
我们发现	25	0.020	1	0.007	0.257-	笔者认为	33	0.026	8	0.059	0.057 +
我们认为	31	0.024	0	0	—	笔者注意到	1	0.001	0	0	—
我们注意到	3	0.002	0	0	—	笔者观察到	1	0.001	0	0	—
我们推测	1	0.001	0	0	—	在笔者看来	9	0.007	0	0	—
我们观察到	3	0.002	0	0	—	本研究认为	1	0.001	0	0	—
在我们看来	1	0.001	0	0	—	本研究发现	6	0.005	0	0	—
本文发现	5	0.004	1	0.007	0.594+	本研究表明	3	0.002	0	0	—
本文认为	32	0.025	2	0.015	0.423-	本人认为	0	0	1	0.007	—
本文主张	1	0.001	0	0	—	个人认为	0	0	1	0.007	—
在本文看来	1	0.001	0	0	—	我认为	0	0	4	0.029	—
笔者发现	1	0.001	3	0.022	0.001**+	总计	158	0.124	21	0.154	0.364 +

留学生语料库中共出现了 8 个主观观点类模糊限制语（见表 5-16），与母语者相比，留学生在使用主观观点类模糊限制语时存在以下特点：

从每千字使用频率来看，留学生使用频率略高于母语者使用频率，但从平均每篇论文使用的主观观点类模糊限制语个数来看，母语者每篇论文使用的主观观点类模糊限制语接近两个，而留学生每篇论文使用的主观观点类模糊限制语不足一个，即部分留学生论文中没有出现主观观点类模糊限制语。这类模糊限制语暗示所述结论仅为可能性中的一种，仅仅是作者就个人所掌握的情况作出的有限的结论，并非为定论，读者可以加入讨论，或保留不同意见（杨慧玲，2001）。部分留学生论文中缺少主观观点类模糊限制语可能是因为他们在表达观点时缺乏与读者进行互动与交流的意识，这导致他们的态度显得比较强硬。

主观观点类模糊限制语使用较为单一。在母语语料库中，我们观察到十多种主观观点类模糊限制语，而在留学生语料库中只有"我们发现""本文发现""本文认为""笔者发现""笔者认为""我认为""个人认为""本人认为"这几种，基本上只使用"认为"和"发现"这两个动词。

主观观点类模糊限制语内部使用比例差异较大。母语者语料库中的"我们+认知动词"类、"本文+认知动词"类、"笔者+认知动词"类以及"本研究+认知动词"类均占有一定的比例，且比例分布较为均衡，比例差异相对较小。而留学生语料库中，"笔者+认知动词"类占绝大多数，"我们+认知动词"类和"本文+认知动词"类占比很小，"本研究+认知动词"类则没有出现，各类比例分布不均衡，比例差异较大。

综上，我们认为留学生主观观点类模糊限制语使用的困难主要包括三点：一是部分留学生在论文中表达观点时表述过于绝对，缺乏与读者进行交流的意识；二是没有很好地掌握学术论文中"我们""本文"等自我指称语；三是掌握的表达观点的认知动词比较单一。

留学生语料库中使用了 7 个犹疑态度类模糊限制语（见表 5-17），包括助动词"应（应该、应当）""可（可以）""会""可能"以及副词"似（似乎）""或许（也许）""未必"。

表 5-17　留学生与母语者汉语学术语篇犹疑态度类模糊限制语使用频率对比

犹疑态度类模糊限制语	母语者		留学生		显著性	犹疑态度类模糊限制语	母语者		留学生		显著性
	频数	频率（每千字）	频数	频率（每千字）			频数	频率（每千字）	频数	频率（每千字）	
似（似乎）	95	0.075	2	0.015	0.002**-	恐怕	19	0.015	0	0	—
大概2	13	0.010	0	0	—	估计	4	0.003	0	0	—
或许（也许）	62	0.048	11	0.081	0.145+	应（应该、应当）	100	0.079	3	0.022	0.007**-
未必	38	0.030	2	0.015	0.274-	可（可以）	2187	1.718	206	1.512	0.074-
不一定	18	0.014	0	0	—	会	849	0.667	184	1.350	0.000***+
不见得	2	0.002	0	0	—	可能	676	0.531	35	0.257	0.000***-
可望（有望）	13	0.010	0	0	—	总计	4 076	3.202	443	3.251	0.760+

从整体来看，留学生使用犹疑态度类模糊限制语的频率略高于母语者，不过具体来看，13 个模糊限制语中只有 2 个模糊限制语留学生的使用频率超过母语者，分别是"或许（也许）"和"会"。其中"或许（也许）"的使用频率略高于母语者，不具有显著性，而"会"的使用频率则远超母语者，这说明留学

生在论文写作中十分依赖"会"来表示估计与可能，而"大概$_2$""有望（可望）""恐怕""估计""不一定""不见得"都没有被使用。

5.3.4 偏误类型

我们将留学生模糊限制语使用偏误分为显性偏误和隐性偏误。显性偏误指的是在单句中不符合语法规则的，在句子内部就可以显现出来的偏误，包括冗余、矛盾、错序以及误用；隐性偏误指的是句子内部没有显现出来，但在语境中显现出来的偏误，包括语用偏误、语篇偏误与语义偏误等（朱其智、周小兵，2007），主要为语体偏误。由于留学生语料库规模有限，我们一共只观察到22例模糊限制语使用偏误。因此我们将2012—2014年中国人民大学汉语言专业61篇留学生本科毕业论文作为补充语料，在其中发现了85例偏误。具体情况如表5-18所示。

表5-18　留学生汉语学术语篇模糊限制语偏误类型

偏误类型		原语料库/例	补充语料/例	总计/例	百分比/%
显性偏误	冗余	4	—	4	3.7
	矛盾	2	2	4	3.7
	错序	4	1	5	4.7
	误用	4	6	10	9.4
隐性偏误	语体偏误	8	76	84	78.5
总计		22	85	107	100

通过偏误统计可以发现留学生的模糊限制语使用偏误主要集中在语体偏误，显性偏误则比较少。我们认为显性偏误数量少跟留学生对于一些难以掌握的模糊限制语采取了回避的态度，不使用或很少使用某些模糊限制语有关。

5.3.4.1 显性偏误

模糊限制语显性偏误有冗余、矛盾、错序、误用四种情况。

模糊限制语冗余有同词冗余和异词冗余两种情况。同词冗余即一个句子中出现了多个相同的模糊限制语，且其中一些是多余的；异词冗余指的是同一个句子中出现了多个意义类似的模糊限制语，且其中一些是多余的。

（25）＊釜山港的重要性可以从 2018 年全国各港口集装箱处理业绩评价中可见。（"可以"和"可"同词冗余）

（26）＊三星电子作为代表性的 GVC 先导企业，统率着国内 80 多家以上的公司和 18 家研究开发、140 多家以上的子公司、80 万多个全球零部件中小企业。（"多"和"以上"异词冗余）

模糊限制语矛盾指的是因在句中使用了意义相对的模糊限制语而导致了表义矛盾的情况，如：

（27）＊根据国内生产总值数据，近年来中国国内生产总值年均增长率达到 13.51%，保持了相对平稳较快的增长速度。（"相对平稳"与"较快"矛盾）

（28）＊他总想及时救人于危难，所以往往有时不能听从他人的意见。（"往往"和"有时"矛盾）

错序指的是位置错误，如下面例（29）"以上"应居于量词"米"后，而不是前。例（30）"多"应居于量词"种"前，而不是后。

（29）＊从图表可以看出，中国人则未选最长距离的选项 1.2 以上米。

（30）＊滨海边疆区有 520 种多不同的独特自然物体：湖泊，瀑布，古老的死火山，洞穴，国家公园和自然公园。

模糊限制语误用指的是将模糊限制语用在不合适的结构、句式当中，如：

（31）＊晚饭的范围整体比午饭较低，39% 认为在 6 ～ 10 元，30.50% 认为在 11～15 元，18.10% 认为在 16～20 元。（"较"不能用在比字句的比较结果中）

5.3.4.2　隐性偏误

留学生模糊限制语隐性偏误主要是语体偏误。语体问题是留学生论文写作中出现的语言运用问题之一（罗青松，2002），这同样反映在了模糊限制语的使用上。

（32）＊如《哆啦A梦》这部家喻户晓的动漫，其主人公大雄在学校受到欺负不敢向家人诉说的行为，我认为这是不太好的一种故事情节，因为日本是全世界校园暴力发生率非常高的国家，一些琐碎的事情都可以成为他们欺凌弱小同学的理由，《火影忍者》里的主人公也满是受到周围大人以及学校同学异样的待遇等等。

（33）＊因为，笔者觉得《西游记》是以佛教、儒教、道教思想为文化背景，所以宗教性的性格比什么都要重视。

例（32）中作者使用"我认为"作为缓和型模糊限制语，表示该判断是作者的个人主观观点而非客观事实。但学术汉语写作中，作者在自我提及时更常见的是使用"本文""我们"等方式。另外像"满是""觉得"也是口语色彩浓厚的词语，不适合出现在学术论文中。

留学生在汉语学术语篇中使用模糊限制语出现偏误的原因与语体意识缺乏、目的语规则掌握不牢、文化负迁移都有关系。

在汉语中，概数词"多"的使用是比较复杂的，它既可以位于数词之后，也可以位于量词之后。当数词是整十、整百、整千、整万等时，"多"位于数词之后，量词之前，如"300多个""7万多棵"等。留学生对这些规则掌握不牢，就会出现像下面例（34）的语序偏误。

（34）＊滨海边疆区有2 000个多历史和文化古迹（城市规划，建筑，美术，考古学），184个国家和公共博物馆，艺术画廊。

留学生在使用模糊限制语时也体现出文化负迁移造成的偏误，如：

（35）＊因此，本人建议民营企业应该加力找出企业的特点，增加更多的服务，完善服务网络和合理的覆盖网点。

留学生在表达观点时，常常使用"本人建议"，以及"我认为"之类的模糊限制语，倾向于使用非常凸显作者个人、强调个人独立性的结构形式，而汉语母语者在学术论文中则很少使用像"本人"这种十分突出个人的人称作为主观观点类模糊限制语的主语，而是选择比较客观、隐藏自己的"本文""本研究""笔者""我们"等做主语。从文化角度上看，这是一种文化负迁移。

综上，留学生在学术语篇中使用模糊限制语存在以下几个方面的特点：

第一，从整体来看，与母语者相比，留学生偏好使用变动型模糊限制语，尤其是程度变动语和范围变动语；而对于缓和型模糊限制语，尤其是犹疑态度类模糊限制语，则使用比例偏低。

第二，总体上留学生模糊限制语使用频率显著高于母语者，各类模糊限制语使用频率也分别高于母语者。其中，变动型模糊限制语差异显著。

第三，留学生对模糊限制语的选择往往比较集中，导致不同的模糊限制语使用频率相差悬殊。

第四，留学生使用模糊限制语的种类不如母语者丰富。

第五，留学生更倾向于选择无明显语体色彩或偏口语的模糊限制语，而且较少或不使用书面语色彩较浓的模糊限制语，从而使得语体偏误成为主要的偏误类型。

5.4　学术汉语写作教材中模糊限制语的编写

5.4.1　编写现状

当前学术论文写作的教学才刚刚起步，近些年才有高校逐渐开始设立论文写作课程（高增霞、栗硕，2018），目前市场上只有三套专门的学术论文写作教材，更多的还是使用通用高级写作教材。教材编写可以解决"教什么"的问题，要提高留学生的汉语学术写作能力，进一步推动、完善教材建设势在必行。模糊限制语作为学术语篇中的一个重要组成部分，相关教学内容如何更好地在教材中体现，也是非常值得关注的。为此，我们首先调查了写作教材中对模糊限制语的处理情况。

目前除专门的对外汉语学术写作教材外，部分高级写作教材也会用几个单元来进行学术写作教学。因此我们选择了 2 本通用高级写作教材：岑玉珍编写的《发展汉语·高级写作Ⅱ》（北京语言大学出版社，2012）、邹昭华编写的《汉语写作教程：高级·A 种本》（下册）（北京语言大学出版社，2006），和 1 本毕业论文专用教材即李英、邓淑兰编写的《留学生毕业论文写作教程》（北京大学出版社，2012）进行调查。

《发展汉语·高级写作Ⅱ》共十二单元，其中有两个单元属于学术写作教学。该教材侧重篇章结构教学，主要讲解、练习了学术论文的整体结构与学术论文各部分的基本结构和写作方法，几乎没有涉及模糊限制语教学。

《汉语写作教程：高级·A 种本》（下册）共十八单元，其中有五个单元属于学术写作教学。该教材同样侧重于篇章结构教学，很少涉及模糊限制语相关内容，只有生词部分出现了个别模糊限制语，如第十二单元生词表中出现了变动型模糊限制语"尤"，教材标注了"尤"的词性、读音并进行了英文释义，但并没有对其进行更多讲解、扩展或练习。

《留学生毕业论文写作教程》共十六课，每一课都会列举一些学术论文常用的表达方式，其中就包括一些模糊限制语。如第九课中，教材列举了"通过以上/前面的分析，笔者/本文认为……"。"笔者/本文认为"就属于缓和型模糊限制语。教材指出了该表达方式在论文结尾时常用，并给出了例句帮助学生理解，但是也没有针对该模糊限制语进行练习。

可见，从整体来看，模糊限制语在写作教材中没有得到足够的重视。这体现在以下几个方面：一是一些教材没有模糊限制语相关教学内容；二是很多没有被留学生掌握的模糊限制语没有出现在教材中；三是现有教材大多只是列举了部分模糊限制语，但没有针对模糊限制语设计练习；四是缺乏对模糊限制语用法的介绍。

5.4.2　内容呈现设计

5.4.2.1　学术汉语写作教材中模糊限制语教学词表

学术汉语写作教材中的模糊限制语部分的编写设计应该遵循教材编写的总体

原则，即具有实用性与针对性。实用性即教材的内容符合学习者的目标需求，教材的编排有利于教师的教和学生的学，即教材的内容对学生有用，教材的编排好教易学（李泉，2007）。针对性即教材的设计和内容的编排要适合学习者的特点和需求，要体现目的语的重点和难点，体现学科性质和课型特点（李泉，2004）。

在学术写作阶段，哪些模糊限制语值得教、应该教？我们根据以下两个条件筛选具有教学价值的模糊限制语：一是在此阶段留学生还没有掌握的模糊限制语；二是在母语者学术语篇中使用频繁，但留学生使用频率低的模糊限制语。一些母语者都很少使用，如使用频数小于等于 2 的模糊限制语，在通用学术论文写作教学中就没有必要教。根据以上认识，我们整理了我们认为具有教学价值的模糊限制语（见表 5-19）。

表 5-19　汉语学术语篇模糊限制语教学词表

类型		回避使用	使用频率偏低
变动型模糊限制语	程度变动语	甚、稍、略	远（远远）、显著、明显、一定、颇、相当、至为（至关）
	范围变动语	不足	大致（大略、大体）、基本、通常、往往
	频率变动语	时而	—
缓和型模糊限制语	主观观点类	我们认为、我们注意到、我们观察到、在笔者看来、本研究发现、本研究表明	我们发现、本文认为
	犹疑态度类	大概$_2$、不一定、可望（有望）、恐怕、估计	似（似乎）、应（应当、应该）、可能、未必

留学生回避使用或使用偏少的模糊限制语应该在教学中引起重视。这些模糊限制语中，有的属于难度较高的词汇，根据《国际中文教育中文水平等级标准》，"略""颇""有望""大体"等属于 7~9 级词汇，"甚""大略"等为超纲词；也有一部分模糊限制语属于初、中级词汇，如"我们认为""往往""远远"等，留学生对这些模糊限制语的使用情况也不理想，甚至存在不少使用偏误，因此仍然需要进行教学。

5.4.2.2　在相应学术语篇板块教学中加入相关模糊限制语教学

各类模糊限制语在学术语篇中有各自适用的板块，因此可以将各类模糊限制语置于具体的学术语篇板块中进行教学。Swales（1990）将学术语篇分解为引言（introduction）、研究方法（method）、结果（result）以及讨论（discussion）四个语步或功能板块。我们统计了表5-19中模糊限制语在母语者汉语学术语篇各部分出现的频数和频率，具体见表5-20。

表5-20　母语者汉语学术语篇相关模糊限制语分布

类型	模糊限制语	千字频率（频数）			
		引言	研究方法	结果	讨论
程度变动语	甚	0.077(13)	0(0)	0(0)	0.013(13)
	稍	0.019(3)	0(0)	0.054(4)	0.009(9)
	略	0.036(6)	0(0)	0.324(24)	0.013(13)
	远(远远)	0.042(7)	0(0)	0.176(13)	0.038(38)
	显著	0.244(41)	0.189(8)	2.067(153)	0.103(103)
	明显	0.215(36)	0.118(5)	1.027(76)	0.076(76)
	一定	0.167(28)	0.095(4)	0.176(13)	0.118(118)
	颇	0.042(7)	0(0)	0.014(1)	0.033(33)
	相当	0.048(8)	0(0)	0.014(1)	0.053(53)
	至为(至关)	0.024(4)	0(0)	0(0)	0.020(20)
范围变动语	不足	0(0)	0.024(1)	0.027(2)	0.004(4)
	大致(大体、大略)	0.019(3)	0(0)	0.041(3)	0.049(49)
	基本	0.077(13)	0.189(8)	0.243(18)	0.131(131)
	通常	0.083(14)	0.306(13)	0.203(15)	0.096(96)
	往往	0.203(34)	0.047(2)	0.081(6)	0.096(96)
频率变动语	时而	0.024(4)	0(0)	0(0)	0.003(3)
主观观点类	我们认为	0.024(4)	0.024(1)	0.014(1)	0.025(25)
	我们发现	0.024(4)	0.024(1)	0.068(5)	0.015(15)
	我们注意到	0.006(1)	0(0)	0(0)	0.002(2)
	我们观察到	0.006(1)	0(0)	0(0)	0.002(2)
	本文认为	0.024(4)	0(0)	0(0)	0.028(28)
	在笔者看来	0.012(2)	0(0)	0(0)	0.007(7)
	本研究发现	0(0)	0(0)	0(0)	0.006(6)
	本研究表明	0.006(1)	0(0)	0.014(1)	0.001(1)

(续上表)

类型	模糊限制语	千字频率(频数)			
		引言	研究方法	结果	讨论
犹疑态度类	大概₂	0(0)	0(0)	0(0)	0.013(13)
	不一定	0.006(1)	0(0)	0.027(2)	0.015(15)
	有望(可望)	0(0)	0(0)	0(0)	0.013(13)
	恐怕	0.006(1)	0(0)	0(0)	0.018(18)
	估计	0(0)	0(0)	0(0)	0.004(4)
	似(似乎)	0.089(15)	0(0)	0(0)	0.080(80)
	应(应该、应当)	0.012(2)	0(0)	0.027(2)	0.096(96)
	可能	0.524(88)	0.473(20)	0.500(37)	0.519(521)
	未必	0.012(2)	0(0)	0.014(1)	0.035(35)

通过统计可以发现，各类模糊限制语在学术语篇的各个部分分布比例不同，例如研究方法部分主要描述研究方案、素材和步骤，该部分使用的模糊限制语相对较少，但是在引言、结果及讨论部分就比较突出。

就某个模糊限制语而言，也有一定的使用倾向，例如"稍"和"略"表示程度不深或数量不多，多出现在将双方或多方进行比较的对比分析部分，如：

(36) 城镇和农村之间存在货币购买力差异，表12最后两列给出经地区PPP调整的城乡人均收入比。……2013—2018年，未经PPP调整的差距不包含流动人口的城乡人均收入比略有下降，包含流动人口的城乡人均收入比略有上升。　（罗楚亮等《中国居民收入差距变动分析（2013—2018）》）

有的模糊限制语在不同板块都有较高的使用频率，但在不同的板块明显具有不同的功能，如"可能"在引言部分评价前人研究时，多表示作者委婉的态度；而用在讨论部分中提出自己的观点时，则表达的是作者谦虚谨慎、不对自己的观点做绝对断言的态度。因此就有必要区分不同的功能在相应的板块呈现。

我们将表5-19所列的模糊限制语比较适合出现的语篇板块及比较适合呈现的相关语块梳理如表5-21所示。

表 5-21　学术语篇各部分常用模糊限制语及相关语块

语步	类型		模糊限制语及相关语块
引言	程度变动语	甚、颇	……观点影响甚广；关于……的研究数量甚多；此类看法/观点颇为常见；……的研究颇具启发/创新意义
		至为（至关）	……对……至关重要；……在……中有/起到了/发挥了/至关重要的作用/影响/意义
		一定	……研究为……研究领域提供了一定的理论框架/研究方法；该研究/观点具有一定的合理性/创新性/启发性/借鉴意义
	范围变动语	往往	传统研究/现有文献往往……；由于……，……研究往往只重视/忽视了……
		通常	现有研究通常采取/使用……方法/工具；……通常被认为是……
	频率变动语	时而	时而……，时而……
	主观观点类	我们/本文/本研究+认为/发现	我们认为……的观点是正确的；基于以上分析/论述，本文认为现有研究还存在几点不足
	犹疑态度类	可能	不同的结果/结论可能是由不同的研究方法/研究角度导致的
		似（似乎）	……似乎出现了……现象/问题；……现象/问题似乎没有得到足够的关注
结果	程度变动语	稍、略	……稍/略高于/少于……；与……相比，……的……稍少/晚；稍有/稍显/稍加/略有/略显/略带……；……有显著提升/降低/变化
		显著、明显	……与……存在明显差异；……对……有显著影响
		远（远远）	……远（远远）大于/滞后于/超出……；……远远不够/落后远比……更……
		一定	（在）一定程度上/范围内……；有/做/存在一定的调整/差距
	范围变动语	基本	……基本上都……；基本保持/处于……
		通常	通常来说/看；通常情况下
		不足	不足+数量（如：不足……的四分之一、不足 10 年）

（续上表）

语步	类型		模糊限制语及相关语块
讨论	程度变动语	相当	相当+形容词（如：相当丰富、相当广泛）；相当+名词（如：相当程度、相当比例）
	范围变动语	大致（大体、大略）	大体来说；大致上/大体上/大略上；大致（大体、大略）+形容词（如：大体相同、大略一致、大致相当）；大致（大体、大略）+动词（如：……大体认为……、大致分为……个阶段/时期）
	主观观点类	我们发现、本文认为、在笔者看来	基于……；我们发现……；根据……，本文认为……；在笔者看来……
	犹疑态度类	可能	……可能说明……；……很可能是……；……可能是因为……
		应（应该、应当）	……应该是/应该有……
		大概₂	这大概是因为……；……大概会……
		似（似乎）	……似乎表明/印证了……；……似乎造成了……
		未必、不一定	……未必/不一定是/能……
		有望（可望）	有望达到……；有望在……（方面/时间）实现……；……能力有望提高；……可望实现
		恐怕	恐怕难以/不能/不会/无法……；如果……，恐怕……
		估计	估计到……（时间），……；估计能达到/不超过……

5.4.3　特定用法教学

模糊限制语中的大多数都是学生已经学习过的词或短语，学生使用某种模糊限制语时出现问题往往不是因为没有掌握词或短语的意义，而是因为不了解该种模糊限制语在学术语篇中的特殊用法或功能。因此我们在学术写作教材中对于模糊限制语的教学，不必以普通生词教学的方式呈现，适合通过专门的练习设计，有针对性地进行特定用法训练。

我们以"稍"和"略"为例进行说明。在用法上，通过在母语语料库中对"稍"和"略"的用法进行考察，我们发现它们在学术语篇中主要有两种用法。

一是置于形容词前，对形容词进行修饰，一般结构为"稍（略）+形容词"或"A+稍（略）+形容词+于+B"。二是作为嵌偶单音词，与另一个单音节词组成双音节形式。冯胜利（2006）指出，汉语书面语的主要特征之一是越是典雅，用词越短。且汉语中一些典雅的单音词不能独立使用，必须和另一个单音词组织成一个双音节的形式才能合法，这种单音词为嵌偶单音词。"稍"和"略"在汉语学术语篇中就常作为嵌偶单音词使用，它们通常与单音节动词搭配，如"稍显""稍加""略带""略作"等。因此在教材中可以适当呈现"稍""略"的一些常用格式或语块，如：

稍（略）+形容词

稍高/稍低/略多/略少

（1）比乖伯簋时代**稍晚**的史墙盘不仅明确提出"文武长烈"的说法，而且用大段的话肯定周武王的功绩，这都是前所未见的尊崇武王的观念。

A+稍（略）+形容词+于+B

稍高于/稍低于/略多于/略少于

（2）在同一样本中，高技能服务业的收敛系数**稍高于**低技能服务业。

（3）从人均 NBS 收入看，加权时，2013 年的人均收入高于官方数据；而2018 年的人均收入**略低于**官方结果。

稍（略）+单音词

稍有/稍显/稍加/略有/略显/略带

（4）潮镇因为生产提花被面而大量使用提花机，这种机器**稍加**改动即可转为生产提花面料窗帘布。

（5）"最少"和"至少"比较类似，与"超过"共现时，或者出现在"超过"之前或者跟随"超过"，但后一种说法**略显**不自然。

在练习中也可以增加与"一点儿"等口语词语的替换练习以巩固学生对这些词的书面语体色彩的把握。如：

请用"稍"或"略"改写画线的部分。

（1）在数千年的历史变迁中，<u>白洋淀的水域范围有一点儿变动</u>。

（2）北魏、北齐时期，某些地区土地国有制一度占主导地位，<u>从而导致土
地国有制在全国垦田总数中的比重上升了一点儿</u>。

5.4.4　练习设计

聂丹（2017）指出，对于对外汉语写作课这一产出技能类课型，应该多设计
主观性题型，训练在一定语境中产出适合交际要求的书面或口头作业的能力。同
时，写作教材应提供多层次、多种类的练习项目（罗青松，2001），因此在设计
模糊限制语的练习时应以主观性题型为主，同时适当的客观性题型也必不可少。

客观题与主观题承担着不同的功能，选词填空等客观性题型可以帮助学生掌
握词语的意义，适合用于练习难度较高的模糊限制语；改写句子、补全句子、补
全段落、改写段落、评价习作、段落写作等主观性题型练习的是综合运用模糊限
制语的能力，适用于各类模糊限制语。因此在设计练习时，我们可以根据具体模
糊限制语的特点灵活地选择练习形式。

仍以"稍"和"略"为例。在练习形式上，可以使用的题型有填空练习、
改写句子练习、补全句子练习、段落写作练习这几种练习方式。鉴于这些词语学
生并不生疏，以及写作课篇章输出的目标，可以将这些练习设置为以篇章为载体
的形式。例如：

一、选词填空。选择合适的词或短语把句子补充完整。

略……于……　稍有　稍显　稍

（1）"最少"和"至少"比较类似，与"超过"共现时，或者出现在"超
过"之前，或者跟随"超过"，但后一种说法_____不自然。

（2）城镇居民人均收入年均实际增长率_____低_____农村。

二、用"稍"改写下列句子中的画线部分。

（1）亚洲人口的生育水平在 20 世纪 50 年代后的 40 年间从高于全球水平的
平均一对夫妇生育 6 个孩子下降到 3 个，<u>此后一直比全球平均水平低一点儿</u>。

（2）从安新梁庄、留村遗址的地层资料来看，在数千年的历史变迁中，<u>白洋
淀的水域范围有一点儿变动</u>。

三、在画线的部分补充合适的内容使句子完整。

（1）实验组的平均成绩为 87 分，＿＿＿＿＿＿＿，为 84 分。

（2）根据调查，2020 年我国人均上网时长约为 2.5 小时，2021 年为 2.7 小时。与 2020 年相比，＿＿＿＿＿＿＿。

四、段落写作。假设你正在写一篇关于中国人购物方式变化的论文，下表是你调查得到的数据，请根据数据写一段话。

年份	商店购物占比	网络购物占比	电视购物占比
2010	65%	23%	12%
2015	51%	42%	7%
2020	44%	53%	3%

第6章　汉语学术语篇摘要写作及教学

6.1　引言

6.1.1　问题的提出

近年来，留学生论文写作和指导引起很多关注，不断有学者提出要重视、加强论文写作课程的设置和教材建设问题，如罗青松（2002）提出毕业论文指导是关系到实现培养目标的系统工程，要从课程设置、教学方案的总体设计上全面规划。很多学者关注到留学生毕业论文写作中出现的问题，其中摘要作为论文重要的组成模块，也成了关注的目标。

尽管在教材及课堂教学中摘要写作教学已经逐渐被注意，但是摘要作为论文写作的一部分，依然存在很多尚待讨论和解决的问题，摘要的写作和教学中缺乏"教什么"的理论实践支撑，表现为：一是缺乏标准，什么是规范的摘要？如何写作才正确？二是缺乏对教学程序和标准的研究，以何种方式教授摘要的写作和进行训练？是否可以切分出一些语言点？在教材中如何具体处理？本章试图为解决留学生论文摘要的写作教学和教材建设中"教什么"的问题进行一些研究，对教材中相关内容的编排提出一些建议和设想，以帮助针对留学生的论文写作教学，提高留学生论文摘要的写作质量。

6.1.2　相关研究综述

对于汉语学术论文摘要写作的研究，就是研究摘要写作中出现的问题，多集中于国内学术期刊的摘要写作上，如杨金砖（2002）指出常见问题有：人称错误；对论文内容进行不必要的自我评价和价值判断；摘要过简信息不全；使用非公知性的符号缩略语、略称和代号。黄杨（2003）指出社会科学论文摘要撰写存在重复论文题目、序文误作摘要、罗列文中标题、称谓使用不当、有目的无结论、内容本末倒置、妄加评论、词句拖沓等问题。刘雅琴等（2004）发现期刊论文摘要写作中出现的问题是：把论文摘要和引言混淆，摘要中出现了应该纳入引言的内容无疑在一定程度上削弱了摘要的作用；将摘要写成内容提要，使摘要失去了本身的作用；摘要中出现了不必要的自我评价的内容。陈蓉等（2004）通过分析《重庆建筑大学学报》中的来稿发现论文摘要撰写中存在的主要问题是：对摘要的重要程度认识不足、没有按照应有的基本要素去撰写；摘要的内容和类型不相符，论文创新之处多但摘要过于简略；创新之处少但摘要冗长，重点不突出；将摘要和引言写得雷同或者摘要中出现了评论性文字；有的摘要不具有独立性和自明性。王丰年（2007）指出当前学术论文摘要存在九大误区，包括重复文章的题目和标题的信息、语言缺乏学术化色彩、信息量少没有反映文章的创新之处、含义模糊、对自己的文章评价过高、重复某学科领域已成为常识的内容、描述文章的背景知识、描述文章的写作过程以及使用谦辞等。

关于留学生汉语学术论文摘要的研究极少，在我们所搜集到的文献中，专门涉及该话题的，只有张珊的《中央民族大学汉语国际教育硕士外国留学生论文摘要问题研究》，该文选取中央民族大学汉语国际教育硕士（留学生）的 66 篇论文摘要进行了考察，虽然选取的论文是经过导师和学生多次修改后提交的，但是仍旧遗留了一些错误，比如在语言问题上出现了字词错误和语法错误，此外还有标点符号的问题和逻辑错误，还有在人称上未采用第三人称，字数上没有统一的认识，要素的缺失、冗余或重复等问题。可见在留学生汉语学术论文摘要写作上，还有很大的研究空间。

6.1.3　研究内容与研究方法

我们的目标是希望解决在留学生学术论文摘要写作教学中"教什么""怎

教"的问题，不包括摘要中关键词的写作，具体进行三项工作：

首先，梳理关于论文摘要标准的规则性文件以及摘要规范的相关研究，统计分析当前核心期刊中普遍通行的摘要写作模式，归纳提炼出符合学术规范的摘要的正确写法，为摘要教学和写作指导提供可参考的模板。

其次，通过与母语者摘要写作相比较，调查归纳留学生摘要写作中出现的主要问题。

最后，调查当前学术论文写作教材中摘要部分的教学内容和练习情况，分析当前教材在摘要理论与实践的内容设计、语言点编排以及练习设置上的经验和不足，为留学生论文写作教材中摘要部分的编写提供建议。

为了解中文摘要的写作模式，为写作教学提供模板和依据，我们挑选了《中国社会科学》《心理学报》《经济研究》《新闻与传播研究》《科学通报》和《振动工程学报》《中国法学》《中国语文》《中国病理生理杂志》《中国农业科学》这10种涉及多个专业和领域的核心期刊，然后按照引用率排序，剔除不提供摘要的文献和摘要、提要混用的文献，最后筛选出2013—2018年五年内引用率较高的100篇文献的摘要建立了一个小型母语者中文摘要语料库作为摘要模板的主要研究对象。另外，从中国知网全国优秀学位论文库中随机选取浙江大学、南京大学、中国科学技术大学等学校30篇不同专业的硕士、博士学位论文的中文摘要，作为辅助研究对象。

对于留学生中文摘要的语料来源，我们从中国知网硕士学位论文以及中国人民大学学位论文库中搜集了汉语国际教育专业、汉语言文字学专业、语言学及应用语言学专业、对外汉语教学专业来自十多个国家的留学生的硕士学位论文摘要共计50篇作为学习者中文摘要研究对象。

6.2　摘要的性质及类型

摘要虽篇幅短小，但是在信息检索和传播中起着重要的作用。一方面读者可以通过阅读摘要来确定文献与自己检索内容的相关性从而决定是否对文献进行全文阅读，节约阅读时间；另一方面摘要在很大程度上决定了论文的传播度，摘要的写作质量会直接影响到论文下载、选用和收录，因此写一篇好的摘要对于论文作者来说是至关重要的，但是目前来说无论是中国学者还是留学生摘要写作不规范的问题频现，学界对于摘要如何去写也没有形成统一的标准，因此明确摘要是什么，摘要怎么写并建立摘要的写作模式也是当前需要关注并解决的问题。

6.2.1　摘要的性质

摘要是一种独立的文体。文体是赋予既定思想并适合产生出它应有效果的全部形式，也是为适应不同的交际需要而形成的语文体式。文体学通常将文体分为科技文体、文学文体和应用文文体。摘要应属于科技文体，但是在当前的摘要写作中涌现出的将摘要写成引言或者目录形式是明显地将摘要视作了论文的子要素，为避免摘要写作中类似问题的产生，我们有必要对摘要的文体独立性加以论证和研究。

6.2.1.1　摘要是一种文体

关于什么是摘要，国际标准和国内标准的相关文件都做出了比较清晰的界定，具体如表 6-1 所示。

表 6-1　标准文件中对摘要的定义

文件名称	对摘要的定义
《文献工作——出版物的摘要和文献摘要》[ISO 214—1976（E）]	（摘要）指对文献内容简短而准确的表达，无须补充解释或评论且不因作者的不同而有所差异
国家标准《文摘编写规则》（GB 6447—86）	（摘要是）以提供文献内容梗概为目的，不加评论和补充解释，简明、确切地论述文献重要内容的短文
《科学技术报告、学位论文和学术论文的编写格式》（GB/T 7713—1987）	摘要是报告、论文的内容不加注释和评论的简短陈述。摘要应具有独立性和自含性，即不阅读报告、论文的全文，就能获得必要的信息。摘要中有数据、有结论，是一篇完整的短文，可以独立使用，可以引用，可以用于工艺推广。摘要的内容应包含与报告、论文同等量的主要信息，供读者确定有无必要阅读全文，也供文摘等二次文献采用。摘要一般应说明研究工作目的、实验方法、结果和最终结论等，而重点是结果和结论

（续上表）

文件名称	对摘要的定义
《学位论文编写规则》（GB/T 7713.1—2006）	摘要应具有独立性和自含性，即不阅读论文的全文就能获得必要的信息。摘要的内容应包含与论文等同量的主要信息，供读者确定有无必要阅读全文，也可供二次文献采用。摘要一般应说明研究目的、方法、结果和结论等，重点是结果和结论
《学术论文编写规则》（GB/T 7713.2—2022）	摘要是对论文的内容不加注释和评论的简短陈述，应具有独立性和自明性，即不阅读全文就可以获得必要的信息

通过国际和国内标准文件对摘要的定义，可以总结出摘要具有如下特点：

在写作方法上，摘要是对文献内容进行简短、准确、客观的浓缩和概括，是对文献的介绍、陈述而非论述，不包含评论和解释，即不需要对文献研究做出解释和主观评论，因此是研究内容的客观呈现，不因撰写者的不同而有所区别。

在内容上，摘要要包含和论文同等量的主要信息，一般是其研究的目的、方法、结果和结论。

在功能上，摘要可以使读者在不阅读文献全文的情况下，就可以获取论文的主要信息，从而判断其与自己兴趣的相关性来决定是否需要阅读整个文档；其次是可以独立使用或供文摘等二次文献采用。

由此可见，摘要是一种独特的文体。

摘要在文体上的独立性对教学的启发是：应该培养学生摘要是与论文平行、需独立写作的文体的观念，必须从思想上形成对摘要的正确认识。

6.2.1.2　摘要是一种独立的文体

无论是标准文件还是学者的研究，都特别强调了摘要的独立性，如表 6-2 所示。

表 6-2　文献中对摘要特点的概括

文献名称	摘要的特点
《科学技术报告、学位论文和学术论文的编写格式》（GB/T 7713—1987）	独立性、自含性

（续上表）

文献名称	摘要的特点
《学位论文编写规则》（GB/T 7713.1—2006）	独立性、自含性
《学术论文编写规则》（GB/T 7713.2—2022）	独立性、自明性
《学术论文摘要的写作》（陶范，2000）	独立性、自含性
《论学术论文摘要的撰写》（周晓辉，2008）	目的性、客观性、独立性、自含性、代替性
《科技论文中文摘要写作述要》（张志钊，2010）	客观性、针对性、规范性、简明性

通过上表我们可以看到摘要被提及最多的一个特性就是独立性。我们认为独立性有这样几个含义：

第一，从写作顺序上看，摘要是独立写作的，不与正文的写作重合或交叉。

第二，在形式上，摘要是一个独立的部分，并不是正文的组成部分。

第三，从内容上看，根据《学术论文编写规则》（GB/T 7713.2—2022），摘要既包含目的、方法、结果、结论等论文正文中的重要信息，还可以有数学式、化学式、插图、表格等，且首次出现非公知公用的简称、外文缩略语和缩写词，应给出全称、中文翻译或解释。也就是说，摘要所传递的信息具有独立性，不需要也不能依附篇章外的信息。

第四，在功能上，摘要可以独立进入文摘集，以文献的形式被独立使用。

摘要在文体上的独立性对教学的启发是：摘要应该作为一个独立的教学单元进行专门的教学。

6.2.2　摘要的类型

根据不同的分类标准，摘要可以划分为不同的类型，如按照编写人员的不同，可分为作者文摘和文摘员文摘。作者文摘是原文献作者自己撰写的，附在正文前面。文摘员文摘是指除一次文献的作者之外的人编写的文摘。我们这里研究的是作者文摘。

国际标准《文献——出版物的摘要和文献摘要》［ISO 214—1976（E）］中

没有明确地对摘要进行分类，但是提及了三种不同类型的摘要：报道性摘要（informative abstracts，还译成信息性摘要）、指示性摘要（indicative or descriptive abstracts，还译成描述性摘要）、报道—指示性摘要（informative-indicative abstract，还译成信息—指示性摘要），并且指明信息性摘要尤其适用于描述实验工作的文献和专注于单一主题的文献。然而，一些散漫或冗长的文本，如概述、评论文章和整部专著，可能允许编写的摘要仅是对文件类型、所涵盖的主要范围和事实处理方式的指示性或描述性指南。当摘要的长度或文档的类型和风格受到限制，需要将信息性语句限制在文档的主要元素中，并将其他方面归为指示性语句时，通常必须编写信息—指示性摘要。

国家发布的标准文件中，《文摘编写规则》（GB 6447—86）将摘要分为报道性文摘（informative abstracts）和报道—指示性文摘（informative-indicative abstracts），报道性文摘是用于指明一次文献的主题范围及内容梗概的简明文摘。报道—指示性文摘是将报道性文摘和指示性文摘相结合，用报道性文摘的形式表述文献之中信息价值较高、创新价值较大的部分，而用指示性文摘的形式表述剩余的部分，但是该分类却没有提及指示性摘要。

《科学技术报告、学位论文和学术论文的编写格式》（GB/T 7713—1987）和《学位论文编写规则》（GB/T 7713.1—2006）中也没有对摘要进行分类，但也提到了摘要的类型。以《学位论文编写规则》为例，其提到了三种类型："宜采用报道性摘要，也可采用报道—指示性摘要、指示性摘要。报道性摘要可采用结构式。""在一般情况下，报道性摘要以 400 字左右、报道—指示性摘要以 300 字左右、指示性摘要以 150 字左右为宜。"

牛桂玲（2013）提到，根据摘要的作用和内容，摘要可以细化为三种主要的形式：指示性摘要、评价性摘要和信息性摘要。其中指示性摘要的界定和国际标准相一致，而评价性摘要（evaluative abstract）主要是对学术论文的用途、可读性、准确性、完整性和引人之处等进行分析和评价，突出摘要作者对原作的评价，包括本人的评价和反映。信息性摘要的界定和国际标准相一致，并被进一步分为结构式摘要和非结构式摘要。非结构式摘要也就是传统的报道性摘要，也被称为一段式摘要，而结构式摘要是在行文中用醒目的字体、大写（在英文摘要中）或斜体等在摘要中直接标出背景、方法结果和结论等标题或者要素，每个部分有一个小标题，将摘要切分成明确的多个成分。

国内的标准和学者的研究在很大程度上参考了国际标准《文献工作——出版物的摘要和文献摘要》，该文件的制定是在 1976 年，但是大约 1987 年才出现了结构式摘要，因此该文件中没有出现结构式摘要。结构式摘要与上述提到的三种摘要有明显的形式上的区别，那就是把各项要素明确地标识出来，从而把完整的段落切分开来，各要素可以一眼看清楚。牛桂玲等学者将其看作报道性摘要的变形是因为在要素组成上其和报道性摘要有重合之处，但是文献一般至少包含研究目的、研究方法、研究结果和研究结论四个要素时才可以采用结构式摘要，因此结构式摘要最开始在医学论文中出现。由于专业、研究内容等的不同，报道性摘要中很少出现四个或以上的要素（在下文的统计中会有具体说明），因此内容上和结构式摘要也有很大的不同，不可将结构式摘要简单看作报道性摘要的特殊形式。结合国际、国内标准文件，我们认为除结构式摘要外，按照内容和写作方式以及应用文献类型特点的不同，与结构式摘要不同的段落式摘要可以分为报道性摘要、指示性摘要和报道—指示性摘要，三者可合称为传统式摘要。

6.2.3 摘要的要素组成

摘要包含的组成成分，在国内文献中多称为摘要的"要素"，外文文献中多称为"语步"，这是一个修辞概念而不是一个语法概念（Swales，2004）。

对于摘要中应该包含哪些组成成分，国际、国内的学者们的研究和标准文件有不同的认识，如表 6-3 所示。

表 6-3　文献中对摘要组成成分的说明

文献	要素	模式
APA（American Psychological Association）格式（2001）	存在的问题/目的/研究问题/核心内容，样本大小/特征，研究方法，研究发现/结果，研究结论/意义/启示	五语步
国家标准《文摘编写规则》（GB 6447—86）	目的、方法、结果、结论、其他	五要素
《科学技术报告、学位论文和学术论文的编写格式》（GB/T 7713—1987）	研究工作目的、实验方法、结果和最终结论等	四要素

（续上表）

文献	要素	模式
《学位论文编写规则》 （GB/T 7713.1—2006）	研究目的、方法、结果和结论	四要素
Swales（1981）	导言、方法、结果和讨论	IMRD 模式， 四语步
Craetz（1985）	引言、方法、结果、结论	IMRC 结构， 四语步
Salager Meyer（1992）	综述、目的、方法/语料、结果、结论和建议（其中目的、方法/语料、结果和结论为医学生物论文所必需的四语步，另外的综述和建议为可选语步）	六语步

　　总体而言，目前主要的观点有四语步模式、五语步模式和六语步模式三种。国际上应用广泛的研究论文撰写格式——APA（American Psychological Association）对摘要做出的规定是：优质的实证性摘要应该包含五项内容。因为样本的大小和特征可以归到研究方法中，所以 APA 规定的摘要格式也可以看作四个语步，由此可见摘要中包含方法、结果和结论要素是国际和国内的一个共识。

　　《文摘编写规则》中规定，摘要由五个要素组成：目的、方法、结果、结论和其他，并对各要素进行了说明，如表6-4所示。

表6-4　摘要各要素的内涵

要素	包含内容
目的	研究、研制、调查等的前提、目的和任务，所涉及的主题范围
方法	所用的原理、理论、条件、对象、材料、工艺、结构、手段、装备、程序等
结果	实验的、研究的结果，数据，被确定的关系，观察结果，得到的效果，性能等
结论	结果的分析、研究、比较、评价、应用，提出的问题，今后的课题，假设，启发，建议，预测等
其他	不属于研究、研制、调查的主要目的，但就其见识和情报价值而言也是重要的信息

6.3　母语者期刊论文摘要的写作模式调查

在我们所搜集的 100 篇母语者期刊论文摘要中，共有报道性摘要 37 篇，指示性摘要 21 篇，报道—指示性摘要 25 篇，结构式摘要 17 篇。结构式摘要一般出现在医学或农业科学类期刊文献中，有很强的专业局限性。其他三类摘要，使用率最高的是报道性摘要，其次是报道—指示性摘要，最后是指示性摘要。

6.3.1　报道性摘要的写作模式

报道性摘要，又译作信息性摘要，该类摘要要求作者在写作中概括地、不加注释地摘取原文要义加以提炼，主要用简洁、准确的语言来表述论文的研究目的、范围、方法以及得到的结果和结论等，概括介绍文章的全部创新性内容。读者通过阅读此类摘要基本可了解到文章的全部主要信息，能够较好地实现语言最简化和信息最大化的原则。它是论文内容信息表述和反映最为充分的一种，所以独立性、自明性和客观性都比较强，因此多用于主题较单一且创新性较多的论文。

6.3.1.1　报道性摘要的要素组成

上一节我们整理了《文摘编写规则》中对目的、方法、结果、结论和其他各要素内涵的说明，据此我们对 100 篇母语者期刊论文中文摘要进行了分析。分析中发现，"其他"信息主要是研究背景，因此把"其他"要素改为"背景"，其主要包括前期的相关研究、研究中的空白等意义价值表述。宽泛地说，这部分内容也可以归为"目的"要素。

表 6-5　母语者期刊论文报道性摘要的要素组成

种类数	背景	目的	方法	结果	结论	篇数	比例/%
1					+	13	35.14
2	+				+	7	29.73
		+			+	3	
	+	+				1	

（续上表）

种类数	背景	目的	方法	结果	结论	篇数	比例/%
3	+	+			+	2	24.32
		+	+	+		4	
		+	+		+	2	
	+	+			+	1	
4	+	+			+	1	10.81
		+	+	+	+	3	
合计	12	17	9	8	32	37	100.00
频率/%	32.43	45.95	24.32	21.62	86.49		

表6-5显示，在37篇报道性摘要中，所包含要素最多不超过4个，出现最多的是结论，接近90%，背景、目的、方法、结果的比例都超过了20%，都属于有共识的摘要组成部分，但四个要素齐全的占比较少。这说明写报道性摘要不必强求每个要素都具备。报道性摘要具体应该出现哪些要素应该根据研究的实际情况、论文的实际内容来选择和决定，而不是按照作者的写作习惯来决定。特别是理论型文章一般不采取实验探究等方法，因此常常只有研究目的中所涉及的研究范围和研究结论。如：

（1）国外学者关于汉语母语者难以进行反事实表达理解和相应推理的实验存在争论。【目的】事实上，古代汉语和现代汉语中都有大量语法化的反事实条件句式，只是汉语研究者对这种句式的反事实语义特点不敏感。究其原因在于，汉语反事实条件句一般都有强烈的情感倾向（表示庆幸或遗憾），这强化了反事实思维的结果对比机制，弱化了其因果推理机制，最终掩盖了反事实思维在因果推理方面的逻辑力量，也在一定程度上遮蔽了其条件的反事实性。汉语的反事实表达及其背后的思维特点，反映了语言和思维之间的互相影响、互相塑造和互相推动。【结论】（《中国社会科学》2015年第8期）

6.3.1.2　报道性摘要的常用表达模式

在报道性摘要写作中，我们发现有些表达模式会经常性地出现，这些模式常常具有清晰的功能指向，如例（2）中有四个板块，分别是通过典型的句式加以标记，如方法部分使用了"利用……，以……为……，考察了……"，而"实验结果表明""根据实验结果认为"分别提示该部分的作用是介绍研究结果和结论。

（2）语迹理论是生成语法框架下所提出的重要理论假设，但这种理论假设正确与否，句法表征中是否真正存在没有语音形式的语迹，必须得到与语言相关的脑神经机制的实验验证。【目的】在生成语法理论背景下，利用高时间分辨率的事件相关电位技术，以汉语话题句为研究语料，考察了汉语语迹的神经机制问题。【方法】实验结果表明，在汉语话题句的加工过程中所诱发的持续负波、动词位置的负成分以及句末位置的P600成分，均反映了句首话题成分移位后会在原有位置留有语迹，二者之间存在句法依存关系。【结果】根据实验结果认为，语迹在汉语话题句中有其神经机制，语迹理论假设的合理性能够得到大脑神经机制上的证明。同时研究也从神经机制的角度逆向证实了汉语话题句是经由移位生成的句法结构。【结论】（《中国社会科学》2013年第6期）

我们梳理了37篇报道性摘要中各个板块多次（≥3）出现的类似的"套子"，把它称为常见句型，按要素进行分类如表6-6所示。

表6-6　报道性摘要中各要素的常见句型

要素	常见句型
研究目的	探讨/研究……；为进一步探讨……，本研究……；以……为研究对象，分析……，为……提供科学的理论依据/基础；本文在……的基础上揭示……，以促进……；为了……，（本文）考察了/研究了/探讨了/分析了……；（本文）试图为……做出尝试；为回答这一问题，（本文）考察了/研究了/探讨了/分析了……；（本文）考察了/研究了/探讨了/分析了……，旨在……
研究方法	本文采用/利用……方法，以……为调查对象，运用/利用……；以……为标准，利用/通过……，对……进行了实证检验；以……为对象/基础，分析……
研究结果	（实验/研究）结果发现/显示/表明……
研究结论	分析结果发现……；结果/研究/数据分析表明……；研究发现……

在进行该类摘要写作时，可以按照要素写作法进行，作者首先根据论文的实际内容选择要素，然后每部分要素可参照上述格式结合论文信息进行填充写作，最后调整修饰，使其连贯成完整的独立性短文。

报道性摘要信息量大，参考价值高，它向读者提供原文全部的创新内容，呈现定量或定性信息，在一定的篇幅内还能较全面地反映论文的实质和精髓，便于读者迅速获取论文的关键信息，可以显示出论文的科学性和设计的严谨性。因此多用于主题较单一且创新性较多的论文，而且按照要素方法来写，难度小、信息齐全，易于学生接受和掌握。

6.3.2 指示性摘要的写作模式

指示性摘要，也称作描述性摘要，同样采用简洁的语言来起到概述文献内容的作用，不同的是，指示性摘要并不对具体的数据和图表等细节信息进行介绍，一般不提供方法、结果和结论等内容信息，无法直接陈述清楚论文的一些具体的实质性内容，因此难以对摘要内容进行具体的结构要素划分。指示性摘要多是对文献研究的主题范围、调查目的或研究意义、研究工作做简明扼要的介绍，主要起解题的作用。

指示性摘要在句式上主要呈现出以下特点：

概述性词语使用频繁，比如"对……进行了研究，提出了……""分析了……，探讨了……"或者是用表示顺承关系的连词"首先……，其次……，最后……"，这些带有明显介绍性质的词语是指示性摘要的显著特征。这类记叙性词语后面的内容是对论文大体的描述性语言，论文中具体的实质性内容无法得到直接的陈述，尚需阅读正文来获得，因此自明性较差。

主语通常被省略。在人称的选用上多用"本文""作者"等，但是主语通常是隐匿的，因此，摘要句子在结构上多采用主语省略句，常见句式为"（状语）谓语+（定语）宾语"，如指示性摘要中常见句式："分析了……""讨论了……"等。省略主语"文章"或"作者"，使文章看起来更加简洁，同时也避免了主观色彩，如：

（3）以技术选择指数作为政府对资本密集性部门政策倾斜程度的

度量指标，利用 1978—2008 年中国省级面板数据，对理论假说进行了实证检验。(《中国社会科学》2013 年第 4 期)

指示性摘要中常用"将""对"等介词将动词的宾语提前，然后变成介词短语结构作状语，如："从……方面/角度研究……""对……进行了研究""将……引入……"等。这种结构使句子更加简洁，如：

(4) 从政府发展战略的视角，研究中国城市化滞后、城乡收入差距持续扩大的原因。(《中国社会科学》2013 年第 4 期)

指示性摘要写作模式化特征明显，一篇指示性摘要，常见的写作格式可以描述为以下 5 种：

(本文) 从……角度总结/讨论/探讨/探究/考察/分析（了）……。

(本文) 在……的基础上/以……为基础/，通过……/采用/借助……方法，总结/讨论/探讨/探究/考察/分析（了）……。

通过调查，(本文) 对……假设进行（了）检验，结果验证该假设是成立/不成立的。

(本文) 从……方面介绍/探讨/分析（了）……。

(本文) 首先基于……/在……的基础上/以……为基础，对……进行（了）研究，然后讨论/探讨/探究/考察（了）……。接下来……，最后……。

在 21 篇采用指示性摘要的文献中，有 9 篇是综述类论文：《媒介与集体记忆研究：检讨与反思》《从计算到数据新闻：计算机辅助报道的起源、发展、现状》《新媒体、媒介镜像与"后亚文化"——美国学界近年来媒介与青年亚文化研究的述评与思考》《网络重要节点排序方法综述》《大气 PM2.5 对健康影响的研究进展》《中国地表水环境中药物和个人护理品的研究进展》《中国转基因棉花研发应用二十年》《基于基因组学的作物种质资源研究：现状与展望》《植物营养与肥料研究的回顾与展望》，其摘要例如：

（5）本文从"青年亚文化的媒介镜像""新媒体催生的亚文化形态""青年亚文化的历史与社会脉络"三个维度，综述了美国学界近年来关于媒介与青年亚文化研究的最新成果，【方法】分析了西方"后亚文化"概念的生成语境，探讨了东西方亚文化研究的可沟通性，并对中国的亚文化研究给出了几点参考意见。【内容】本文认为，亚文化与主流社会政治、经济、文化的持续互动，应该成为我们研究亚文化的最重要的路径，要厘清各种理论的背景和脉络，借鉴西方用亚文化"反观"主流文化的研究视角。【思考】（《新闻与传播研究》2014年第4期）

这篇摘要对文章的研究方法（"三个维度"）、研究工作（"分析了""探讨了""给出了"）和个人的思考或者说研究价值（"认为"）做了介绍，但是并没有对文章的主要观点进行说明介绍，实质性内容尚需阅读论文正文内容来获得。综述类文献信息庞杂，在摘要有限的篇幅内难以逐项详述，而指示性摘要采用概括的指示性语言，不对具体信息进行列述，因此正适用于综述类文献。综述类论文指示性摘要的常见写作格式为：

按照……，从……入手，尝试对……的发展进行综述。

（本文）对……等进行了综述，并对……进行（了）剖析，旨在……。

（本文/论文）系统地综述/概述（了）……。

（本文/论文）论文回顾（了）……/对……进行（了）回顾，并对……进行（了）展望/展望（了）……。

（本文）从……方面对现有研究进展加以总结，讨论了现有研究存在的问题。

6.3.3　报道—指示性摘要的写作模式

报道—指示性摘要是一种将报道性摘要和指示性摘要融合在一起的摘要形式，在一篇摘要中以报道性摘要的形式表述创新性高、信息价值大的部分，而以指示性摘要的形式概述其他非核心或不便详细叙述的内容。这类摘要兼顾了指示性摘要和报道性摘要的特点，既适用于科技文献，也适用于单一主题的文献和综合性内容的文章，如：

（6）首先根据碳排放因素分解法计算出我国 1980—2007 年的碳排放量，然后实证分析了出口贸易、经济增长与碳排放量之间的动态关系。【指示性】结论显示：3 个变量间存在长期协整关系；出口贸易是碳排放和经济增长的 Granger 原因，而经济增长不是碳排放的 Granger 原因；碳排放对出口贸易的响应强度不断增强，至第 5 期达到最大值，随后不断减少，直至达到最小值；碳排放对经济增长的响应强度从第 2 期开始由负变正，且不断增强，至第 8 期达到最大值，而后减少。鉴于此，提出了若干政策建议。【报道性】（《国际贸易问题》2010 年第 1 期）

这篇摘要中结论部分（"结论显示"）采取了报道性摘要的形式，对具体的数据信息进行表述和介绍，其他信息则采用了指示性摘要的概括性介绍的形式，通过"首先""然后""鉴于此，提出了"等指示性词语进行串联。

表 6-7 母语者期刊论文报道—指示性摘要的要素组成

种类数	背景	目的	方法	结果	结论	篇数	比例/%
1					+	12	48
2		+		+		1	16
	+				+	1	
		+			+	2	
3		+		+	+	2	28
	+	+	+			3	
		+	+		+	2	
4	+	+	+	+		2	8
合计	1	12	7	21	25	100	
频率/%	4	48	28	32	84		

如表 6-7 所示，在 25 篇报道—指示性摘要中，包含一个要素的有 12 篇，两

个要素的有 4 篇，三个要素的有 7 篇，四个要素的有 2 篇，也没有出现多于四个要素的摘要。与报道性摘要相同，结论要素的出现频率是最高的，结论要素也可以纳为报道—指示性摘要的常备要素；但是与报道性摘要不同的是，报道—指示性摘要中采用报道性的部分很少提及背景要素，这也是在写作此类摘要时需要注意的地方，其他的目的要素、方法要素和结果要素出现的频率都在 20% 以上，也都是可选要素。

整体上看，报道—指示性摘要一般采用"指示性+报道性"的结构方式，先采用指示性摘要写法介绍论文基本信息，然后采用报道性摘要写法介绍论文主要观点。例（6）就是这种写作模式，再如例（7）也是同样的构造：

（7）按照历史的纬度，从计算机辅助报道的产生、发展及演变入手，尝试对这一新闻报道的辅助工具进行重新解读，并对其最新发展形态，即数据新闻进行分析。【指示性】扫描数据新闻在国内的发展现状后发现，虽然媒体急于拓展自己的业务增长点而将数据新闻视作一条转型路径，但其发展障碍也非常明了：计算机辅助技术是记者面临的文化资本障碍，而"原始数据"的获得则是国内大多数记者进入数据新闻领域的最大问题。基于此，新闻传播学界有责任对"数据新闻"进行学理探索，并给出数据新闻的实践、操作模式。【报道性】（《新闻与传播研究》2014 年第 9 期）

6.3.4　结构式摘要的写作模式

结构式摘要大概出现在 1987 年，该类摘要最早出现在医学杂志论文中，之后被广泛应用于医学和其他研究领域之中。现在它已经成为医学杂志论文中最为常见的摘要形式，其次是社会科学论文，但是其他的学科领域中很少采用该类型。

结构式摘要是形式上较为特殊的一类摘要，与传统式摘要不同的是，它一般会用醒目的字体（黑体、全部大写或斜体等）清楚地标出背景、目的、方法、结果和结论等要素。例如：

（8）目的：探讨凋亡和自噬水平在糖尿病大鼠椎间盘髓核组织中

的变化及其作用。方法：SD 大鼠注射链脲佐菌素（STZ）复制糖尿病模型 16 周后，完整获取大鼠腰椎间盘，经石蜡包埋切片、苏木素—伊红（HE）染色和阿里新蓝染色，在组织水平检测椎间盘病理变化。DNA 原位末端标记法（TUNEL）检测髓核细胞凋亡率，免疫组织化学及 Western blotting 方法检测髓核组织凋亡和自噬水平。结果：HE 和阿里新蓝染色显示糖尿病大鼠椎间盘发生退变。和正常组相比，caspase-3 阳性细胞比例在糖尿病大鼠椎间盘中明显增加。TUNEL 结果显示糖尿病大鼠椎间盘髓核细胞凋亡率升高。Western blotting 和免疫组织化学检测发现自噬指标 LC3 Ⅱ/LC3 Ⅰ 和 beclin-1 表达量在糖尿病大鼠组均高于正常组。结论：STZ 诱导的糖尿病可加速大鼠椎间盘退变，并且提高了髓核组织中凋亡和自噬水平。(《中国病理生理杂志》2013 年第 11 期)

结构式摘要从内容上看与报道性摘要相似，因此《学位论文编写规则》中提到报道性摘要也可以采用结构式写作方法，也有人将结构式看做报道性摘要的一种类型，两者不同的是报道性摘要的结构更加紧凑，不同的要素内容被融合成有机整体，注重上下文的连贯和流畅性；结构式摘要则只是把各项内容逐项分列，每一部分内容一目了然，但同时由于分割为多个部分而使整体性、连贯性受损。

结构式摘要中的要素组成一般要求至少需要同时具备四个要素，各要素也常使用一些模式化的句型，如：

目的：探讨/研究……；为进一步探讨……，本研究……；以……为研究对象，分析……，为……提供科学的理论依据/基础；本文在……的基础上揭示……，以促进……；为了……，（本文）考察了/研究了/探讨了/分析了；（本文）试图为……做出尝试；为回答这一问题，（本文）考察了/研究了/探讨了/分析了……；（本文）考察了/研究了/探讨了/分析了……，旨在……。

方法：（本文）采用/利用……方法，以……为调查对象，运用/利用……；以……为标准，利用/通过……，对……进行了实证检验；以……为对象/基础，分析……。

结果：结果发现/显示/表明……。

结论：分析结果发现……；结果/研究/数据分析表明……；研究发现……。

6.3.5　期刊论文与学位论文摘要比较

学位论文是学术论文的一种，同样是表述作者对所从事的科学研究取得了新的见解或创造性结果，但是它是作者为了申请获得学位而进行的写作，篇幅较长，一般硕士学位论文字数都在三万字以上，博士学位论文在十万字以上，如复旦大学要求文科硕士学位论文一般不少于三万字；博士学位论文一般不少于十万字。学位论文篇幅大于期刊论文，信息容量和研究深度也都不同，相应地采用的摘要类型也存在着区别。

通过对中国知网母语者 30 篇学位论文摘要的统计，我们发现没有出现结构式摘要，而前述 100 篇期刊论文中有 20 篇采用结构式摘要，除此之外，两种类型的论文在摘要的其他结构类型上表现如表 6-8 所示。

表 6-8　母语者期刊论文和学位论文摘要的类型分布

	期刊论文	学位论文
报道性摘要	37 篇（46.25%）	11 篇（36.67%）
指示性摘要	18 篇（22.5%）	2 篇（6.67%）
报道—指示性摘要	25 篇（31.25%）	17 篇（56.67%）
合计	80 篇	30 篇

与期刊论文不同，学位论文中摘要使用频率最高的是报道—指示性摘要（56.67%），其次是报道性摘要（36.67%），指示性摘要的使用频率最低（6.67%），30 篇摘要中只有 2 篇。也就是说学位论文基本不采用指示性摘要。

为了进一步探究这两类论文摘要的不同，我们对这两类论文中使用频率最高的报道性摘要和报道—指示性摘要中包含的要素数量和种类进行了统计分析（见表 6-9）。

表 6-9　母语者学位论文、期刊论文摘要中的要素种类数比较

学位论文									
种类数	背景	目的	方法	结果	结论	报道性摘要		报道—指示性摘要	
1					+	1 篇	9%	0 篇	0
2	+	+				0 篇	0	1 篇	18%
		+			+	0 篇		2 篇	
3	+	+				1 篇	36%	2 篇	24%
	+		+		+	3 篇		2 篇	
4	+	+		+	+	1 篇	27%	1 篇	41%
	+	+	+		+	2 篇		6 篇	
5	+	+	+	+	+	3 篇	27%	3 篇	18%
平均每篇要素种类数						3.6		3.6	
期刊论文									
种类数	背景	目的	方法	结果	结论	报道性摘要		报道—指示性摘要	
1					+	13 篇	35%	12 篇	48%
2	+	+				1 篇	30%	0 篇	16%
		+			+	3 篇		2 篇	
	+				+	7 篇		1 篇	
		+		+		0 篇		1 篇	
3	+	+			+	2 篇	24%	0 篇	28%
		+	+		+	2 篇		2 篇	
		+	+	+		4 篇		3 篇	
		+		+	+	0 篇		2 篇	
	+			+	+	1 篇		0 篇	
4	+	+		+	+	1 篇	11%	0 篇	8%
	+	+	+		+	3 篇		2 篇	
平均每篇要素种类数						2.1		2.0	

　　比较可见，期刊论文的报道性摘要中出现的要素种类数主要为 1 种（35%）、2 种（30%）和 3 种（24%），平均每篇报道性摘要的要素种类数是 2.1 种；而学位论文的报道性摘要中出现的要素种类数主要为 3 种（36%）、4 种（27%）和 5 种（27%），平均每篇摘要的要素种类数是 3.6 种。期刊论文的报道—指示

性摘要中出现的要素种类数主要为 1 种（48%）和 3 种（28%），平均每篇报道—指示性摘要的要素种类数是 2 种；学位论文的报道—指示性摘要中要素种类数最多的是 4 种（41%）和 3 种（24%），平均每篇摘要的要素种类数是 3.6 种。可见，学位论文中出现的要素种类数普遍高于期刊论文。

从变化类型上看，期刊论文的要素组合方式要多于学位论文，从表 6-9 可以看出，学位论文共有 8 种要素组合方式，而期刊论文有 12 种组合方式。区别最大的是二要素、三要素组合形式，学位论文均只有两种形式，而期刊论文则分别有 4 种、5 种组合方式。从类型上看，报道—指示性摘要中的组合方式要比报道性摘要稍显灵活。例如学位论文中报道性摘要没有出现二要素组合形式，但是报道—指示性摘要有两种二要素组合类型；不过期刊论文中这种区别不明显。

从单个要素上看，28 篇学位论文摘要中只有 1 篇（约 4%）没出现结论、目的，62 篇期刊论文摘要中有 10 篇（约 16%）没有结论，33 篇（约 53%）没有目的，学位论文摘要没有背景、方法、结果的分别是 8 篇（约 29%）、9 篇（约 32%）、14 篇（50%），而期刊论文摘要则是 52 篇（约 84%）、25 篇（约 40%）、55 篇（约 89%）。可见，对于学位论文摘要来说，各要素按必要性依次为目的、结论、背景、方法、结果；而期刊论文摘要各要素则依次是结论、方法、目的、背景、结果。可见，学位论文摘要中目的、背景的出现概率要远高于期刊论文摘要。中文摘要对结果均不重视，是因为结论多是建立在结果之上的，所以结论与结果多有重复交叉。

学位论文摘要和期刊论文摘要所表现出来的区别，主要原因是字数和篇幅的限制。学位论文摘要在字数和篇幅上都远高于期刊论文，因此信息容量高，为各要素提供了足够的空间，因此出现的种类会更齐全，相对地，其组合类型就少了很多。

6.3.6　摘要写作中的人称和时态问题

6.3.6.1　摘要中的人称问题

关于论文摘要中人称的使用，国际上的传统观点认为，论文摘要应该尽量避免使用第一人称，一方面第一人称像是本人对研究的说明和介绍，是一种主观介入，违反了摘要的客观性和科学性；另一方面，有时候摘要可能会脱离原文以第二文献的方式独立地出现在检索期刊中，因此必须使用第三人称。

《文摘编写规则》中也规定"要用第三人称的写法。应采用'对……进行了研究''报告了……现状''进行了……调查'等记述方法标明一次文献的性质和文献主题，不必使用'本文''作者'等作为主语。"《学位论文编写规则》及后来的《学术论文编写规则》没有提及人称问题。在对摘要的研究中，学者们也普遍认同不应使用第一人称作为主语，如杨金砖（2002）认为按照规范文件的要求，摘要必须是用第三人称书写，不能出现"本文""作者""我们"等词。

不过"第三人称"和"不必使用"的说法在操作上造成不确定性："本文"和"作者"是第一人称还是第三人称？"不必使用"是不需要使用还是不应该使用？

国际学术论文中第一人称的内涵较为明晰，即包括第一人称单数或复数的各种主宾格和所有格形式，而"the author(s)"则是第三人称指示语，"the present paper/research/study/article"是论文自指语，都不是第一人称。以此类推，中文中应只有"我"和"我们"可以看作第一人称，"作者"可视作第三人称。虽然很多情况下"作者"可用来自指，但是也可以在第三者介绍中指称作者，读者在阅读时仅凭词语字面本身无法明确是作者自指还是第三者指称作者。"本文""本研究""论文""文章"是文章自指语，可以用来客观地指代研究本身，而不是作者自身，因此，摘要中使用"本文""本研究""作者"并没有违背用第三人称的规定。

此外，中英文在语态表达上存在明显的区别：英语区分主动态和被动态，作者作为主动态句子中的主语时必须出现，因此"I""we""the author"在英文摘要中如果采用主动态常常不可缺少；但现代汉语中，在主语不需要特别说明的情况下可以省略主语，因此中文摘要中可使用"分析了……""研究了……""讨论了……"等无主句形式进行介绍。因此，"不必使用本文、作者等作为主语"也是有根据的。

为了解当下学术论文摘要中人称的使用情况，我们对100篇期刊论文摘要进行了统计，结果如下：

报道性摘要（37篇）：4篇无主语、21篇以研究对象为主语、12篇用论文自指语（"本文"9篇、"本研究"1篇、"本文作者"1篇、"我们"1篇）。

指示性摘要（21篇）：3篇无主语、1篇以研究对象为主语、17篇用论文自指语（"本文" 14 篇、"本研究" 1 篇、"论文" 1 篇、"文章" 1 篇）。

报道—指示性摘要（25 篇）：9 篇无主语、4 篇以研究对象为主语、12 篇运用论文自指语（"本文" 10 篇、"论文" 1 篇、"文章" 1 篇）。

三种摘要类型，主语中都包含论文自指语、研究对象和无主语三种情况，只是频率上不同，报道性摘要多以研究对象为主语，指示性摘要则多用论文自指语。在 83 篇摘要中，有约一半使用了自指语，使用最多的是"本文"，而"我们"只使用了 1 次，可见当前摘要中用"本文"自指是具有相当接受度的做法，不过对于"我们"这样主观性更明显的自指语则接受度很低。

另外还有 17 篇结构式摘要，由于其各要素清晰，可以分要素统计，结果是：

目的：无主语 13 篇、研究对象主语 2 篇、"本文" 1 篇、"本研究" 1 篇；方法：无主语 13 篇、研究对象主语 3 篇、"本文" 1 篇；结果：研究对象主语 17 篇；结论：研究对象主语 17 篇。

结构式摘要中没有使用 1 例"作者/笔者/论文/文章"，"本文/本研究"也很少见，主要使用研究对象做主语和无主语手段，其中目的、方法部分倾向于使用无主句，因为目的部分是以研究本身为话题，而方法部分执行者是作者，主语都可以不言自明，如：

（9）研究中医经典合方犀角地黄汤合银翘散（XDY）对流感病毒性肺炎小鼠肺组织及对流感病毒感染的大鼠肺微血管内皮细胞（RPMVECs）中细胞间黏附分子 1（ICAM-1）和血管细胞黏附分子 1（VCAM-1）表达的影响，探讨其治疗病毒性肺炎的机制。（《中国病理性杂志》2013 年第 2 期，目的部分使用"研究……，探讨……"）

（10）在华北平原冬小麦—夏玉米种植制度下，以 8 年的长期定位试验为平台，利用静态箱—气相色谱法，于 2014 年 6—10 月，持续监测了化肥和有机肥在不同施肥水平下潮土玉米季土壤 N_2O 和 CO_2 的排放特征，并估算玉米季温室气体排放量及其产生的综合温室效应。（《中国农业科学》2015 年第 2 期，方法部分使用"利用……，监测……，估算……"）

结果和结论部分是对研究现象的呈现和解释，主语必然是研究涉及的对象本身，因此倾向于使用研究对象做主语，如：

（11）【结果】<u>秸秆还田</u>可以显著提高 3 个土层土壤胡敏酸含量，随着连作年限增加，<u>胡敏酸含量</u>逐渐升高，<u>20~40 cm 土层土壤胡敏酸积累幅度</u>最大，<u>连作 30 a 棉田土壤胡敏酸含量</u>比连作 5、10、15、20 和 25 a 分别增加 139.90%、86.68%、93.33%、58.60% 和 22.86%……【结论】<u>秸秆还田</u>能够提高长期连作棉田土壤胡敏酸和胡敏素的含量，增加富里酸含量并使之处于稳定水平上，还能够显著地提高 CHA/CFA 和 PQ 值，使土壤腐殖质品质朝好的方向转化。（《中国农业科学》2015 年第 2 期）

结构式摘要各要素主语使用情况对摘要写作中自指语的使用有启发价值：在中文摘要中，是否使用主语、是否需要使用自指语受篇章功能的限制：当需要对研究本身进行介绍时，如介绍研究目的、研究背景或价值，则必然以研究本身做话题，那么主语或者不出现，或者是以研究自指语的形式出现；当需要对研究结果进行介绍时，则话题必然是研究对象，而不可能出现研究者自身；而当需要对方法或观点进行介绍时，则话题必然是论文或作者自身，且必然使用自指语或者省略形式。同样，当作者选择对论文内容进行报道时，那么研究活动或者研究对象自然成为话题主语，表现为报道性摘要多以研究对象为主语；当作者选择对所进行的研究进行解释时，则论文本身自然成为话题主语，表现为指示性摘要多用论文自指语。因此，摘要的功能和任务决定了"你/我"之类的人称语较难成为言谈对象，所以出现的概率很小，并非人为规定所致。

6.3.6.2 摘要中"了"的使用

在英语摘要中，时态的选择是一个非常重要的问题，中文摘要中"了"的使用也因此成为关注的对象。我们对不同类型摘要中出现"了"的情况进行了统计（见表6-10），结果发现，最有可能使用"了"的是指示性摘要，而报道性摘要可能性最小，不过即使可能性最小，也是近三分之一的比例。

表 6-10　母语者期刊论文摘要中"了"的出现情况

摘要类型	篇数	出现"了"的篇数和频次	出现位置
报道性摘要	37	11/ 29.73%	背景 4、方法 4、目的 2
指示性摘要	22	15/ 68.18%	—
报道—指示性摘要	24	11/ 45.83%	方法 3、指示性部分 7、结论 4

指示性摘要是对论文所完成的工作进行概述性描述，多使用记述动词，因此需要使用"了"来表示当前这些工作已完成，以区别于研究设计，如：

（12）本文系统地综述了复杂网络领域具有代表性的 30 余种重要节点挖掘方法，并将其分为四大类，详细比较各种方法的计算思路、应用场景和优缺点。在此基础上，本文分析了重要节点排序研究现存的一些问题，并展望了若干重要的开放性问题。（《科学通报》2014 年第 13 期）

例（12）中的"将其分为四大类，详细比较各种方法的计算思路、应用场景和优缺点"单独拿出来，会有两种理解：可以理解为是在介绍研究设计，将要这样做；也可以理解为工作总结，是对已完成工作的介绍。因此在指示性摘要中，"了"的使用具有区别作用。

从出现位置看，"了"主要出现在研究方法和目的部分，而结果和结论部分通常不用"了"，如例（13）的唯一一个"了"出现在研究方法和目的部分；同样对于报道—指示性摘要，指示性部分常会出现"了"。

（13）高技术产业的创新能力决定着一个国家国际竞争力的高低及其在世界经济中的分工地位。应用 SFA 方法对中国高技术产业创新效率进行了实证分析。【研究方法和目的】研究表明，中国高技术产业整体创新效率呈改善的趋势；其中，电子计算机及相关行业创新效率最高，装备制造业创新效率最低；科技人员在高技术产业创新中的产出弹性弱于科研经费的产出弹性，中国高技术产业创新产出主要是经费拉动型的。【研究结论】（《科学学研究》2010 年第 3 期）

从整体上看，超过三分之二的摘要并不用"了"。除了汉语中缺乏形态变化的原因，还因为摘要本身的功能决定了即使不使用"了"，读者也能明白其所陈述的动作行为都发生在过去而不是将来或下文。

6.4　留学生汉语学位论文中文摘要写作问题

我们统计分析了所收集的 50 篇留学生汉语硕士学位论文中文摘要，发现主要存在以下问题：将摘要写成提要、将摘要写成引言、将摘要写成目录、摘要结构失当以及语言有失规范。

6.4.1　将摘要写成提要

出现这类问题的有 21 篇，占 42%。摘要出现了论文之外的内容，主要是作者的主观目标或希望、意愿，如：

(14)　*希望这些分析与研究成果能够帮助俄罗斯学生更快地提高掌握和使用汉语成语的能力。

(15)　*希望本研究为俄罗斯汉语教学提供一些借鉴，为汉语教学工作在俄罗斯的发展做出一点自己的努力。

(16)　*所以为了正确进行语言交流，避免出现错误，本文主要采用叙述和比较的研究方法，举了大量的例子，对现代汉语出现频率极高的以上三种结构助词作出了比较全面的、有一定学术价值的讨论，希望对吉尔吉斯斯坦留学生学汉语能有一些帮助。

(17)　*笔者以汉语以及蒙古语成语中含有"狼"字的成语为例，针对其中存在的一些异同之处做了具体的解释说明……最后笔者也具体指出了汉蒙成语中的各种现象出现的原因，力求深刻且通俗易懂，易于为大众所接受。

这种希望类目标具有价值判断、推荐的功能，属于书刊提要的写法。

"提要"一词源自西汉刘向校书时"每一书已，向辄条其篇目，撮其旨意，录而奏之",即为书籍服务的内容简介。姚名达(1933)曾将"提要"分为介绍作者的生平与思想,说明书中之含义、著书之原委以及书的性质,评定思想或事实之是非,评定书之价值等多个方面的内容。提要编写的主要目的是在向读者揭示书籍和文章的主题、内容梗概、作用和价值等,从而起到一个提示和推荐的作用,吸引读者阅读和购买书籍。

例如《颈椎病》(李平华等编著)一书的内容提要为:"本书在前两版的基础上经修订而成,是专题介绍颈椎病的小册子,包括颈部解剖与生理、颈椎病的病因病机、检查方法、分型与鉴别诊断、药物治疗、外用药、针灸治疗、小针刀疗法、物理疗法、穴位注射疗法、封闭疗法、推拿疗法、功能锻炼及预防等。本书内容简明,图文并茂,实用性强,适于基层医务人员和颈椎病患者阅读参考。"

该提要内容包括版本信息、内容简介和评价、适用对象,主要目标是服务于购买和阅读使用,具有提示和推荐功能,不具有自足性,需要阅读文章才能了解具体内容,与论文摘要有明显的不同,不过内容简介部分的写作方法与指示性摘要相似点较多。也许是因为这种联系,有的论文也使用"提要"进行内容介绍,如:

提　要

本文基于对世界汉语学习者状况的综合分析,注意到世界汉语学习者要求改进汉语教学课程设置和教学模式的迫切心情,重新审理上世纪(20 世纪)50 年代初对外汉语教学界两次所采用的"先语后文"的教学设计,分析利弊,权衡得失。从目前世界汉语学习者的变化与教学中出现的问题出发,在提供了国内外有关汉语教学"语文分开"与"先语后文"的教学设想与教学实验基础上,从以下三方面寻求汉语作为外语教学"语文分开"与"先语后文"教学设计的理论依据:(1)汉语和汉字特点是汉语教学"语文分开"与"先语后文"教学设计的根本出发点。(2)语言教学心理学为"先语后文"教学设计提供了心理学依据。(3)教学规律和第二语言习得规律支撑"先语后文"教学设计。(《世界汉语教学》2011 年第 3 期)

可见,当下"提要"的使用范围已经扩大了,并有与"摘要"混同的趋势。

有些期刊对于论文正文前的短文除了使用"摘要"作为标题，还会使用"提要"或"内容提要"等标题。徐建华（2004）在对 2003 年出版的 20 种人文社会学术期刊的随机抽样统计中，发现 85% 的刊物用"摘要"，15% 的刊物用"提要"，5% 的刊物"摘要"和"提要"并用。这一现象有必要引起学界关注，在术语的使用上最好能够"划清界限"。

留学生写作的摘要在内容上出现了正文内容之外的附加性语言，如对个人工作的总结和感悟、对论文研究工作的价值评判和主观希冀等，也有可能是受到书籍提要的影响。

6.4.2　将摘要写成引言

出现这种现象的摘要有 27 篇，占 54%，超过了一半。摘要中会用接近甚至超过总体内容一半的篇幅对与论文研究主题相关的背景信息、选题缘由与价值等进行介绍，如：

（18）＊中国的对外汉语教学事业开始于 1950 年，至今已有近 60 年的历史了。近年来，作为中华文化的载体和国际交往重要工具的汉语，其地位日益提高，世界范围内对外汉语教学的要求也在不断增长。中国与阿拉伯的友谊源远流长，早在唐代，两国关系就得到长足的发展。中国对阿拉伯国家的汉语教学始于上个世纪（20 世纪）60 年代末（末），这对后来中国与阿拉伯之间的关系发展奠定了良好的基础，产生了深远的影响。近年来，中国与阿拉伯国家在经济、文化方面的友好交流得到了进一步的发展，到中国学习汉语和其他专业的阿拉伯留学生迅速增多，这也大大促进了阿拉伯国家的汉语教学。本文描写了中国和阿拉伯国家密切交往的历史和阿拉伯国家汉语教学的发展，论述了针对阿拉伯学生汉语教学的难点。……希望这些研究能为提高阿拉伯学生的汉语水平，能为阿拉伯国家的汉语教学，能为汉阿两种语言的相互翻译，能为中阿文化交流、经贸发展提供有益的帮助。

该篇摘要的开头部分就以近整段的篇幅介绍了背景知识，这样会降低研究的主要内容的地位。

摘要写成引言是很多学者已经关注到的现象，并非留学生独有，在此不赘述，这说明摘要与引言混淆不清是具有普遍性的问题，在教学中应该着重加以强调。

6.4.3　将摘要写成目录

在50篇留学生论文摘要中有13篇（占26%）出现了这样的问题。这种写作方式是把论文目录中的各级标题简单地罗列起来，但是并没有提供具体的正文的主要信息，如：

（19）＊论文共分为六章：第一章提出了本文选题的理由和意义、研究的内容和方法，并简要描述焦虑的研究现状。第二章主要介绍焦虑理论，阐述焦虑的定义、种类的分划，形成焦虑的原因。第三章介绍调查对象、问卷设计及个案访谈。第四章统计汉语课堂焦虑量表各题平均得分，对影响俄罗斯学生汉语课堂焦虑因素进行分析。第五章从学生和教师等方面论述减少俄罗斯学生汉语课堂焦虑的对策。第六章主要总结研究结果，提出本研究的不足之处，以及下一步研究的建议。

在摘要写作中，可以借助目录对论文内容进行整合，但并不是对小标题的简单罗列组合，这样写作会造成信息赘余，无法提供给读者正文的关键信息，减弱了摘要的作用。

6.4.4　摘要结构失当

我们统计了留学生论文摘要的要素组成情况（见表6-11），从整体上看，留学生论文摘要结构失当现象比较明显。

汉语学术语篇及教学研究

表6-11　留学生论文摘要的要素组成

摘要类型	要素种类数	背景	目的	方法	结果	结论	篇数	篇平均要素数
报道性摘要（7篇）	3个（4篇）	+	+	+			1	3.4个
		+				+	3	
	4个（3篇）	+	+	+		+	3	
报道—指示性摘要（43篇）	1个（25篇）	+					23	1.6个
						+	2	
	2个（11篇）	+	+				9	
		+				+	2	
	3个（6篇）	+	+			+	3	
		+	+	+			3	
	4个（1篇）	+	+	+		+	1	

　　母语者论文报道性摘要和报道—指示性摘要的篇平均要素数均为3.6个。留学生论文摘要的篇平均要素数都偏少，报道—指示性摘要只有1.6个，数量过低，难以介绍出摘要的具体核心内容。

　　报道—指示性摘要是留学生使用最多的摘要类型，从组合模式上看，绝大部分（约83.7%）是一要素和二要素结构，当摘要只有一个要素时，大部分是只含有背景要素，而不是像母语者一要素摘要那样，只含有结论要素。

　　报道性摘要的篇平均要素数虽然与母语者很相近，但是一方面这类摘要数量少，另一方面，从具体构成上看，背景和方法是最重要的要素，而母语者论文摘要则是把结果和目的作为最看重的部分。

6.4.5　语言有失规范

　　人称的误用。由于第一人称的视角是一种主观的介入，会削弱摘要的科学性和客观性，也会减弱摘要的独立性，一般使用"本文""本研究"等论文自指语，而不应当使用"我""我们""笔者"等主观性强的自指语。我们对留学生论文摘要中的人称进行了统计，发现有11篇使用了"我们"，4篇使用了"我"，9篇使用了"笔者"，可见，留学生摘要写作中存在人称规范性问题。

　　"了"的偏误。这主要体现在两个方面：第一，该使用"了"的时候没有使

218

用。如例（20），除了摘要中使用大量篇幅介绍背景之外，时态的处理也明显不恰当。摘要应该是对已完成的研究工作进行总结介绍，但是这个例子中却使用了"将""试"等词语，强调工作的未完成性，这是陈述研究设计的表达方式，应该用"了"进行介绍说明。

（20）＊俄、汉民族都是世界上现存古老民族，拥有灿烂的文明史。人们在改造世界、认识自我的过程中，总会借助充分的想象力，将自己的观念与自然界的生物联系在一起，赋予其一定的象征意义。两个民族的动物种类繁多，而赋予在动物身上的民族特点也是极具代表性的。

近几年来，俄罗斯与中国的政治经济往来频繁。每年，都有许多中国学生去俄罗斯学习俄语，也有不少的俄罗斯学生来到中国学习汉语。而学习语言的目的，主要是为了交际。跨文化交际的参与者往往容易从自我民族的思维出发，这样很容易造成沟通上的障碍，造成误解，也就达不到交际这个目的。所以说，学习语言的同时，也有必要对民族文化有所了解，并且能够了解本民族与其他民族的文化异同。

本文将从俄、汉两个民族的动物形象这个文化侧面着手，从另一个角度来试分析俄、汉民族文化特点以及民族心理的异同。俄、汉族的动物形象，有同一动物，象征意义相近的；还有同一动物，象征意义相反的；还有不同动物形象表相近涵义的；以及民族特有的动物形象。文章将结合两国民族学者的研究成果，进行更详尽的分析，通过对比的手法，从多个方向对俄、汉典型动物形象进行探讨，研究出有利于现代社会跨文化交流的观点，更好地促进文化交流。

第二，不该用"了"的时候用了"了"。其中一种情况是语法错误，如例（21）、例（22）在陈述一个惯常事实时不恰当地使用了"了"。另外一种情况与摘要本身有关，如例（23）和例（24）。"研究（这些问题）""找到（方法）"是研究者的工作，在摘要中，可以以提示性方式介绍研究工作，如"对……进行了研究，提出了……""分析了……，探讨了……"，这些记叙性词语后面的内容是对论文内容的描述性语言。而例（23）中"有针对性地研究了这些问题，找到了解决……的方法"是报告新信息的用法，不是客观陈述做了什么工作，而是在报告取得的成就，与摘要的功能相违背，因此使用不恰当。同样，例（24）中"至今已有近 60 年的历史了"也是报告新信息的用法，而在摘要中，该句所处板块是背景介绍，二者形成矛盾。

（21）＊这些句式一直都吸引了汉语和阿拉伯语研究者的重视，对"把，是，被"字句的研究相对较多，而对阿汉"比字句"研究结构的总结与归纳比较少。

（22）＊这几年来汉语在全世界成了一门非常重要的语言，所以每年从不同国家来中国学习汉语的人越来越多了。

（23）＊有针对性地研究了这些问题，找到了解决哈尔科国立夫师范大学汉语词汇教学问题的原则和提高乌克兰汉语词汇教学效果的方法。

（24）＊中国的对外汉语教学事业开始于 1950 年，至今已有近 60 年的历史了。

6.5　摘要部分的教材编写研究

摘要中出现的问题在留学生论文中非常显著，且带有相当的普遍性，需要在教学和指导中着重解决。教材是教师进行教学、学生完成学习过程所依据的最重要的文字参考材料，目前学术汉语写作教材的编写才刚刚起步，关于教材中摘要部分编写的专门研究也可以说还是空白，在编写汉语学术论文写作教材时摘要部分需要教什么、怎么教是急需解决的问题。为了解决这些问题，我们选择了外语界当前比较通行的 12 本教材作为参考，包括英语教材 5 本：文斌编著的《英语专业学术论文写作教程》，刘宇红著的《实用英语学术论文写作》，黄国文、葛达西、张美芳编著的《英语学术论文写作》，徐宏亮、康敬群编著的《学术英语写作基础教程》，徐艳英主编的《英语学术论文写作》；日语教材 4 本：曹春玲、汤伊心著的《日语毕业论文构思与写作技巧》，陆薇薇、吕晋、程儒雅主编的《新编日语写作综合教程》，武德庆编著的《日语专业毕业论文写作指南》，朱巨器编著的《日语论文写作教程》；以及其他语种教材 3 本：郭淑芬编著的《俄语

实用写作教程》，张宏、国少华编著的《阿拉伯语写作》，王秀丽编的《法语写
作教程》。

6.5.1　编写原则

摘要部分在教材中的教学目标是让学生了解毕业论文摘要的写作内容，掌握
毕业论文摘要的写作方法（李英、邓淑兰，2017），因此应把写作技能训练作为
教学的主要目的，把语言点的切分和写作模式的教学作为教材编写的重点，而不
是将有关摘要的知识传授作为教学重点。

很多学者已经注意到论文教材编写中论文知识与写作技能的关系问题。学术
汉语属于专门用途汉语。李泉（2017）在谈及专门用途汉语教学及教材编写原则
时指出，专门用途汉语教学既然属于汉语作为外语教学之专业汉语教学，则应采
取汉语教学与专业知识相结合的教学原则，而且应以汉语教学为主，专业知识教
学为辅。在内容取向和教学方法上，不必追求知识化、专业化和系统化，应以
"确有必要""适当适量""解释为主"为原则。专门用途汉语教学与教材编写，
应坚守语言教学为主的学科方向，将专业知识和理论的介绍限制在主要用来解释
相关语言现象的层面上，不走单纯的专业知识介绍的路线。

高增霞、栗硕（2018）指出，汉语作为第二语言教学，应以培养学生运用汉
语进行交际为目的，汉语的工具性是第一位的，高级阶段的汉语教学仍然是以语
言技能训练为主。

具体到学术汉语写作课程上，也应该把汉语教学作为教学中的重点，而把专
业知识置于辅助位置。编写学术写作教材的主要目的是帮助学生了解学术体裁的
写作特点和要求，掌握学术文章的写法，从而写出符合标准和规范的文章。我们
认为，仍然是语言技能训练课程，因此，学术汉语写作教材必须为语言写作的专
项技能训练服务。

为了遵循上述原则，在内容取舍上，摘要部分的理论知识应简单化，比如摘
要的定义和性质可以简单介绍给学生，帮助学生明确摘要是什么，从而对摘要形成
一个初步准确而客观的认识，抓住摘要的本质特性，避免将摘要和提要、引言等混
淆，影响后续的学习和写作。摘要的要素和分类可以从语言点的学习入手，通过实
际的摘要范例归纳摘要的不同类型在人称、要素和写作内容上的不同，并根据切分

好的具体的语言点和套语结构、例句来了解摘要的具体写作模式。

6.5.2 呈现顺序

什么时候引入摘要部分？我们调查了《留学生毕业论文写作教程》（李英、邓淑兰，2012）和12本外语论文写作教材，发现目前所使用的语言教学类论文写作教材中对于摘要部分的处理，在内容安排上主要有两种情况：一种是将摘要视为独立的教学单元，共有8本教材这样安排；另一种是将摘要和标题、关键词或致谢等论文正文部分以外的要素安排在一起，这样设计的教材共有5本，可见多数教材的作者都将摘要作为一种独立的学术体裁来介绍，而且对摘要的重视程度较高。

教材中摘要出现的位置也主要存在两种情况：一种是将摘要放在正文相关内容之前，13本教材中共有8本教材是这样安排的；一种是将摘要放在正文相关内容之后，这种排序也有5本教材。

根据全书的内容设计，作者将摘要部分放置在正文相关内容之前的原因有两种：一种原因是按照摘要在论文中的实际位置编排教学内容，例如《英语学术论文写作》（黄国文、葛大西、张美芳，2006）共11章，摘要在第4章，前3章介绍了写论文的准备工作、具体步骤和抄袭问题，第5~10章分别讲解引言、文献回顾、方法、结果、讨论、结论部分；第11章介绍格式等内容。类似的处理方式有7本教材。

另一种原因是将摘要视为一种和论文同等地位的学术体裁各自进行介绍，这类教材有1本，是郭淑芬编的《俄语实用写作教程》（2009），该教材第三部分讲解学术论文写作，有两章，第一章介绍学术论文，第二章介绍学位论文，摘要被安排在第一章的第一节，作为一种类型介绍，与毕业论文总体要求并列。

摘要部分在正文相关内容之后出现，有两种原因：第一种原因是教材按照实际的科研顺序编排，所以摘要在正文之后进行，这样的教材有3本，如《日语毕业论文构思与写作技巧》（曹春玲、汤伊心，2016）共12章，按科研顺序展开，摘要和致谢作为第9章，第1~4章介绍毕业论文及论文写作的知识和准备；第5~8章是文献检索、绪论、正论、结论的写作。作为最先出现的学术汉语写作教材，《留学生毕业论文写作教程》也是按照这样的顺序编排。

第二种原因是教材内容按照先主干后附属要素的顺序编排，摘要作为附属要素安排在正文之后，这样的教材有 2 本，如《日语专业毕业论文写作指南》（武德庆，2010）按论文写作顺序安排篇章，从写作概说、写前准备、选题的基础、选题方法、材料整理、结构解析、论文定稿……直到答辩，共四大部分 13 章，摘要和关键词、参考文献、致谢作为主干结构以外的部分在正文写作之后进行教学。

总体上看按照论文结构编排语言点，摘要就放正文前，按照科研过程编排，摘要就放正文后。摘要作为一种独立的文体，虽然在论文标题下引言前，但并不是论文的组成部分，放在正文写作前讲授，一方面会造成误导，不利于纠正写作中将摘要与引言混淆的问题，另一方面也会影响摘要写作技能训练，不利于使学生掌握从正文中提取关键信息形成摘要的方法。因此，我们认为，在二语教学中，摘要部分应该作为一个独立的章节出现，而且应该在论文的正文写作之后出现。这样处理有以下好处：

（1）有利于学生形成对摘要性质的正确理解。

（2）符合论文的实际写作顺序。摘要并不是能够帮助作者动笔写作的写作提纲或者写作蓝图，而是整篇论文正文内容主要信息的摘录，需要在正文内容完成并修改完善之后进行。正文内容是摘要写作的全部内容来源，没有正文而去写摘要相当于"无米之炊"。因此为了顺应科研过程，摘要也应该置后。

（3）有利于避免写作偏误，尤其是有利于避免将摘要写成引言。

6.5.3　语言点拆分

教材中摘要部分应该教什么？目前没有相关的教学上的指导性文件，缺少权威和统一的标准。我们首先通过对现有教材中摘要部分的教学内容做极性统计，了解当前各种二语写作教材中摘要部分教学的重难点，再提出相应的建议。

6.5.3.1　已有二语论文写作教材摘要部分教学内容的调查

13 本教材中对于摘要部分的内容设计情况如表 6-12 所示：

表 6-12　二语学术写作 13 本教材中摘要部分的内容设计

教材摘要部分的教学内容		教材数
理论知识	摘要的要素	9 本
	摘要的定义与性质	8 本
	摘要的写作要求	8 本
	摘要的类型	5 本
	摘要的作用	4 本
	摘要中的套语结构	4 本
	摘要的字数	3 本
	摘要的写作步骤	1 本
	与简介对比	1 本
范例		7 本
练习		8 本

统计可知，在目前的二语学术写作教材中，关于摘要的教学，大多安排了三部分教学内容：摘要的理论知识、范例、练习。在理论知识部分出现频率较高的依次是摘要的要素、摘要的定义与性质、摘要的写作要求等，一半以上的教材都呈现了上述的内容，另外有超过三分之一的教材介绍了摘要的类型、摘要中的套语结构，以及摘要的作用，有个别教材提到了摘要的字数问题。

可见，大部分的教材都把摘要的理论知识作为教学重点，即以知识传授为主而缺乏语言点的训练。

6.5.3.2　教材中摘要部分的内容设计

摘要部分应该教什么是摘要写作课中需要解决的首要问题，也是编写教材中摘要部分需要思考的核心问题。教材中需要理论知识的介绍，理论可以更好地指导实践，但是摘要部分教学遵循的是专业用途汉语教学的原则，应该以语言教学为主，专业知识为辅，理论知识也应该主要服务于教学，帮助指导学生写出更符合标准规范的摘要，而不是单纯介绍摘要本身的知识，比如定义、重要性、分类、和其他文体的不同等内容。其次语言教学要突出语言的重要性，体现在教材设计中应该把语言点的切分、排序和套语句型介绍给学生，帮助学生掌握切实可操作的写作方法。

摘要教学的目的是指导和帮助学生掌握符合标准的、规范的摘要的写法。为了达到目标，教材中应该明晰以下问题：摘要具备什么样的性质，摘要的写作类型有几种，每一类怎样去写，摘要的写作需要遵守哪些语言规范，如何练习。只有每一个问题在教材中都能够得到清楚的界定和说明，才能保证教学可以有参考的标准，从而有的放矢，使学生接收到准确、有效的信息。教材中至少应该包含以下教学内容：

第一，摘要的性质。首先应该突出其独立性，即本身是一篇完整的短文，可以脱离论文而存在，避免学生把摘要当做正文的一部分，而与引言等写作方式相混淆；其次摘要具备自明性，可以做到自我说明的作用，因此必须信息完整，最好重要因素齐全，这是摘要最重要的性质，也是写好一篇摘要首先要明确的内容。

第二，摘要不同的写作类型。在教材中不必介绍摘要类型、特点等知识，只需要进行写作训练，并提示学生其使用条件，而这种使用条件的教学在教材中应该放在写作训练中，在实践中应该交给教师的课堂讲解。

第三，摘要的语言规范。教材中应该说明摘要中的主语可以是"本文""本研究""作者"等。这些内容不需要做语言知识讲解，可以在摘要模式中作为语块推出，在教学中由教师提示。其他如"了"的用法、字数控制等问题也做同样处理。

6.5.3.3　摘要部分的教学重点

通过对教材的分析，我们可以看到，在把摘要作为独立部分进行编写的教材中，摘要占据的是整本学术论文写作教材中的一个章节，如果整本教材是在一学年内教授完，摘要部分占用的课堂时间是两个学时，如果是在一学期内教授完，摘要部分的教学时间只有一个学时，即两课时，时间大约为 90 分钟，摘要的四种类型难以在两节课上完成，即便是勉强介绍完也难以进行写作操练，会大大影响教学效果。此外教材的整体容纳量和空间是有限的，摘要部分可以利用的教材空间也有所限制，要有选择地对摘要的重点内容进行介绍。

摘要部分最终的教学目标是让学生学会写摘要，因此不同类型摘要的写作方法是教学的重中之重，但是摘要有四种类型，每种类型的摘要在课堂上都进行讲授并练习是违反教学计划的，而且对于学生来说，也会感觉到学习压力，接受起来难度高，因此在现实教学中需要牺牲系统性，重点对使用频率最高、应用最广、对学生最有使用价值的摘要类型的写作方法进行介绍。

在期刊论文和学位论文中，报道性摘要和报道—指示性摘要的使用频率最高，报道—指示性摘要是根据研究主题、内容以及篇幅限制将报道性摘要和指示性摘要进行综合而形成的摘要类型，因此并不需要花费时间对报道性摘要进行单独教学。结构式摘要一般出现在医学和农业科学等专业研究内容的期刊论文中，学位论文基本不采用此种类型，而且结构式摘要在写作方法上和报道性摘要很相似，没有必要对其进行单独教学，因此只需要把报道性摘要和指示性摘要作为重点教学内容即可。在编排顺序上，由于报道性摘要的使用频率和范围高于指示性摘要，因此应该先进行报道性摘要写作教学，再进行指示性摘要写作教学。

从留学生摘要写作的偏误来看，留学生在摘要写作中出现的主要问题是不知道摘要应该包含哪些内容，内容之间该怎样有组织地串联起来。这些不是通过理论讲解就能解决的，需要通过语言训练来完成。而摘要写作模式化程度较强，所以很有必要进行模式化教学、语块教学。报道性摘要可按包含要素（目的、方法、结果、结论）进行常用的套语结构教学。指示性摘要的特点是使用概述性记述词语，因此可以将记述词语的句型模块作为教学内容。

6.5.4　练习设计

赵金铭（1997）指出："一部教材能否使学习者达到预期的学习目标，练习是重要保证。练习的量、练习项目的设计安排、练习方式的多样化，既能检验教学者，又可检查学习者。"没有好的练习就称不上一部好的教材。面向留学生的学术论文写作教材中的摘要练习设计既要符合汉语写作教材的编写原则，又要结合摘要的体裁特点和写作模式，保证练习效果的最大化。

6.5.4.1　有关教材摘要练习现状调查

我们统计了 13 本二语学术写作教材中摘要部分的练习情况，发现有 5 本教材没有设计练习内容，在有练习的教材中，练习的题型主要有以下 8 种：

第一，判断摘要类型。提供多种类型的摘要实例，请学生判断每篇摘要各属于什么类型，从而了解学生是否掌握了每类摘要的具体特点。

第二，判断摘要中的要素。给出多个分属于摘要不同要素的句子，请学生判断该句子属于摘要中的哪一要素，增加学生对各要素内容的理解，并熟悉每一要素的写作格式。

第三，评价摘要。提供不同专业和类型的摘要请学生进行比较和评价，比如要素是否齐全，是否出现了主观内容，语言是否简洁规范等，帮助学生强化摘要的相关写作要求。

第四，修改摘要。提供有问题的摘要，请学生修改，这样就可以了解学生对摘要标准的把握程度，而且在修改的过程中还能提醒自身在写作时避免出现同类的问题。第三种和第四种题型也通常结合在一起出题。

第五，写摘要。自选学术文章或提供一篇没有论文摘要的范文，请学生认真阅读后，写出论文的摘要。

第六，组装摘要。将乱序排列的摘要重新排序并适当地增删词语，使之成为完整通顺的论文摘要。

第七，翻译摘要。给定一篇中文或外文摘要，将其翻译成所学语言的摘要。

第八，匹配摘要。给定一篇学术文章，然后给出 2~3 篇不同类型的该文章的摘要，请学生找出最合适该文章的摘要类型并说明原因。

以上题型根据考查的内容可分为 3 类：

（1）理论知识的理解和运用。此类题目包括判断摘要类型、判断摘要中的要素。在所有教材中此类题目共出现 8 次。

（2）摘要的写作要求和内容的理解性考查。此类题目包括评价摘要、组装摘要。在所有教材中此类题目共出现 6 次。

（3）摘要的实操性写作练习。此类题目包括修改摘要、写摘要。在所有教材中此类题目共出现 3 次。

由此可见，在以上教材中，有部分教材因为不够重视，所以没有设置针对摘要部分的练习。而在有练习的教材中，很多教材把练习重点放在了理论知识的理解和运用方面，缺乏具体的练习安排。此外，在设置了写作考查的教材中相关题型单一，而且以对写作要求和内容进行理解性的判断和分析性的考查为主，实操性的写作练习出现频率较低。

外语类教材中的翻译摘要类、匹配摘要类题目，对于学术汉语写作教材来说不合适。翻译摘要类题目适合教学对象为母语较为单一的学习者，而学术汉语写作教材面向的是来华留学生，他们的母语多样，不适合进行翻译练习。而匹配摘要类题目则篇幅较长，占用课堂时间过多。

6.5.4.2　教材中摘要部分的练习设计

根据上述练习的编写原则、注意事项，再结合摘要部分的练习重点、现有教

材中摘要部分的练习题，面向留学生的学术汉语教材中摘要部分可以根据考查的
3 类内容采用以下练习题型，以帮助学生复习相关内容，熟练掌握摘要的写法。

（1）理论知识的理解和运用：考查重点是摘要不同的写作类型以及摘要中
包含的结构要素，此类内容在题型设计上可以采用判断类、理解类题目。由于教
材中对于摘要类型的介绍是围绕着写作模式展开的，所以在练习中应该避免摘要
类型术语的出现，主要以识别摘要的关键性要素为目标，如：

样题 1：说说下面画线部分的作用。

①试验数据分析表明，新提出的方法能有效地提取故障特征，实现
故障类型的诊断。

②借助文本挖掘技术，我们提取发帖中蕴含的投资者意见，并在此
基础上建立了看涨指数以及意见趋同指数。

（2）摘要的写作要求和内容的理解性考查：具体题目是摘要中可以出现哪
些内容，不应该出现哪些内容；语言点的顺序是怎样安排的。此类题目包括的题
型主要有以下两种：第一种是对题目中的摘要从写作方面进行评价，比如评价人
称的使用情况，哪些内容违背了摘要的性质；第二种是请学生对打乱顺序的句子
进行排序和增删，使之成为完整通顺的摘要，如：

样题 2：给下列句子排序。

①进一步地，本文发现市场中的投资者是比较聪明的，他们能够借
助借款人的公开信息识别相同利率背后所包含的不同违约风险。

②实证结果表明：非完全市场化的利率部分反映了借款人的违约风
险，但仍有相当高比例的违约风险未被反映在利率当中。

③利率市场化是我国金融改革的重要举措，但是目前还未有从微观
数据角度探索利率市场化市场基础的研究。

④这些结果说明，我国信贷市场中的投资者具有良好的风险判断能
力，这为利率市场化提供了良好的基础。

⑤研究还发现，投资者的这种风险识别能力能够直接反映在一个成
功订单的参与人数上，间接反映在订单募资成功所需的竞标时间上。

⑥本文借助人人贷网络借贷平台的数据，试图做出尝试。

（3）摘要的实操性写作练习：写作练习的训练内容主要是摘要中的语言点，要求学生熟练掌握语言结构。此类题目包括对不规范的摘要进行修改或重写；根据给定的范文或自选学术文章写摘要。根据科学性的原则，题目设计应该由易到难，循序渐进，因此在题型安排上，应该是首先修改摘要，其次重写摘要，最后才根据给定的范文或自选学术文章写摘要。

除以上教材中曾出现的题型之外，对于摘要中语言点的训练还可以进行造句或仿句练习、句子或段落转换练习，例如将一种类型的摘要转写成另一种，让学生在实践中掌握不同类型摘要的写作方法。

参考文献

[1] 阿迪拉·阿力更. 非英语专业研究生英语写作中的词块使用研究 [D]. 乌鲁木齐：新疆大学，2014.

[2] 蔡基刚. 专门学术英语教学实践：中国大学生 5 分钟科研英语演讲大赛 [J]. 外语教育研究前沿，2021，4（3）.

[3] 曹梦. 产出导向法在学术英语词汇教学中的应用研究 [D]. 南京：南京航空航天大学，2017.

[4] 曹爽. 20 世纪 50 年代以来现代汉语抽象名词研究概观与展望 [J]. 理论月刊，2015（7）.

[5] 曹亚丽. 现代汉语传信副词研究 [D]. 成都：西南交通大学，2016.

[6] 常颖. 汉语概述回指研究：以《人民日报·人民时评》为例 [D]. 金华：浙江师范大学，2019.

[7] 陈蓉，游莲，王秀铃，等. 论科技论文摘要撰写的标准化 [J]. 重庆建筑大学学报，2004（2）.

[8] 陈淑梅. 汉语言本科专业留学生论文写作指导课课程设置浅议 [J]. 海外华文教育，2012（1）.

[9] 陈鹤. 个体量词与抽象名词的组配研究 [D]. 西安：西北大学，2019.

[10] 陈钰. 第二语言学习者在汉语学术写作中的身份认同发展：基于语言社会化理论的质化个案研究 [D]. 上海：华东师范大学，2015.

[11] 陈丽丹. 基于语料库的商务英语本科学位论文"N+that"同位语结构中外壳名词研究 [J]. 浙江外国语学院学报，2015（6）.

[12] 陈林华，李福印. 交际中的模糊限制语 [J]. 外国语，1994（5）.

[13] 陈平. 释汉语中与名词性成分相交的四组概念 [J]. 中国语文，1987（2）.

[14] 陈庆斌. 基于语料库的学术语篇研究 [J]. 汉字文化，2020（17）.

[15] 陈晟. 构建科学合理的对外汉语写作教材编写新模式 [J]. 福建论坛（人文社会科学版），2008（A3）.

［16］ 陈胜男，胡志清. 中国学者英汉学术论文外壳名词使用情况对比研究［J］.
外语教育，2018（0）.

［17］ 陈文娟. 对外汉语写作教材研究：以新旧两部分对外汉语写作教材为例
［D］. 成都：四川师范大学，2011.

［18］ 陈夜雨，项歆妮. 基于语料库的学术英语写作教学研究［J］. 现代教育技
术，2015，25（12）.

［19］ 陈颖. 现代汉语传信范畴研究［M］. 北京：中国社会科学出版社，2009.

［20］ 陈颖. 汉语学术话语中传信语的多重功能［J］. 语文学刊，2010（3）.

［21］ 丛丽君. 基于语料库的搭配和类联接研究：以回指概念外壳名词为例［J］.
广州大学学报（社会科学版），2011，10（6）.

［22］ 崔林，成晓光. 学术论文中动词性据素使用情况的英汉对比研究［J］. 大
连理工大学学报（社会科学版），2014，35（2）.

［23］ 崔校平，史成周. 语块的定义与文体特征［J］. 河北大学学报（哲学社会
科学版），2014，39（6）.

［24］ 戴曼纯. 语块学习、构式学习与补丁式外语教学［J］. 外语界，2012（1）.

［25］ 戴炜栋，张红玲. 外语交际中的文化迁移及其对外语教改的启示［J］. 外
语界，2000（2）.

［26］ 邓莉. 基于语料库的旅游汉语话题库及话题词表构建［D］. 广州：暨南大
学，2014.

［27］ 邓淑兰. 如何在留学生毕业论文写作教学中培养图式意识［J］. 海外华文
教育，2017（11）.

［28］ 刁文瑛. 基于语料库的现代汉语度量类抽象名词搭配研究［D］. 广州：暨
南大学，2012.

［29］ 丁言仁，戚焱. 词块运用与英语口语和写作水平的相关性研究［J］. 解放
军外国语学院学报，2005（3）.

［30］ 董婧. 专家和学生汉语学术论文引言语步分析［D］. 北京：北京大
学，2021.

［31］ 董伟. 中美语言教学硕士论文英文摘要中词块对比研究［D］. 济南：山东
师范大学，2011.

［32］ 董艳. 基于语料库的词块研究和"词块表"的创建［J］. 巢湖学院学报，

2010, 12 (5).

[33] 段士平. 国内二语语块教学研究述评 [J]. 中国外语, 2008 (4).

[34] 范丽娜. 中级水平蒙古国学生汉语语篇衔接偏误考察 [D]. 上海：上海师范大学, 2020.

[35] 方清明. 汉语抽象名词的语料库研究 [J]. 世界汉语教学, 2014, 28 (4).

[36] 方清明. 基于语料库和软件技术的抽象名词搭配研究 [J]. 汉语学习, 2015 (3).

[37] 方清明. 论抽象名词词串的语篇照应功能 [J]. 汉语学习, 2016 (4).

[38] 方清明. 高频抽象名词的语义属性与搭配行为研究 [J]. 国际汉语学报, 2019 (1).

[39] 方清明. 汉语里的种类短语与次类指称 [J]. 语言科学, 2019, 18 (3).

[40] 方清明. 基于型式搭配视角的高频易混淆抽象名词辨析研究 [J]. 语言教学与研究, 2020 (4).

[41] 方清明, 彭小川. 论"问题"的组配能力与临时概念化功能 [J]. 语言科学, 2011, 10 (4).

[42] 方喻. 关于外国学生的汉语模糊限制语习得考察及教学对策 [D]. 上海：复旦大学, 2013.

[43] 房红梅. 言据性研究述评 [J]. 现代外语, 2006 (2).

[44] 房红梅, 马玉蕾. 言据性·主观性·主观化 [J]. 外语学刊, 2008 (4).

[45] 冯胜利. 论汉语书面正式语体的特征与教学 [J]. 世界汉语教学, 2006 (4).

[46] 冯茵, 周榕. 学术论文摘要中模糊限制语的调查与分析：基于英语专业毕业论文与国外期刊论文的对比研究 [J]. 外国语言文学, 2007 (2).

[47] 付丽. 留学生毕业论文写作教学策略探索 [J]. 黑龙江教育 (高教研究与评估版), 2011 (5).

[48] 付梁琴. 中高级水平留学生汉语写作词汇丰富性调查研究 [D]. 上海：上海外国语大学, 2020.

[49] 付志华. 试论学术论文摘要的写作 [J]. 武汉体育学院学报, 2002 (6).

[50] 高巍. 学术论文摘要的编写规范 [J]. 山西财经大学学报, 2001 (52).

[51] 高晓芳, 张琴. 模糊限制语：分类与应用 [J]. 四川外语学院学报, 2002

（5）.

［52］高兴梅. 语言实据性研究新探［J］. 湖北经济学院学报（人文社会科学版），2009，6（8）.

［53］高增霞. 留学生研究生汉语学术论文写作需求及能力调查［J］. 云南师范大学学报（对外汉语教学与研究版），2020，18（6）.

［54］高增霞，栗硕. 学术汉语写作教材建设刍议［J］. 云南师范大学学报（对外汉语教学与研究版），2018，16（6）.

［55］高增霞，刘福英. 论学术汉语在对外汉语教学中的重要性［J］. 云南师范大学学报（对外汉语教学与研究版），2016，14（2）.

［56］葛冬梅，杨瑞英. 学术论文摘要的体裁分析［J］. 现代外语. 2005，14（2）.

［57］龚卓如. 认知语用视角下学术语篇中外壳名词的使用及功能研究［D］. 大连：辽宁师范大学，2015.

［58］谷祖莎. 留学生本科毕业论文存在的问题及对策［J］. 教育教学论坛. 2014（2）.

［59］郭初建. 谓词性宾语句的结构分析及疑问语气探析［J］. 湖南第一师范学报，2007（4）.

［60］郭晓英，毛红梅. 语块教学对英语写作能力影响的实验研究［J］. 山东外语教学，2010，31（3）.

［61］郭昭军. "该"类助动词的两种模态类型及其选择因素［J］. 南开语言学刊，2011（2）.

［62］何济生，姜晓惠. 模糊限制语的语义特征及分类［J］. 山东外语教学，1994（2）.

［63］何自然. 模糊限制语与言语交际［J］. 外国语，1985（5）.

［64］何自然，冉永平. 语用学概论［M］. 修订本. 长沙：湖南教育出版社，2002.

［65］贺阳. 汉语完句成分试探［J］. 语言教学与研究，1994（4）.

［66］胡富茂，张克亮. 面向机器翻译的双语语块对应研究［J］. 外语电化教学，2018（3）.

［67］胡新. 中外科技论文英文摘要的语步词块特征对比研究［J］. 现代外语，

2015，38（6）．

［68］胡晓慧．试析留学生汉语写作中的口语体倾向［J］．华侨大学学报（哲学社会科学版），2008（3）．

［69］胡友良．只写不改 前功尽弃：谈论文的修改［J］．中国审计，2011（5）．

［70］胡壮麟．语篇的衔接与连贯［M］．上海：上海外语教育出版社，1994．

［71］胡壮麟．汉语的可证性和语篇分析［J］．湖北大学学报（哲学社会科学版），1995（2）．

［72］黄伯荣，廖序东．现代汉语［D］．增订六版．高等教育出版社，2017．

［73］黄锦如，陈桦．模糊限制语的语用功能及对外语教学的启示［J］．北京第二外国语学院学报，2001（6）．

［74］黄梅，张权．汉语学术互动中的赞美言语行为研究［J］．浙江外国语学院学报，2018（6）．

［75］侯维瑞．英语语体［M］．上海：上海外语教育出版社，1988．

［76］黄晶伟，刘孟兰．英文学术论文摘要的言据性［J］．黑龙江教育学院学报，2012，31（7）．

［77］黄启庆，薛蕾．汉语国际教育视角下的学术汉语词汇特点研究［C］//世界汉语教学学会秘书处第十三届国际汉语教学研讨会论文选．北京：商务印书馆，2019．

［78］黄杨．社科学术论文摘要撰写中存在的问题与规范化要求［J］．中国矿业大学学报，2003（2）．

［79］霍欣琰．英语专业八级写作中语块的功能研究［D］．大连：辽宁师范大学，2017．

［80］贾舒婷．"指量名"结构的历时演变研究［D］．长沙：湖南大学，2016．

［81］汲传波．韩国学生汉语学术论文中文言结构使用初探［J］．汉语学习，2016（6）．

［82］纪永娟．英汉学术语篇言据性对比研究［D］．兰州：兰州理工大学，2014．

［83］季宇琦．话语标记语在留学生汉语学术写作中的使用研究［D］．南京：南京大学，2015．

［84］姜柄圭，张秦龙，谌贻荣，等．面向机器辅助翻译的汉语语块自动抽取研究［J］．中文信息学报，2017（1）．

［85］姜峰. 外壳名词的立场建构与人际功能［J］. 现代外语，2016，39（4）.

［86］姜晖，龚卓如. 外壳名词的语篇意义及其对学术英语写作的启示［J］. 大连海事大学学报（社会科学版），2014，13（3）.

［87］姜亚军，赵刚. 学术语篇的语言学研究：流派分野和方法整合［J］. 外语研究，2006（6）.

［88］蒋平. 国内模糊语言研究：现状与目标［J］. 外国语，2013，36（5）.

［89］蒋跃，陶梅. 英汉医学论文讨论部分中模糊限制语的对比研究［J］. 外语学刊，2007（6）.

［90］杰拉尔德·格拉夫，凯茜·比肯施泰因. 学术写作要领［M］. 王宇丹，译. 北京：新华出版社，2012.

［91］金宁. 论汉语言专业留学生毕业论文的写作与指导［J］. 河南教育学院学报（哲学社会科学版），1998（4）.

［92］晋小涵. 现代汉语实据性的认知阐释［D］. 北京：中央民族大学，2013.

［93］鞠玉梅. 体裁分析与英汉学术论文摘要语篇［J］. 北京第二外国语学院学报，2004（2）.

［94］孔丹. 经贸汉语书面语语块及其习得研究［D］. 广州：暨南大学，2009.

［95］赖小玉. 汉语言语交际的言据性研究［J］. 广东工业大学学报（社会科学版），2009，9（3）.

［96］乐耀. 国外传信范畴研究的新进展及理论思考［J］. 当代语言学，2020，22（3）.

［97］黎千驹. 模糊语言及相关术语界说［J］. 平顶山学院学报，2008，23（6）.

［98］李海燕，张文贤，辛平. 本科留学生学术汉语写作课需求调查与课程建设：以北京大学本科留学生学术汉语写作通选课为例［J］. 国际汉语教育（中英文），2020，5（1）.

［99］李健雪. 论实据性策略对英语学术书评动态建构的制约作用［J］. 山东外语教学，2007（5）.

［100］李健雪，蒋林娜. 外壳名词与 N-be-that 构式搭配研究［J］. 语文学刊（外语教育教学），2014（12）.

［101］李健雪，严敏芬. 论英语学术书评实据性的特点及作用［J］. 徐州师范大学学报（哲学社会科学版），2007（5）.

［102］李丽丽. 医学语块表的研制与医学英语学术语块的特征 ［D］. 南宁：广西大学，2014.

［103］李梦骁，刘永兵. 中国学习者英语学术论文结论语步的词块特征研究 ［J］. 外语教学，2017，38（1）.

［104］李泉. 论语感的性质、特征及类型 ［J］. 中国人民大学学报，1995（4）.

［105］李泉. 论对外汉语教材的针对性 ［J］. 世界汉语教学，2004（2）.

［106］李泉. 论对外汉语教材的实用性 ［J］. 语言教学与研究，2007（3）.

［107］李水，辛平. 近十年现代汉语传信范畴研究综述 ［J］. 汉语学习，2020（4）.

［108］李素建，刘群，杨志峰. 基于最大熵模型的组块分析 ［J］. 计算机学报，2003（12）.

［109］李小军. "该"指代义的形成及泛化 ［J］. 中国语文，2008（1）.

［110］李秀华. "构式—语块"论在对外汉语"有"字句教学中的应用：以泰国民教委海洋之星学校 Darasamutr School 为例 ［D］. 武汉：华中科技大学，2013.

［111］李永宁. 语篇、体裁分析理论及其应用 ［J］. 长春师范学院学报（人文社会科学版）. 2006（11）.

［112］李裕. 认知心理学视域下语块习得与写作关系的研究 ［D］. 青岛：青岛科技大学，2015.

［113］李悦. 面向汉语国际教学的总结性篇章连接成分研究 ［D］. 济南：山东师范大学，2021.

［114］李战子. 学术话语中认知型情态的多重人际意义 ［J］. 外语教学与研究，2001（5）.

［115］廉梦甜. 汉语理论语言学学术论文中的言据性研究：系统功能语言学视角 ［D］. 北京：北京外国语大学，2017.

［116］廖秋忠. 现代汉语篇章中指同的表达 ［J］. 中国语文，1986（2）.

［117］廖秋忠.《篇章语言学导论》简介 ［J］. 国外语言学，1987a（2）.

［118］廖秋忠.《篇章分析》介绍 ［J］. 国外语言学，1987b（4）.

［119］廖秋忠. 篇章中的论证结构 ［J］. 语言教学与研究，1988（1）.

［120］蔺璜，郭姝慧. 程度副词的特点范围与分类 ［J］. 山西大学学报（哲学社

会科学版），2003（2）.

[121] 刘丹青. 汉语中的框式介词［J］. 当代语言学，2002（4）.

[122] 刘宝. 中高级阶段泰国学生汉语叙述体篇章衔接手段偏误分析［D］. 南宁：广西民族大学，2012.

[123] 刘冬雪. 语言学语篇中英语外壳名词的系统研究［D］. 兰州：兰州理工大学，2021.

[124] 刘欢. 中外应用语言学英语期刊学术论文词块对比研究［D］. 哈尔滨：黑龙江大学，2014.

[125] 刘进. 留学生汉语言据性表达相关词语习得考察［D］. 上海：上海交通大学，2017.

[126] 刘嘉怡. 嵌入式预制语块在中高级留学生写作中的应用研究［D］. 上海：上海外国语大学，2015.

[127] 刘科成，彭爽. 汉语学术论文摘要中的主述结构研究［J］. 东北师大学报（哲学社会科学版），2013（1）.

[128] 刘萍. 英、汉学习词典中外壳名词释义对比研究：局部语法路径［D］. 上海：上海外国语大学，2019.

[129] 刘芹，可庆宝. 数据驱动学习在学术英语词汇教学中的应用［J］. 当代外语研究，2020（1）.

[130] 刘芹，王心怡. 理工科硕士论文英文摘要中的外壳名词使用研究［J］. 外语界，2016（2）.

[131] 刘锐，黄启庆，王珊. 汉语学术语篇转述标记的形式、功能与分布［J］. 当代修辞学，2021（6）.

[132] 刘盛华，徐锦芬. 基于语料库的我国学者多学科学术论文言据性研究［J］. 外语与外语教学，2017（6）.

[133] 刘颂浩. 对外汉语教学中练习的目的、方法和编写原则［J］. 世界汉语教学，2009，23（1）.

[134] 刘婷. 对外汉语抽象名词的教学研究［D］. 西安：陕西师范大学，2014.

[135] 刘婷. 汉语国际教育专业留学生硕士学位论文文献综述研究［D］. 上海：华东师范大学，2018.

[136] 刘新宇. 基于语料库的英语学术语篇中外壳名词构式的语篇功能研究

［D］. 沈阳：沈阳师范大学，2019.

［137］刘璇. 现代汉语动宾式离合词的构式：语块理论分析［D］. 成都：四川师范大学，2013.

［138］刘雅琴，蒋菡，苏亚志. 科技论文摘要写作中的一些问题及辨析［J］. 现代情报，2004（1）.

［139］刘玉丹. 框架语块理论及其在对外汉语中级综合课中的应用［D］. 哈尔滨：黑龙江大学，2016.

［140］刘宇红. 实用英语学术论文写作［M］. 北京：对外经济贸易大学出版社，2014.

［141］刘云云. 高中生英语写作中的词块使用情况研究［D］. 南京：南京师范大学，2016.

［142］刘座雄，胡素芬，杜蕾，等. 中国学者英语学术论文手稿模糊限制语使用特征研究：基于语料库的对比考察［J］. 山东外语教学，2016，37（4）.

［143］柳淑芬. 中英文论文摘要中作者的自称语与身份构建［J］. 当代修辞学，2011（4）.

［144］龙海英. 对外汉语教学中语块习得的必要性及教材语块处理研究：以《桥梁》为例［D］. 广州：暨南大学，2012.

［145］娄宝翠. 基于语料库的研究生学术英语语篇中外壳名词使用分析［J］. 外语教学，2013，34（3）.

［146］卢芸蓉，朱军. "正式—非正式"语体特征及其制约功能：以汉语不同语体中转述句的使用情况为例［J］. 保定学院学报，2014，27（2）.

［147］鲁健骥. 中介语理论与外国人学习汉语的语音偏误分析［J］. 语言教学与研究，1984（3）.

［148］鲁健骥. 外国人学汉语的语法偏误分析［J］. 语言教学与研究，1994（1）.

［149］罗青松. 谈对外汉语教学写作教材的编写［J］. 海外华文教育，2001（4）.

［150］罗青松. 汉语言专业留学生毕业论文指导初探：谈对外汉语学历教育高级阶段写作教学的原则与方法［C］//世界汉语教学学会. 第七届国际汉语教学讨论会论文选. 北京：北京大学出版社，2002.

［151］陆莹. 中高级阶段泰国留学生汉语语篇衔接偏误研究［D］. 南宁：广西大学，2018.

[152] 吕叔湘. 近代汉语指代词 [M]. 江蓝生, 补. 上海：学林出版社, 1985.

[153] 马广惠. 词块的界定、分类与识别 [J]. 解放军外国语学院学报, 2011, 34 (1).

[154] 孟德腾. 现代汉语嵌入式预制语块研究 [D]. 北京：中央民族大学, 2011.

[155] 孟建安. 论文摘要的语言与写作 [J]. 修辞学习, 2000 (4).

[156] 苗守艳. 再论汉语小句宾语结构主语的隐现及其制约因素 [J]. 语文研究, 2020 (4).

[157] 牛保义. 国外实据性理论研究 [J]. 当代语言学, 2005 (1).

[158] 牛桂玲. 学术期刊论文摘要研究的新视角 [J]. 河南大学学报 (社会科学版), 2013 (5).

[159] 牛倩倩. 外壳名词在英语学习者和出版作者学术语篇中的使用情况对比研究 [D]. 南京：南京大学, 2012.

[160] 聂丹. 对外汉语教材中练习的目标与方法 [J]. 汉语学习, 2017 (4).

[161] 亓海峰, 丁安琪, 张艳莉. 汉语二语学习者学术汉语写作能力研究 [J]. 四川师范大学学报 (社会科学版), 2022, 49 (1).

[162] 亓华. 留学生毕业论文的写作特点与规范化指导 [J]. 云南师范大学学报, 2006 (1).

[163] 亓文香. 语块理论在对外汉语教学中的应用 [J]. 语言教学与研究, 2008 (4).

[164] 钱冠连. 语言：人类最后的家园 [M]. 北京：商务印书馆, 2005.

[165] 钱静华. 利用网络语料库进行学术写作词汇教学的启示 [J]. 海外英语, 2021 (5).

[166] 钱敏汝. 篇章语用学概论 [M]. 北京：外语教学与研究出版社, 2001.

[167] 钱旭菁. 汉语语块研究初探 [J]. 北京大学学报 (哲学社会科学版), 2008 (5).

[168] 乔闻钟, 陈德刚, 廖方伟. 学术论文"摘要"的规范写作探讨 [J]. 西南科技大学学报 (哲学社会科学版), 2008 (2).

[169] 秦秀白. "体裁分析"概说 [J]. 外国语, 1997 (6).

[170] 秦秀白. 体裁教学法述评 [J]. 外语教学与研究, 2000 (1).

[171] 邱闯仙. 现代汉语插入语研究 [D]. 天津：南开大学，2010.

[172] 屈承熹. 汉语篇章语法 [M]. 北京：北京语言大学出版社，2006.

[173] 屈慧. 汉语记叙文语篇衔接及其应用 [D]. 北京：北京师范大学，2012.

[174] 任育新. 汉语学术互动中的建议话语序列特征研究 [J]. 暨南学报（哲学社会科学版），2013，35（3）.

[175] 沙鑫. 专业背景对汉语国际教育硕士学习策略的影响 [D]. 北京：北京大学，2012.

[176] 单韵鸣. 专门用途汉语教材的编写问题：以《科技汉语阅读教程》系列教材为例 [J]. 暨南大学华文学院学报，2008（2）.

[177] 邵长超. 文艺语体和科技语体形谓句对比研究 [D]. 广州：暨南大学，2007.

[178] 沈家煊. 语言的"主观性"和"主观化" [J]. 外语教学与研究，2001（4）.

[179] 盛丽春. "大概""也许"和"恐怕"的语义、语用分析 [J]. 汉语学习，2008（1）.

[180] 司红霞. 现代汉语插入语研究 [M]. 长春：东北师范大学出版社，2009.

[181] 宋超，陆国君. 基于语料库外壳名词的功能研究与启示 [J]. 赤峰学院学报（汉文哲学社会科学版），2015，36（11）.

[182] 宋飞飞. 比较文化视域中的对外汉语套语教学研究 [D]. 兰州：兰州大学，2015.

[183] 宋文杰. 语块与句子加工：以框架语为例 [D]. 上海：华东师范大学，2009.

[184] 苏丹洁. 试析"构式—语块"教学法：以存现句教学实验为例 [J]. 汉语学习，2010（2）.

[185] 苏远连. 英汉模糊限制语的分类和功能 [J]. 广州大学学报（社会科学版），2002（4）.

[186] 苏梦莎. 转述与转述动词研究 [J]. 江西青年职业学院学报，2015，25（2）.

[187] 苏宁宁. 现代汉语抽象名词及其与名词的搭配 [D]. 济南：山东师范大学，2014.

［188］苏新春. 词汇计量及实现 ［M］. 北京：商务印书馆，2010.

［189］孙海燕. 学习者叙实类外壳名词的搭配构式发展特征 ［J］. 外语与外语教学，2017（2）.

［190］孙燚兵. 现代汉语抽象名词和量词的搭配研究 ［D］. 大连：大连理工大学，2011.

［191］孙燕. 对外汉语写作教学中的语块运用 ［J］. 现代语文，2015（5）.

［192］谭晓娅. 范围副词在文艺语体与科技语体中的使用情况考察 ［D］. 南京：南京师范大学，2018.

［193］田春阳. 思维导图视阈下的预制语块在高中英语写作教学中的应用研究 ［D］. 哈尔滨：哈尔滨师范大学，2018.

［194］田靓. 汉语作为外语/第二语言教学的"把"字句研究 ［D］. 北京：北京大学，2012.

［195］田建国，王冰琴. 从"言之有据"到"言而有信"：试论汉语的言据性 ［J］. 陕西理工学院学报（社会科学版），2010，28（2）.

［196］田然. 对外汉语教学语篇语法 ［M］. 北京：北京语言大学出版社，2013.

［197］汪湘，袁武振. 学术论文摘要编写与规范化问题探析 ［J］. 西安邮电学院学报，2007（6）.

［198］王贝贝. 汉语框架式语块在对外汉语口语教学中的应用研究 ［D］. 大连：大连外国语大学，2018.

［199］王彬. 词块运用能力与二语限时写作水平的关联性研究 ［J］. 湖北经济学院学报（人文社会科学版），2010（7）.

［200］王丰年. 论当前学术论文摘要的九大误区 ［J］. 科技与出版，2007（9）.

［201］王凤兰，于屏方，许琨. 基于语料库的汉语语块分类研究 ［J］. 语言与翻译，2017（3）.

［202］王道英. 篇章中"这""那"的手势指示 ［J］. 南开语言学刊，2006（1）.

［203］王景丽. 中外英语博士学位论文中文本导向词块的对比研究 ［D］. 上海：上海外国语大学，2017.

［204］王敏，刘丁. 中国学习者英语学术论文手稿中立场标记词块使用研究 ［J］. 现代外语，2013（2）.

［205］王坤. 学术写作中汉语词汇欧化现象研究：基于历时语料库的研究 ［J］.

山西能源学院学报, 2022, 35 (5).

[206] 王立非, 张岩. 基于语料库的大学生英语议论文中的语块使用模式研究 [J]. 外语电化教学, 2006 (4).

[207] 王梦笛, 黄建滨. 留学生汉语学术写作中的身份与声音发展叙事研究: 以一名俄罗斯研究生为个案 [J]. 汉语国际教育学报, 2021 (2).

[208] 王妮娜. 汉语语言学学术期刊书评的体裁分析 [D]. 上海: 东华大学, 2008.

[209] 王秋萍, 谭丽梅. 对外汉语写作教材建设现状考察与对策分析 [J]. 沈阳师范大学学报 (社会科学版), 2014, 38 (6).

[210] 王淑雯. 中美硕士学位论文中转述据素及立场表达研究 [J]. 西南石油大学学报 (社会科学版), 2016, 18 (2).

[211] 王文龙. 对外汉语初级阶段语块构建研究 [D]. 北京: 北京大学, 2013.

[212] 王秀丽. 篇章分析中的概述回指及其篇章性 [J]. 中国法语专业教学研究, 2011 (1).

[213] 王秀丽. 篇章分析中的概述回指 [J]. 当代语言学, 2012, 14 (3).

[214] 王悦文. 语块理论应用于商务英语写作的实证研究 [D]. 山东: 山东大学, 2014.

[215] 王舟. 英汉学术论文摘要中模糊限制语的对比研究: 一项基于语料库的研究 [J]. 华中科技大学学报 (社会科学版), 2008 (6).

[216] 王宗炎. 英汉应用语言学词典 [M]. 长沙: 湖南教育出版社, 1988.

[217] 吴丹苹. 基于语料库的现代汉语概述回指研究 [D]. 杭州: 浙江大学, 2021.

[218] 吴格奇, 潘春雷. 汉语学术论文中作者立场标记语研究 [J]. 语言教学与研究, 2010 (3).

[219] 吴光亭. 基于语料库的中国大学英语学习者模糊限制语习得研究 [J]. 当代外语研究, 2015 (1).

[220] 吴继峰. 英语母语者汉语书面语句法复杂性研究 [J]. 语言教学与研究, 2016 (4).

[221] 吴剑. "很+名词" 结构中的名词语义特征分析 [J]. 科教导刊 (下旬), 2018 (9).

［222］吴世雄，陈维振. 中国模糊语言学：回顾与前瞻［J］. 外语教学与研究，2001（1）.

［223］吴滕滕. 基于语料库的中外应用语言学硕士论文中外壳名词的比较研究［D］. 大连：大连海事大学，2019.

［224］吴勇毅. 国际中文教育"十四五"展望［J］. 国际汉语教学研究，2020（4）.

［225］吴振国. 汉语模糊语义研究［M］. 武汉：华中师范大学出版社，2003.

［226］吴增欣. CCOA 驱动的"学术英语"写作语块研究［J］. 语文学刊（外语教育教学），2014（8）.

［227］伍铁平. 模糊语言学［M］. 上海：上海外语出版社，1999.

［228］伍斌，胡志清. 汉语对中国英语学习者英语学术写作中外壳名词使用的影响研究［J］. 外语教育，2018（0）.

［229］肖莉. 任务类型对中高级汉语二语者写作词汇丰富性的影响［J］. 语言教学与研究，2018（6）.

［230］解淑暖，邵守波. 基于语料库的海洋科学类期刊中外作者学术论文英语摘要中模糊限制语的对比分析［J］. 乐山师范学院学报，2010，25（2）.

［231］邢进. 应用语言学论文各部分中的高频词块分析［D］. 南京：南京师范大学，2012.

［232］熊光勇，吴红光. 科技论文摘要撰写述要［J］. 襄樊学院学报，2003（6）.

［233］熊秋平，管新潮. 基于工作研究的语块提取系统 PhrasExt 软件设计［J］. 工业工程与管理，2011，16（1）.

［234］熊淑慧，邹为诚. 什么是学术英语？如何教？：一项英语专业本科生"学术英语"的课堂试验研究［J］. 中国外语，2012，9（2）.

［235］修月. 基于语料库的中外大学生议论文写作中标示名词的对比研究［D］. 大连：大连海事大学，2017.

［236］徐昉. 二语学术语篇中的作者立场标记研究［J］. 外语与外语教学，2015（5）.

［237］徐昉，龚晶. 二语学术写作言据性资源使用的实证研究［J］. 解放军外国语学院学报，2014，37（4）.

［238］徐宏亮. 中国高级英语学习者学术语篇中的作者立场标记语的使用特点：一项基于语料库的对比研究 ［J］. 外语教学，2011，32（6）.

［239］徐建华.“摘要”与“提要”宜分清 ［J］. 中国编辑，2004（1）.

［240］徐江，郑莉，张海明. 基于语料库的中国大陆与本族语学者英语科研论文模糊限制语比较研究：以国际期刊《纳米技术》论文为例 ［J］. 外语教学理论与实践，2014（2）.

［241］徐赳赳. 现代汉语篇章回指研究 ［M］. 北京：中国社会科学出版社，2003.

［242］徐润英，袁邦株. 社会科学论文中模糊限制语的人际意义研究 ［J］. 外语教学，2009，30（6）.

［243］徐章宏. 国内模糊限制语研究误区探源 ［J］. 西安外国语大学学报，2012，20（3）.

［244］许静. 中美外交新闻发布会话语中模糊限制语的对比研究：批评性话语分析路径 ［D］. 江苏：南京师范大学，2017.

［245］许秦竹. 高级水平日本留学生议论文语篇衔接偏误分析 ［D］. 南京：南京大学，2014.

［246］薛蕾. 基于汉语语言学论文语料库的学术汉语词汇析取及特征研究 ［D］. 昆明：云南师范大学，2017.

［247］严辰松. 语言如何表达“言之有据”：传信范畴浅说 ［J］. 解放军外国语学院学报，2000（1）.

［248］闫飞飞. 基于语块理论对《发展汉语·中级写作》教材的考察与分析 ［D］. 锦州：渤海大学，2014.

［249］杨翠. 一项基于语料库的中国高等英语学习者议论文写作中程式语的对比研究 ［D］. 北京：北京邮电大学，2012.

［250］杨方媛. 中外学者学术写作词块结构及功能对比研究 ［D］. 武汉：华中科技大学，2012.

［251］杨洪娟. 汉英学术写作中引用的对比研究 ［J］. 福建教育学院学报，2013（1）.

［252］杨慧玲. 科技论文中的模糊限制语 ［J］. 四川外语学院学报，2001（1）.

［253］杨金砖. 论文摘要的规范化问题 ［J］. 邵阳学院学报，2002（5）.

［254］杨林秀. 英语科研论文中的言据性 ［D］. 厦门：厦门大学，2009.

[255] 杨林秀. 国内言据性研究：现状与展望 [J]. 山西大学学报（哲学社会科学版），2013，36（6）.

[256] 杨林秀. 英文学术论文中的作者身份构建：言据性视角 [J]. 外语教学，2015，36（2）.

[257] 杨明远. 中外学术论文元话语应用对比研究 [D]. 秦皇岛：燕山大学，2009.

[258] 杨拓. 中外应用语言学英语学术论文立场语块对比研究 [D]. 哈尔滨：黑龙江大学，2016.

[259] 杨佑文，徐美容子，刘清华. 英汉学术论文中的言据性对比研究 [J]. 西安外国语大学学报，2019，27（3）.

[260] 杨云龙. "数名" 构式研究 [D]. 吉林：东北师范大学，2020.

[261] 杨智渤. "通常" 与 "常常" 的凸显差异 [J]. 汉语学习，2013（3）.

[262] 幺书君. 韩国留学生汉语学历教育高年级写作课教学探索 [J]. 海外华文教育，2005（3）.

[263] 叶宁. 语类集视角中的摘要和引言英汉对比分析：以经济类学术论文为例 [J]. 江南大学学报（人文社会科学版），2008（4）.

[264] 叶云屏，柳君丽. 博士学位论文摘要的跨学科语类分析对 EAP 教学的启示 [J]. 外语界，2013（4）.

[265] 于晖，张少杰. 汉语学术语篇的多声系统探究 [J]. 当代修辞学，2021（6）.

[266] 于灵子. 科技语体和艺术语体中定语位置上的形容词的差异研究 [D]. 广州：暨南大学，2006.

[267] 于瑶瑶. 词块对高中学生英语写作影响的实证研究 [D]. 青岛：青岛大学，2017.

[268] 曾丽. 模糊限制语在科技摘要写作中的对比研究 [D]. 武汉：华中科技大学，2009.

[269] 曾文雄. 模糊限制语的语言学理论与应用研究 [J]. 外语教学，2005（4）.

[270] 源可乐. 英语 "外壳名词" 及其相关信息在教学型词典中的处理 [J]. 辞书研究，2006（3）.

[271] 湛欣. 框架语块及其在对外汉语教学中的应用 [D]. 成都：四川外语学院，2012.

[272] 谌贻荣. 中文术语自动提取技术研究 [D]. 北京：北京大学，2005.

[273] 张斌. 词块在高中英语写作教学中的应用研究 [D]. 西宁：青海师范大学，2016.

[274] 张博. 学术汉语词汇的主要特点及教学策略 [J]. 世界汉语教学，2022 (4).

[275] 张赪，李加蓥，申盛夏. 学术汉语的词汇使用特征研究 [J]. 语言教学与研究，2020 (6).

[276] 张成福，余光武. 论汉语的传信表达：以插入语研究为例 [J]. 语言科学，2003 (3).

[277] 张凤婷. 中外作者海洋工程学术论文引言中转述动词对比研究 [D]. 大连：大连海事大学，2020.

[278] 张大强. 从"N抽+着"看抽象名词的事件化机制 [J]. 长江学术，2020 (2).

[279] 张东平. "连"字句再认识及其教学 [D]. 沈阳：辽宁大学，2011.

[280] 张高远，杨晓军. 英语抽象名词研究新视角：《作为概念外壳的英语抽象名词：从语料库到认知系统》评述 [J]. 外语教学与研究，2004 (6).

[281] 张宏，章宜华. 英语学习词典中概念外壳名词从句信息处理的对比研究 [J]. 外语研究，2007 (1).

[282] 张静. 高等水平留学生议论文语篇中的概述回指研究：基于 HSK 动态作文语科库 [D]. 金华：浙江师范大学，2020.

[283] 张江丽. 汉语第二语言学习者产出性词汇复杂性研究 [J]. 云南师范大学学报（对外汉语教学与研究版），2020，18 (5).

[284] 张鲁昌. 汉语模糊限制策略研究 [D]. 广州：暨南大学，2005.

[285] 张倩. 学术论文语篇中语块使用对比研究：以应用语言学学科论文为例 [D]. 杭州：浙江工商大学，2014.

[286] 张乔. 模糊语言学论集 [M]. 大连：大连出版社，1998.

[287] 张全真. 汉语国际教育硕士留学生毕业论文写作问题研究 [J]. 国际汉语教育（中英文），2020，5 (3).

[288] 张珊. 中央民族大学汉语国际教育硕士外国留学生论文摘要问题研究 [D]. 北京：中央民族大学，2015.

[289] 张昕. 科技语体的句法特征 [J]. 齐齐哈尔医学院学报，2002 (5).

[290] 张延君. 学术话语中模糊限制语的人际意义 [J]. 文史哲，2005 (6).

[291] 张谊生. 副词的重叠形式与基础形式 [J]. 世界汉语教学, 1997 (4).

[292] 张毓佩. 汉语学习者中文学术阅读认知过程的个案研究 [D]. 上海：华东师范大学, 2020.

[293] 张媛媛, 吴涛. 思维可视化视角下学术英语词汇记忆效果实证研究 [J]. 当代外语教育, 2018 (0).

[294] 张志钊. 科技论文中文摘要写作述要 [J]. 江苏技术师范学院学报, 2010, 16 (11).

[295] 赵金铭. 对外汉语教材创新略论 [J]. 世界汉语教学, 1997 (2).

[296] 赵燕霞. 现代汉语形状量词与抽象名词的搭配用法研究 [D]. 绍兴：绍兴文理学院, 2018.

[297] 赵英玲. 英语科技语体中的模糊限制语 [J]. 外语与外语教学, 1999 (9).

[298] 郑凌茜, 毛浩然. CSSCI 期刊论文摘要英译的学术语块特征对比 [J]. 语言文字应用, 2018 (2).

[299] 郑敏宇. 汉语学术论文中的英文使用规范问题 [J]. 外语与翻译, 2020, 27 (2).

[300] 智丽丽. 语块教学与中学英文写作的相关性研究 [D]. 太原：太原理工大学, 2015.

[301] 周红. 英汉变动型模糊限制语及其语用功能 [J]. 外语研究, 2008 (2).

[302] 周红, 包旭媛. 对外汉语写作教材考察与分析 [J]. 云南师范大学学报（对外汉语教学与研究版）, 2012, 10 (1).

[303] 周虹. 80 年代关于修辞学研究对象和范围的讨论综述 [J]. 当代修辞学习, 1992 (4).

[304] 周健. 对外汉语语感教学探索 [M]. 杭州：浙江大学出版社, 2005.

[305] 周健. 语块在对外汉语教学中的价值与作用 [J]. 暨南学报（哲学社会科学版）, 2007a (1).

[306] 周健. 语块教学在培养汉语语感中的作用 [C] // 《第八届国际汉语教学讨论会论文选》编辑编委会. 第八届汉语教学讨论会论文选. 北京：高等教育出版社, 2007.

[307] 周健, 唐玲. 对汉语教材练习设计的考察与思考 [J]. 语言教学与研究,

2004（4）.

［308］周倞. 对外汉语语块研究：以《汉语水平词汇等级大纲》为例［D］. 上海：华东师范大学，2009.

［309］周小兵. 频度副词的划类与使用规则［J］. 华东师范大学学报（哲学社会科学版），1999（4）.

［310］周小涛，王军. 认知语用视域下的概述回指分析［J］. 外语研究，2014（4）.

［311］朱其智，周小兵. 语法偏误类别的考察［J］. 语言文字应用，2007（1）.

［312］朱永生. 试论现代汉语的言据性［J］. 现代外语，2006（4）.

［313］ACKERMANN K, CHEN Y. Developing the academic collocation list（ACL）—a corpus-driven and expert-judged approach［J］. Journal of English for academic purposes，2013（12）.

［314］ÄDEL A, ERMAN B. Recurrent word combinations in academic writing by native and non-native speakers of English：a lexical bundles approach［J］. English for Specific Purposes，2012（31）.

［315］AIKHENVALD A Y. Evidentiality［M］. New York：Oxford University Press，2004.

［316］ARIEL M. Accessing noun phrase antecedents［M］. London：Routledge，1990.

［317］ASHER N. Reference to abstract objects in discourse［M］. Dordrecht：Kluwer Academic Publishers，1993.

［318］BECKER J D. The phrasal lexicon［C］//SHANK R, NASH-WEBBER B L. Theoretical issues in natural language processing. Cambridge：Bolt Beranek & Newman，1975.

［319］BIBER D. Variation across speech and writing［M］. Cambridge：CUP，1988.

［320］BIBER D. University language［M］. Amsterdam：Benjamins Publishing Company，2006.

［321］BUNTON D. Generic moves in PhD theses introductions［C］//FLOWERDEW J. Academic Discourse. London：Pearson Education，2002.

［322］BROWN P, LEVINSON S. Politeness：some universals in language usage

[M]. Cambridge: Cambridge University Press, 1987.

[323] CORTES V. Lexical bundles in published and student disciplinary writing: examples from history and biology [J]. English for specific purposes, 2004 (23).

[324] CORTES V. A comparative analysis of lexical bundles in academic history writing in English and Spanish [J]. Corpora, 2008 (3).

[325] CHAFE W. Evidentiality in English conversation and academic writing [C] // CHAFE W, NICHOLS J. Evidentiality: the linguistic coding of epistemology. Norwood: Ablex, 1986.

[326] CHARLES M. Reconciling top-down and bottom-up approaches to graduate writing: using a corpus to teach rhetorical functions [J]. Journal of English for academic purposes. 2007, 6 (4).

[327] CHAROLLES M. La référence et les expressions référentielles en fran ais [M]. Paris: Ophrys, 2002.

[328] CHEN Y H, BAKER P. Lexical bundles in L1 and L2 academic writing [J]. Language learning and technology, 2010, 14 (2).

[329] CORTES V. The purpose of this study is to: connecting lexical bundles and moves in research article introductions [J]. Journal of English for academic purposes, 2013, 12 (1).

[330] DAVIS M. MORLEY J. Phrasal intertualify: the reponses of acodemics from different disciplitns to students' re-use of phrases [J]. Journal of second language writing, 2015, 28.

[331] DUDLEY-EVANS T. Genre analysis: a key to a theory of ESP? [J]. Revista de la asociación europea de lenguas para fines específicos (AELFE), 2000 (2).

[332] FRANCIS G, HUNSTON S, MANNING E. Collins cobuild grammer patterns 1: verbs [M]. London: Harper Collins, 1996.

[333] GEOFF T Y Y. Evaluation in the reporting verbs used in academic papers [J]. Applied linguistics, 1991, 12 (4).

[334] HALLIDAY M A K. An introduction to functional grammar [M]. 2nd ed.

London: Edward Arnold Publishing Limited, 1994.

[335] HALLIDAY M A K, HASAN R. Cohesion in English [M]. London: Longman, 1976.

[336] HU G W, CAO F. Hedging and boosting in abstracts of applied linguistics articles: a comparative study of English and Chinese-medium journals [J]. Journal of pragmatics, 2011, 11.

[337] HUNSTON S. Corpora in applied linguistics [M]. Cambridge: Cambridge University Press, 2002.

[338] HUTCHINS J. On the structure of scientific texts [C]//UEA papers in linguistics 5. Norwich: University of East Anglia, 1977.

[339] HYLAND K. The author in the text: hedging scientific writing [J]. Hong Kong papers in linguistic & language teaching, 1995 (18).

[340] HYLAND K. Hedging in scientific research articles [M]. Amsterdam: John Benjamins, 1998.

[341] HYLAND K. Activity and evaluation: reporting practices in academic writing [C]//Academic discourse. London: Routledge, 2001.

[342] HYLAND K. Stance and engagement: a model of interaction in academic discourse [J]. Discourse studies, 2005, 2.

[343] HYLAND K. As can be seen: lexical bundles and disciplinary variation [J]. English for specific purposes, 2008, 27.

[344] HYLAND K. Academic discourse: English in a global context [M]. London, New York: Continuum, 2009.

[345] HYLAND K. Projecting an academic identity in some reflective genres [J]. Ibérica, 2011, 21.

[346] HYON S. Grenre in three traditions: implications for ESL [J]. TESOL quarterly, 1996, 30.

[347] JARVIS S. Short texts, best-fitting curves and new measures of lexical diversity [J]. Language testing, 2002, 19 (1).

[348] JONES M, HAYWOOD S. Facilitating the acquisition of formulaic sequences: an exploratory study in an EAP context [C]//SCHMITT N. Formulaic

sequences. Amsterdam: John Benjamins, 2004.

[349] KAY H, DUDLEY-EVANS T. Genre: what teachers think [J]. ELT journal, 1998, 52 (4).

[350] KOPPLE W J V. Some exploratory discourse on meta-discourse [J]. College composition and communication, 1985, 36 (1).

[351] LAKOFF G. Hedges: a study in meaning criteria and the logic of fuzzy concepts [J]. Chicago linguistic society paper, 1972 (8).

[352] LEWIS M. The lexical approach. [M]. Hove: Teacher Traning Publications, 1993.

[353] LORES R. On RA abstracts: from rhetorical structure to thematic organization [J]. English for specific purposes, 2004, 23.

[354] MARTINJ R. A Contextual theory of language [C]// The powers of literacy: a genre approach to teaching writing. Pittsburgh: University of Pittsburgh Press, 1993.

[355] MARTIN P M. A genre analysis of English and Spanish research paper abstracts in experimental social sciences [J]. English for specific purposes, 2003, 22.

[356] MEYER P J. Hedging strategies in written academic discourse: strengthening the argument by weakening the claim [C]// MARKKANEN R & SCHRODER H. Hedging and discourse. Berlin, New York: Walter de Gruyter, 1997.

[357] MYERS G. The pragmatics of politeness in scientific articles [J]. Applied linguistics, 1989, 10 (1).

[358] NEWTON J M, FERRIS D R, GOH C C M, et al. Teaching English to second language learners in academic contexts: reading, writing, listening, and speaking [M]. London: Routledge, 2018.

[359] NWOGU K N. Discourse variation in medical texts: schema, theme and cohesion on professional and journalistic accounts [M]. Nottingham: Dept. of English Studies, University of Nottingham, 1990.

[360] SALAZAR D. Lexical bundles in native and non-native scientific writing: applying a corpus-based study to language teaching [M]. Amsterdam, Philadephia: John Benjamins Publishing Company, 2014.

[361] SINCLAIR J. Corpus, concordance, collocation [C]. Oxford: Oxford University Press, 1991.

[362] SIMPSON-VLACH R, ELLIS N C. An academic formulas list: new methods in phraseology research [J]. Applied linguistics, 2010, 31 (4).

[363] SWALES J M. Aspects of article introductions [M]. Birmingham: Aston University, 1981.

[364] SWALESJ M. Genre analysis: English in academic and research settings [M]. Cambridge: Cambridge University Press, 1990.

[365] SWALES J M. Research genres: explorations and applications [M]. Cambridge: Cambridge University Press, 2004.

[366] SCHMID H. English abstract nouns as conceptual shells: from corpus to cognition [M]. Berlin, New York: Mouton de Gruyter, 2000.

[367] THOMAS S, HAWES T P. Reporting verbs in medical journal articles [J]. English for specific purposes, 1994 (13).

[368] TSE P, HYLAND K. 'Robot Kung Fu': gender and the performance of a professional identity [J]. Journal of pragmatics, 2008, 7.

[369] VALIPOURI L, NASSAJI H. A corpus-based study of academic vocabulary in chemistry research articles [J]. Journal of English for academic proposes, 2013.

[370] VENTOLA E, MAURANEN A. Non-native writing and native revising of scientific articles [C]//VENTOLA E. Functional and systemic linguistics: approaches and uses. Berlin: Mounton de Gruyter, 1991.

[371] WILLETT T. A cross-linguistic survey of the grammaticalization of evidentiality [J]. Studies in Language, 1988 (12).

[372] WRAY A. Formulaic language and the lexicon [M]. Cambridge: Cambridge University Press, 2002.

[373] YANG L. Evaluative functions of reporting evidentials in English research articles of applied linguistics [J]. Open journal of modern linguistics, 2013 (2).

后 记

这本书是我们学术汉语写作研究小组的一个阶段性总结。

我自 2006 年开始承担中国人民大学"文献阅读与写作"课程的教学任务。"文献阅读与写作"课程包括三个阶段，分别在大二两个学期和大三上学期开设，是为汉语言专业和汉语言文学专业留学生本科毕业论文写作服务的。在系统讲授这门课程以及指导学生毕业论文写作的过程中，我对留学生本科生的论文写作情况有了比较系统的理解。从 2016 年开始，我又开始承担一年级硕士、博士留学生的"汉语写作"课程的教学任务。我认为该课程也应该是为留学生研究生的学术论文写作服务，是本科阶段的论文写作训练的延伸。在这两门课程的基础上，我编写了《高级汉语写作：论文写作》教材，于 2019 年在暨南大学出版社出版。

结合教学实践，我认为学术汉语教学是当前急需引起关注的研究领域，因此于 2013 年起与所指导的研究生同学成立了"学术汉语写作研究小组"。最初一届是刘福英同学和孔凡娣同学，进行了初步的需求调查和本科论文情况调查，之后每年都有同学加入，我们的研究领域也逐渐扩大，现在的研究方向主要是学术汉语写作教材研究和学术语篇研究。

这本书是"学术汉语研究丛书"的第二本，具体章节分工如下：第 1 章，高增霞；第 2 章，王立平；第 3 章，杨蕊玉；第 4 章，王诗琦；第 5 章，代文君；第 6 章，杨美丽。全书由高增霞统稿。

本书在编写出版过程中，中国人民大学、暨南大学出版社，以及姚晓莉女士给予了大力支持，衷心感谢！

高增霞

2023 年 2 月 17 日